感谢深圳市自闭症研究会与深圳市守望心智障碍者家庭关爱协会对此次调查研究的大力支持！

本书系国家社会科学基金重大项目"残疾人社会组织活力的社会机制研究"（项目编号：21&ZD182）的阶段性研究成果。

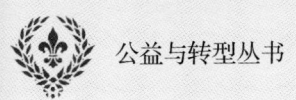
公益与转型丛书

孤独症人士社会康复困境与服务发展需求：
基于不同照顾者的调查研究

徐 岩◇著

中国社会科学出版社

图书在版编目(CIP)数据

孤独症人士社会康复困境与服务发展需求：基于不同照顾者的调查研究/徐岩著．—北京：中国社会科学出版社，2022.3

（公益与转型丛书）

ISBN 978-7-5203-9436-9

Ⅰ.①孤… Ⅱ.①徐… Ⅲ.①孤独症—康复服务—调查研究—中国 Ⅳ.①D669.69

中国版本图书馆 CIP 数据核字（2021）第 264857 号

出 版 人	赵剑英
责任编辑	田 文
责任校对	张爱华
责任印制	王 超

出　　版	中国社会科学出版社
社　　址	北京鼓楼西大街甲 158 号
邮　　编	100720
网　　址	http://www.csspw.cn
发 行 部	010-84083685
门 市 部	010-84029450
经　　销	新华书店及其他书店
印　　刷	北京君升印刷有限公司
装　　订	廊坊市广阳区广增装订厂
版　　次	2022 年 3 月第 1 版
印　　次	2022 年 3 月第 1 次印刷
开　　本	710×1000　1/16
印　　张	15
字　　数	254 千字
定　　价	79.00 元

凡购买中国社会科学出版社图书，如有质量问题请与本社营销中心联系调换
电话：010-84083683
版权所有　侵权必究

序 言

2001年，包括我在内的12位家长共同发起创建了深圳市自闭症研究会，这一路走来，无论是作为一位孤独症孩子的家长还是一位社会组织负责人，都在思考心智障碍群体的需求如何能够满足，心智障碍家庭的福祉如何能够提升？作为一名机构创始人，我首先是一位家长。大家都说我是"资深"家长，所谓"资深"，可能是因为我的孩子26岁了，而我也年过半百，算是"资深"吧。另一个可能是我们常常被"定义"为中国第一代的孤独症人士家长，虽然不确定这个定义的准确性，但我们这一代的家长也确实很特别。很多家长都在照顾自己孩子的过程中，逐渐踏上了公益之路。有一个数字能说明这种特别，在2013年出版的由深圳市自闭症研究会主编的《中国自闭症人士服务现状调查（华南地区）》的机构问卷数据里"机构创始人中55.88%其子女患有自闭症"，我就是属于这55.88%其中之一员，由于踏上公益自助路比较早、坚持走得比较久，所以算是"资深"。

其实，"资深"是不断先行先试的历程，一路走来创办家长组织、创办康复服务机构、创办社工服务机构、创建全国行业网络、创建全国家长组织网络，从服务使用者、服务提供者、服务行业枢纽、服务监督者到政策倡导者，回首这20年，无论自己的社会角色定位如何转变，有一点不变的，就是在实践的过程中越来越坚定了研究的重要性。若想推动社会在心智障碍相关服务上的系统性完善，让社会大众更加了解心智障碍，让社会政策更加重视这一群体，要促进心智障碍者及其家庭的福利获得，必须要有实证数据的支撑。深圳市自闭症研究会2005—2006年第一次尝试做深圳市的调研，2010—2013年在壹基金支持下，与香港教育学院、深圳市社会科学院、北京师范大学中国公益研究院合作做了第一次全国性调研，积累了一些早期孤独症服务状况的数据资料。

时隔五年，在壹基金和深圳市早期干预中心的支持下，很高兴能与中山大学徐岩副教授的研究团队合作，在"合鸣网"和"守望网"成员组织的大力支持下，完成了2019全国心智障碍者（孤独症）康复需求与服务现状调查。据我所知，本次调研一如既往地关注社会服务支持体系的建设，从家庭照顾者（同时也是服务使用者）和机构照顾者（同时也是服务提供者，包括服务机构与服务从业人员）这两个角度切入做数据分析。这本书也正是基于我们的这一次全国性的调查研究，通过问卷调查、实地探访、焦点小组座谈会、深度访谈等多种方式，着重对不同照顾者（或服务使用者和服务提供者）的需求与困境进行了分析，并结合社会福利的理论与实践进行了讨论，相应地给出了有参考价值的、与时俱进的政策建议。

这次研究，是草根组织主动寻求与残障研究者携手的一次尝试。徐岩博士的这本著作，也是在此次调研基础上，对以孤独症为代表的心智障碍群体需求与相应的社会服务发展的进一步思考。无论从家长的角度，从草根社会组织的角度，还是从学者的角度，我们一次次努力用数据说话，是希望呈现中国当前社会生活中，心智障碍个体及其家庭的现实处境，以及作为微观因素的个体与家庭和相对宏观的社会结构、社会环境和社会态度等多种因素互动而形成的社会服务需求与供给状态。立足当前心智障碍者社会保障的现状，我们希望通过包括学者、社会组织与家长在内的多元力量的参与，在政府的支持下，全社会都动员起来，从社会政策、社会保障、社会服务等各个方面，深入心智障碍人士的日常生活，更有效地承担起对心智障碍者的支持责任。

廖艳晖
深圳市自闭症研究会创始人、前任理事长
2021年10月8日

自　序

当书稿完成校对，即将付梓的时候，我坐在电脑前，思索着如何完成这本书的自序，调研时的一幕幕便展现在了眼前。这本书源于与自闭症研究会的合作调研。2019 年，在深圳市自闭症研究会和深圳市守望心智障碍者家庭关爱协会的大力支持下，我们开展了中国心智障碍康复服务机构现状调研。在调研过程中，我们实地调研了深圳市的 38 家机构，并通过网络与电话访谈的方式调研了分布在全国东西南北各区域的 86 家，共计 124 家服务机构。同时，也收集了 432 份民办服务机构从业人员问卷，2305 份心智障碍（孤独症）家长问卷。从调研启动到形成书稿，并经过多次校对完善，终于即将刊印。由于我的拖沓，这是一个相对漫长的过程，这一路走来，又跨越了新冠肺炎疫情这一重大突发公共卫生事件，调研中的一些细节已经有些模糊。比如，深圳地区机构负责人的焦点小组座谈会是什么时候开的？深圳市宝安区的机构实地走访是什么时候去的？更别说往返广州和深圳多次，与家长和机构被访者的面对面访谈都是什么时间，在哪里开展的？这些细节，不翻查调研记录已无法记起。但是，调研中的许多记忆至今依然清晰地印刻在我的脑海中。参与调研的家长们，机构负责人和从业人员，这些心智障碍孩子的照顾者们给我留下了深刻的印象，他们愿意抽出宝贵的时间来支持我们的研究，愿意敞开心扉来讲述他们的故事，表露他们的情感，愿意分享他们的经验，毫无保留地说出他们的困惑、期许与建议。

从被访家长的叙事中，我们可以体会到家庭照顾者的重担。当家庭与残障（尤其是孤独症）孩子联系在一起的时候，家长们往往会经历类似由丧失而导致的哀伤过程，从否认、愤怒、协商、沮丧到逐渐接纳，是一个长期承受压力又不断与压力对抗的过程。[1] 并不是每一个家庭都沿着统一的路线来经历这一过程,也不是每一个家庭都会完全经历上述过程中的每一阶段。但从我们的调研来看,参与到调研中的家庭,都让我们看到了家庭照顾者们的韧劲。对于家庭中的父母来说,对孤独症孩子的接纳同时也是对自我的接纳。孤独症孩子的成长是一个家庭成长的过程,也是行动产生改变的过程,是生命力的见证。正如哲学家尼采所说,生活有时的确会让人头破血流,但一旦愈合,伤口处会更加坚固。[2]

孤独症是一种从 20 世纪 40 年代开始才逐渐走进人们视野的神经性发育障碍,在 20 世纪 80、90 年代的时候,人们对它的了解不多,确诊率低。经过了几十年的努力,社会对孤独症的认识逐渐丰满起来,它并不是单一一种障碍,而是由多种核心症状相同的障碍组合而成,形成一个孤独症谱系。孤独症孩子的症状表现也不尽相同,可能存在极大的个体差异。在诊断与病因研究上的许多不确定导致了在孤独症干预、照顾和康复上的挑战。孤独症人士要充分实现社会融入,离不开家庭与专业工作者的合作。家庭照顾者与职业照顾者,他们是孤独症孩子成长道路上的战友。曾经有学者将家长与专业人士的合作比喻为共舞,家庭照顾者与职业照顾者需要一起搭建伙伴关系,家长可以信任专业人士,专业人士也能够通过共情,成为孤独症家庭的重要支持力量。[3]

通过我们的调研,也能够看到心智障碍家庭照顾者与职业照顾者之间的共生关系。孤独症孩子的早期干预非常重要,至少从确诊开始,大多数孤独症孩子的家庭就需要寻找适合的机构进行专业的干预训练,去提升孩子的言语能力、社交能力、行为与情绪理解和管理能力等。从这时候起,家庭照顾者和职业照顾者就紧密联系在了一起。孤独症个体的干预或康复贯穿其生命成长中的每一个重要阶段。干预的目的是要推动孤独症个体的发展、学习和适应,减轻家庭的痛苦,这一过程会深入影响到孤独症个体社会生活的各个方面,包括教育、职业发展、生活能力、社会参与和养老

---

[1] [美]罗伯特·纳瑟夫:《让爱重生:自闭症家庭的应对、接纳与成长》,成丽苹译,东方出版社 2017 年版,第 50—67 页。

[2] 尼采的话语转引自[美]罗伯特·纳瑟夫《让爱重生:自闭症家庭的应对、接纳与成长》,成丽苹译,东方出版社 2017 年版,第 66 页。

[3] [美]罗伯特·纳瑟夫:《让爱重生:自闭症家庭的应对、接纳与成长》,成丽苹译,东方出版社 2017 年版,第 172—173 页。

等重要领域。孤独症个体与家庭在社会生活的各领域，都有着符合生命历程各个阶段特点的需求，这些需求，包括生存发展的基本需求和追求自我价值与自我成长的精神性需求，既反映了作为人类社会一分子的普遍性，也反映了孤独症群体因社会中面临的障碍环境所带来的挑战。

要应对这些挑战，单单靠家庭或家庭照顾者的智慧是不够的，还需要社会力量的参与和支持。我们的调研也发现，在政府的支持引领下，越来越多的社会力量参与到心智障碍群体的服务供给中来，这些服务提供者，对孤独症个体也承担了非常重要的照顾重担，这些机构和机构中的从业人员，可以说是孤独症个体的职业照顾者，他们通过专业服务的提供给予了家庭照顾者们莫大的支持。这些机构的发展，离不开中国社会对公益事业的支持，离不开社会组织的蓬勃发展。回看国内民间孤独症服务机构发展的历程，就会发现，这些服务机构的萌芽和发展离不开家长们的努力，一些机构创始人本身就是孤独症孩子的家长，他们可以说是众多奋斗着的孤独症家庭照顾者中的优秀代表，将家庭的需求与社会公益结合在了一起，将家庭照顾与专业服务链接在了一起，产生了一股自下而上的推动心智障碍服务领域发生变革的力量，同时也借由自上而下的来自政策制定者的重视，在以孤独症为代表的心智障碍服务供给中发挥了重要作用。

通过对与孤独症家庭"共舞"的一些民办社会机构的调研，我们将这些机构的发展过程与发展需求纳入了研究视线。伴随着社会建设的蓬勃开展，尤其是伴随着近些年来国家对残疾人事业发展的重视，对社会力量参与社会生活实践的鼓励，以孤独症为主要服务对象的心智障碍人士专业服务机构也如雨后春笋般地发展起来。在发展的过程中，大多数具有公益性质的民办非企业单位都有着比较艰辛的成长历程，正如他们的服务对象，孤独症孩子与家庭一样，也处在一个边缘化的位置，在摸索与挣扎中艰难发展，面临着许多挑战。

在当下，政府、市场和公益慈善机构等多元主体进入到这一服务领域的新时期，更需要服务机构把握机遇，克服困难，迎接挑战。专业服务机构、服务从业者与家长，他们都是孤独症人士的重要照顾者。机构提供了家庭外专业照顾的物理环境与人力资源，尤其是以特殊教育（康复或培训）老师为代表的从业者是机构专业服务的执行者，是除了家庭照顾者外直接与孤独症人士产生交集的重要职业照顾者。孤独症人士在家庭内外的照顾质量与孤独症人士的生活福祉密切相关。也正因如此，对孤独症人士社会康复困境与服务发展需求的研究值得从家庭、机构与从业人员三方面来展开。

这本书正是从上述三个方面，结合问卷调查和访谈叙事，结合孤独症人士生命历程中的重要生命轨迹，了解孤独症人士的社会康复困境，从家庭系统的成长需求，职业服务机构发展需求和从业者职业发展需求这三个方面，将家庭照顾与家庭外职业照顾结合起来，力求较立体地体现孤独症群体的服务发展需求。从我们的调研结果可以看出，孤独症的社会康复困境是残障者面临的诸多困境的一个缩影。这些困难并不单纯是生理因素造成的，更多是社会环境的障碍导致的。由于孤独症个体的与众不同，这些障碍出现在人生发展的每一个重要阶段，包括医疗、康复、教育、就业、日常照顾与养老等各领域，均有着与生命发展阶段特点相匹配的各种需求，及与之相应的挑战。这些需求与挑战已经不是个体的问题，而是集体性的问题，更是社会性的问题。

要回应这些问题，仅从医学的视角是远远不够的，社会视角下的审视思考更为重要。对残障个体生命历程中的生命事件的关注可以扩展我们对残障问题社会变迁的认识。当我们审视残障个体的生命历程的时候，必然会映射出集体性的社会问题，并需要社会制度的合理管理来确保每一个个体人生进程的顺利发展。个体的生命历程是受到社会政策的形塑的，制度上的实践在生命历程的转衔和群体世代关系上都扮演着重要角色。[1] 社会政策影响着每一个孤独症个体与其照顾者的生活实践。更为重要的是，当采取社会视角来看待残障群体在生命历程中的危机与挑战的时候，也需要我们跳出仅仅聚焦微观个体生活的框架中，更多地意识到个体生活与他人和社会的多方共建，社会环境与个人生活的互相影响，社会政策与个人生活的互相形塑。社会政策不仅仅形塑着人们的生活，我们也应该清楚地意识到，人们对社会生活的积极参与，对生活危机的努力克服，对社会责任的勇于承担，对社会公益的无私投入，也都在对公共政策与社会制度产生着影响，潜移默化中推动着社会政策的完善。

本书的写作思路基本上是基于上述逻辑，将问卷调查所反映的基本数据，与调研中来自于被访者的叙事结合起来，聚焦孤独症人士社会康复的

---

[1] ［英］马克·普里斯特里：《残障：一个生命历程的进程》，王霞绯、李敬译，人民出版社2015年版，第24—30页。

困境与社会服务发展中涉及孤独症家庭、服务机构与服务提供者的各种需求，并通过对被访者生命经历的叙事来凸显孤独症人士家庭内外的不同照顾者随着孤独症个体生命阶段的变迁而在生活实践中呈现出的丰富内容，并通过对困境与需求的归纳总结进一步展开社会政策上的讨论分析，拓展人们对孤独症群体及其照顾者社会生活状况的微观认识以及对宏观社会政策的深入思考。这本书在书写结构上，第一章引言介绍了研究开展的背景、孤独症谱系障碍的诊断以及孤独症相关的国内政策；第二章陈述了研究目的与研究方法；第三章介绍了指引调研实践和研究讨论分析的理论基础。之后，依次分上中下三篇，分别呈现了对孤独症家庭照顾者、服务机构和机构从业人员的数据分析与讨论。最后第十章是全书的总结，在总结各方面需求的基础上，从福利与政策层面进行了一定的思考与分析。

在校对完成之际，回看这本书，在写作上和研究上都有着诸多的不足。尤其是研究角度，本书主要聚焦在需求与困境的分析归纳，这一方面虽然有助于社会政策上的反思与启示，但也容易造成焦点的分散。书中所呈现的许多内容，比如教育、就业、养老，以及孤独症群体及其照顾者面临的社会排斥与心理压力等等，都可以作为一个重点进行更深入研究。在研究方法上，调研的数据收集工作主要依靠家长组织的内部网络来进行。由于目前缺乏官方权威性的孤独症人口数据，也缺少公开的关于孤独症康复服务机构的全国性权威数据，再加上孤独症群体信息具有一定的隐蔽性，各种主客观限制叠加在一起，本研究无法进行一个较严格的理想化的全国性抽样，这在一定程度上限制了研究结论的代表性和普适性。本次研究主要以城市经验为主，虽然也尽量兼顾了中国区域发展差异，在样本选择上包含了国内八大区域内的不同地区，但相对缺乏农村地区和经济落后地区的经验数据。此外，现有的数据也启发我们，将来的研究可以引入比较的视角，国内经验与国际经验相比较，国内不同区域经验的比较，历史经验与现时经验相比较，即通过横向的不同制度环境或社会环境下经验的比较和纵向的时间维度上的比较，来更具说服力地反映以孤独症为代表的整个心智障碍群体在社会变迁下的福利发展脉络，反映基于中国本土社会文化环境下的社会服务发展历程。这些研究中的遗憾，也是我们研究者继续前行的动力，期望在将来的研究中能够更好地回应这些问题。

在这篇序言的结尾，也是非常重要的一部分，是要表达我的感谢。一本书的诞生，并不是一件轻松的事情，这个过程中需要感谢的人很多。首先要再次感谢深圳市自闭症研究会，没有研究会的支持与合作，没有合作机构各位同仁的帮助与支持，就不可能顺利展开全国性的调研。感谢深圳市自闭症研究会和深圳市守望心智障碍者家庭关爱协会的廖艳晖、张凤琼、刘珊珊、杨帮觋、黄裔以及其他曾经给调研提供过各种支持、帮助和书稿修改建议的工作人员。记得当时每一次从广州到深圳的调研，都是帮觋与我们联络沟通，带着我们的调研团队去进行实地走访，没有深圳市自闭症研究会工作人员的辛苦支持，我们无法顺利完成调研。

我更要感谢参与到调研中的所有被访者，是他们的无私分享与积极参与，才能让我们的调研顺利完成，才能有丰富的数据材料和生活叙事呈现在这本书中。对被访者们的调研过程也一直感动着我和我的学生们，孤独症的照顾者们是一群平凡的人，他们不是完美的，不是无所不能的，但平凡人在面对生活中的挑战时，又能够迸发出足够的韧性，激发出无限的潜能，在苦难中彰显出人性的光辉。

在整个研究过程中，我们也获得了许多研究同行们的支持，要感谢朱健刚教授邀请我参与到他主持的国家社会科学基金重大项目中去，并得以将这本书纳入公益与转型丛书系列；感谢陈那波教授在本书出版过程中提供的帮助；感谢深圳大学周林刚教授，中山大学的蔡禾教授、梁玉成教授，他们都对我的残障研究工作给予了很大的支持；也要感谢参与调研工作的学生们，我的硕士研究生蔡秋桂、陈莹、余工琴、张艺璇，他们跟随我一起，做了大量的数据收集与处理工作。此外，还要感谢几位中山大学社会学与人类学系的本科生，这里无法一一呈现他们的名字，感谢他们在数据收集与处理过程中的认真参与。最后，非常感谢中国社会科学出版社的田文编辑和其他参与到本书校对出版工作中的各位老师，是他们的辛苦工作保证了书稿的呈现质量，在他们的保驾护航下这本书才能够顺利出版。

徐 岩

2022 年 1 月于中山大学

目 录

第一章 引言 ……………………………………………… (1)
  第一节 研究背景 ……………………………………… (1)
  第二节 孤独症谱系障碍 ……………………………… (5)
  第三节 孤独症相关政策概要 ………………………… (9)

第二章 研究目的与研究方法 …………………………… (19)
  第一节 研究目的 ……………………………………… (19)
  第二节 研究方法 ……………………………………… (20)

第三章 研究视角与理论基础 …………………………… (26)
  第一节 残障研究的社会视角 ………………………… (26)
  第二节 需要层次论 …………………………………… (29)
  第三节 生态学视角 …………………………………… (32)
  第四节 日常生活的现象学诠释 ……………………… (33)
  第五节 福利多元视角下的理论与实践发展 ………… (36)

上篇 孤独症家庭照顾者的困境与需求

第四章 家庭问卷结果分析 ……………………………… (41)
  第一节 受访者（照顾者）基本情况 ………………… (41)
  第二节 孤独症子女基本情况 ………………………… (42)
  第三节 家庭经济与社会服务享有情况 ……………… (45)
  第四节 家庭照顾者的心理感受与认知评价 ………… (48)
  第五节 家庭面临的困难与需求 ……………………… (51)

第五章　日常生活中的家庭困境 …………………………………（59）
第一节　教育问题 ……………………………………………（61）
第二节　大龄孩子的照顾、就业与养老 ……………………（71）
第三节　立足社区的康复服务 ………………………………（78）
第四节　家长的心理困境 ……………………………………（81）
第五节　生活中的社会接纳 …………………………………（84）

小结　孤独症家庭照顾者的困境与需求 ……………………………（91）

中篇　孤独症服务机构的困境与需求

第六章　机构问卷结果分析 …………………………………………（99）
第一节　机构创始人基本信息 ………………………………（99）
第二节　机构性质与运营情况 ………………………………（102）
第三节　机构的自评优势与不足 ……………………………（109）
第四节　机构间的合作、竞争与交流 ………………………（111）

第七章　民办机构的生存发展境遇 …………………………………（120）
第一节　机构运营与政策支持 ………………………………（120）
第二节　师资困境 ……………………………………………（122）
第三节　行业标准与监管 ……………………………………（125）
第四节　社会排斥与邻避现象 ………………………………（127）
第五节　大龄服务的困境 ……………………………………（129）

小结　机构发展的困境与需求 ………………………………………（134）

下篇　孤独症服务机构从业人员的困境与需求

第八章　从业人员问卷结果分析 ……………………………………（143）
第一节　受访者基本情况 ……………………………………（143）

第二节　从业人员工作生活状况 …………………………… （145）
　　第三节　从业人员的认知评价 ……………………………… （148）
　　第四节　工作困境与需求 …………………………………… （153）

第九章　民办机构从业者的职业困境 ………………………… （156）
　　第一节　来自服务对象及照顾者的压力 …………………… （158）
　　第二节　福利待遇低，经济压力大 ………………………… （160）
　　第三节　职业发展的困境 …………………………………… （163）

小结　机构从业人员的困境与需求 …………………………… （168）

总结与政策启示

第十章　孤独症社会康复服务发展总结与政策启示 ………… （175）
　　第一节　孤独症康复服务发展总结 ………………………… （175）
　　第二节　孤独症家庭与服务机构需求总结 ………………… （179）
　　第三节　福利多元视角下的反思与启示 …………………… （181）

参考文献 …………………………………………………………… （190）

附件一　调查问卷卷首语 ………………………………………… （195）
附件二　家长问卷（节选） ……………………………………… （196）
附件三　机构问卷（节选） ……………………………………… （202）
附件四　从业人员问卷（节选） ………………………………… （208）
附件五　家长座谈会/访谈提纲 ………………………………… （213）
附件六　机构负责人座谈会/访谈提纲 ………………………… （215）
附件七　从业人员座谈会/访谈提纲 …………………………… （217）
附件八　被访谈者基本信息汇总 ………………………………… （219）

第一章

引 言

第一节 研究背景

残障其实是每个人在生命历程中都可能会出现的经历。因此，残障距离人们的社会生活并不遥远。目前，随着全球人口寿命的增长，老龄化进程的加剧，以及慢性疾病风险的增加，残障人口数量也在持续增长中。国际数据显示，近10亿全球人口带有某种形式的残障，大约有1亿0—14岁的儿童伴有残障。[1]

2006年第二次全国残疾人抽样调查显示，全国各类残疾人的总数为8296万人，其中智力残疾554万人，精神残疾614万人。[2] 第六次全国人口普查获得的我国总人口数及第二次全国残疾人抽样调查显示，2010年末我国残疾人总数已达8502万人，其中智力残疾568万人，精神残疾629万人。[3] 整体上，随着人口老龄化的发展，残障人口呈增长趋势，且心智障碍（一般是对智力残疾与精神残疾的总称）群体数量也在逐渐攀升。

在我国，孤独症谱系障碍（简称孤独症，也称自闭症）是心智障碍群体中非常典型的一类，它在目前我国的残疾类别中被划归为精神障碍类别。孤独症属于神经发育性障碍，也就意味着个体在早期的发育过程中大脑功能就遭受了损伤，因此和其他疾病或障碍不同，这类障碍并不能治

---

[1] 参见徐岩《残障者的需求与服务供给——基于广东省的混合研究》，社会科学文献出版社2017年版，第1—3页。

[2] 《2006年第二次全国残疾人抽样调查主要数据公报（第一号）》（http：//www.cdpf.org.cn/sjzx/cjrgk/200804/t20080407_387580.shtml）。

[3] 《2010年末全国残疾人总数及各类、不同残疾等级人数》（http：//www.cdpf.org.cn/sjzx/cjrgk/201206/t20120626_387581.shtml）。

愈。并且，由于属于谱系障碍，孤独症人士的症状表现因人而异，既具有社会交往能力缺损等一系列孤独症核心症状，又因个体差异而在智力水平、语言功能、刻板行为等方面有着不同的表现。此外，孤独症人士也可能伴有不同程度的认知、情感和行为方面的障碍。[1] 这些特点决定了孤独症人士往往需要长时间的社会康复过程，也会因各种原因导致生活自理能力、社会适应能力以及生产劳动能力有不同程度的缺损，甚至是完全的丧失，因此影响其日常生活和社会参与。

与其他疾病或障碍不同，孤独症人士的社会康复非常重要。在日常生活中，即使是高功能孤独症人士，他们的社会功能也受限严重，社会融入困难重重。并且，由于孤独症人士常常伴随有情绪管理与行为控制等问题，在情绪不稳定或环境变化时，容易引发情绪与行为上的强烈波动，有肇事肇祸的可能性。这虽然是小概率事件，但是一旦发生，不仅对社会稳定和公众人身安全造成一定的隐患，也会进一步催化社会大众对残障人士，尤其是包括孤独症人士在内的精神残障人士的污名化过程。这些挑战使得孤独症群体在残疾人群体中更显得特殊，面临的问题也更为复杂和艰难，由此引发的诸多挑战给个人、家庭和社会带来的负担也更大。因此，国家政策上的大力扶持和社会大众的理解与接纳就显得尤为重要，这也贴合现阶段国家追求全民福祉的发展目标。

从国家发展层面来看，党的十九大报告指出，中国特色社会主义进入了新时代后，社会主要矛盾是人民日益增长的美好生活需要和不平衡不充分的发展之间的矛盾。目前，我国正处于全面建成小康社会的重要历史时期。在这样一个充满机遇与挑战的阶段，解决社会发展中的不平衡不充分问题是实现全面小康社会的必经之路。在社会发展的各种不平衡与不充分的问题中，残障人口的发展是需要特别关注然而又容易被忽略的一个环节。残障人士是我们社会大众的一分子，民生福祉的全面实现，不应也不能缺少了他们。但是，在现实环境中，残障人士往往处于社会层级中的弱势地位，即使是他们的照顾者与亲人也会受到影响，面临着社会发展中的诸多挑战。因而，推动残疾人社会政策的完善，提升残障群体及家庭的健康与福祉可以说是新时代的要求。

吴忠民（2004）将社会政策定义为："以公正为理念依据，以解决社

---

[1] 徐岩：《日常生活视角下孤独症儿童教育困境分析与启示》，《残疾人研究》2020年第3期。

会问题、保证社会成员的基本权利、改善社会环境、增进社会的整体福利为主要目的,以国家的立法和行政干预为主要途径(但不是惟一途径)而制定和实施的一系列行为准则、法令和条例的总称。"① 从社会发展的角度来看,社会政策对维系社会稳定和社会公平发挥着重要作用,通过适合的社会政策对社会状况作出及时的反应,是国家对公民所承担的一种责任,体现了政府如何用集体行动来对社会问题进行干预,促进公众福利(Hill,1996)。② 残疾人社会政策结构是否完善健全,能否实施落实,是保障残疾人群体公民权利的重大举措和对残疾人群体社会权益的有力支持,是残疾人社会保障体系建设的重要依托。目前,我国的残疾人士社会保障体系正在逐步发展和完善,向着特惠与普惠兼顾的大目标持续发展。一方面,通过普惠性政策促进残疾群体实现社会公平,保障生存和发展的多层次需要;另一方面,通过特惠政策给予有需要的残疾人群体救助和帮扶。③

社会政策内容应真实反映残疾人的心声和意愿,才能真正满足残疾人的需求。不可否认,残疾人事业的发展越来越蓬勃,相关的残疾人社会政策在近二十年取得了巨大的进步。回顾我国残疾人社会政策的发展历程,可以从五年计划的发展、颁布与实施来管窥一二。

早在《残疾人事业"八五"计划纲要(1991—1995年)》中,国家就对残疾人事业发展提出了要求,要与经济、社会协调发展。自此之后,残疾人事业纳入国民经济和社会发展的全局,也进入了快速发展期。④ 残疾人的康复、教育、劳动就业、扶贫、文化环境等方面在"八五"期间确实得到较好的保障。但是,残疾人事业发展往往要让位于国民经济和社会发展的整体大局。因此,在政策制定和实施过程中,难以看到残疾人群体的"主体性",残疾人群体并没有真正参与到国家社会政策的制定过程中,他们的声音并没有很好地被政策制定者获知,残疾人政策的制定很多时候并没有考虑到残疾人群体的实际需求。

这一短板在后续的残疾人事业发展中逐渐改善。残疾人事业发展"九

---

① 吴忠民:《从平均到公正:中国社会政策的演进》,《社会学研究》2004年第1期。
② 熊跃根:《论国家、市场与福利之间的关系:西方社会政策理念发展及其反思》,《社会学研究》1999年第3期。
③ 郑功成主编、杨立雄副主编:《中国残疾人事业发展报告2017》,人民出版社2017年版,第4页。
④ 邱观建、于娣:《理念、实践、道路:中国残疾人事业发展的四十年》,《残疾人研究》2018年第3期。

五"计划纲要之后，增加了残疾人组织建设、残疾预防、社区康复等政策内容；在政策覆盖面上不断扩大；在政策制定方面逐渐往残疾类别分类化、细致化方向迈进。在残疾人事业发展"十五"计划纲要之前，不分残疾类别，而是以康复、教育、劳动就业、扶贫、文化生活、社会环境等大类别制定相关的政策指标和任务，在"十五"计划纲要之后，逐渐区别残疾类别，分类化制定相关康复政策。① "十三五"期间，残疾人的服务需求增长加快，除公共服务外，残疾人个性化、层次性的服务需求进一步增加。"要坚持政府主导、社会参与、市场推动和残疾人自强自立相结合。要切实厘清政府、社会、市场在发展残疾人事业的职责和关系，放宽发展残疾人服务业的限制，最大限度为企业和社会组织'松绑'，让各种残疾人服务资源'活'起来，适应残疾人特殊性、多样性、类别化的服务需求。""要坚持扩大服务供给和提高服务质量相结合。""积极支持社会力量进入残疾人服务领域……开展残疾人相关服务。"② "十三五"规划更进一步突出了社会组织参与残疾人公共服务来满足残疾人群体日益增长的各类需求。这些政策上的变化与发展，离不开对残疾人群体各种需求的体察与回应。

然而，整体来说，目前已有的社会政策更多的还只是以保障包括孤独症群体在内的残疾人基本生活为主，其重点是康复治疗方面，辅之以部分就业帮扶，涉及残疾人毕生的发展和保障的内容，比如托管服务、养老服务等，还处在相对萌芽的阶段，需要加大力量。同时，在残疾人内部群体中，对于肢体残疾、听力残疾和视力残疾的各种政策相对成熟，但对于智力残疾和精神残疾（尤其是孤独症谱系障碍这一特殊群体）的相关政策也还处在探索发展阶段。我们看到，虽然残疾人政策有往残疾类别化政策实施的趋势，但是在精神残疾类别中，还没能做到更为细化的分类指导。另外，在社会政策的受惠对象层面上，目前已有的社会政策绝大部分是针对残疾人群体本身，极少关乎残疾人家庭照顾者、照顾机构以及机构服务从业者。然而，这些孤独症人士背后的服务提供者，是保障孤独症人士享有良好医疗、康复和社会生活质量的最直接资源。对他们的支持与扶助，也是促进心智障碍人士民生福祉的关键之一。

---

① 毛传清：《中国残疾人事业五年工作纲要发展沿革分析与思考》，《残疾人研究》2015年第1期。

② 郭春宁：《帮助残疾人和全国人民共建共享全面小康社会的新蓝图——学习〈"十三五"加快残疾人小康进程规划纲要〉》，《残疾人研究》2016年第3期。

在"十四五"时期，国家经济社会发展主要目标之一是进一步提升人民生活品质，提升国家治理效能。① 因此，在健全基本公共服务体系，完善共建共治共享的社会治理制度的大背景下，如何更好地做好心智障碍群体的服务，补短板，促发展，真正提升这一群体及其家庭的生活质量和社会福祉，需要政府、民间组织、公益机构和研究者的共同关注。

在这样的发展大背景下，近十年来国家政策上的利好促进了心智障碍服务事业的进一步发展。现今以孤独症为代表的心智障碍康复事业发展状况如何？进入21世纪以来，经过20年的发展，这些服务机构在数量及服务内容上都已发生了变化，孤独症人士及家庭的服务需求也产生了巨大的变化，从业人员也面临着新的压力和挑战，为了更好地了解全国心智障碍（以孤独症儿童为主）的服务现状和需求，为相关政策的制定提供数据参考，笔者借助深圳市自闭症研究会、深圳市守望心智障碍者家庭关爱协会，以及深圳市特殊需要儿童早期干预中心在心智障碍儿童服务中的行业优势，充分发挥残联专业机构、民间社会组织与高校科研力量强强联合的优势，开展2019年全国心智障碍（孤独症）儿童康复服务现状与需求调查。②

第二节　孤独症谱系障碍

孤独症作为一种精神疾病被正式提及的历史并不久远。对于具有孤独症典型症状的儿童个案的描述可以追溯到19世纪初法国医生伊塔尔

---

① 具体内容见《中共中央关于制定国民经济和社会发展第十四个五年规划和二〇三五年远景目标的建议》（http://www.gov.cn/zhengce/2020-11/03/content_5556991.htm）。

② 深圳市自闭症研究会（以下简称研究会）创立于2001年，是由孤独症者家长自发创建的自助组织，于2005年在深圳民政局登记注册为社团，以全心全意为孤独症人士服务、代表孤独症群体倡导及争取其共同权益、推动孤独症服务行业的发展、整合社会资源促进社会融合为使命，从一个家长自发的草根组织发展壮大为专业服务组织。目前研究会及其网络系统为约1万名孤独症患儿、200家民间服务机构及约7000名从业人员提供服务。其开展了孤独症人士的现状调查，主编出版了《中国自闭症人士服务现状调查报告（华南地区）》及《中国自闭症人士服务现状调查（华南地区深圳分卷）》。

深圳市特殊需要儿童早期干预中心（原深圳市聋儿听力语言康复中心）是经深圳市政府批准，隶属于深圳市残联的从事特殊需要儿童康复、教育的专业机构。自1992年7月成立以来，经过多年的努力中心已从过去单一的聋儿康复发展成一所为聋儿、孤独症儿童、弱智儿童提供专门的医疗诊断、康复教育咨询服务的大型综合性特殊需要儿童早期干预教育康复机构。

(Jean Itard)对森林野孩子维克多的描述。维克多不会说话，不善交流，对秩序有着明显的偏好。关于野孩子的行为描述非常符合现在定义的典型孤独症的症状特点。这之后，也有一些医生曾经记录了一些类似典型孤独症儿童的个案案例。但是，直到20世纪40年代，才有人系统地研究这一类具有特殊行为表现的儿童。1943年，美国医生里奥·凯纳（Leo Kanner）发表了第一篇关于这一疾病的论文，将这类儿童表现出的异常行为模式命名为"婴幼儿孤独症"，并将其行为特点总结为：缺乏与他人的情感接触；重复的刻板行为；自我选择上的强烈同一性；言语缺陷；机械记忆好但普遍性学习困难；外表漂亮、活泼等。1944年，奥地利医生汉斯·阿斯伯格发表了关于阿斯伯格综合征（Asperger's syndrome）的论文，患有该疾病的孩子行为特点被归纳为局限的兴趣爱好，不恰当的社会交往行为，动作不协调，能力达到平均水平或以上，但存在个别方面的学习障碍等。随后，越来越多的研究者开始关注这一特殊的儿童群体，也开始探寻背后的病因。①

对于孤独症的理解，像任何新生事物一样，都经历了摸着石头过河、不断尝试、不断纠错的过程。一开始，一些研究者认为孤独症是儿童期精神病的一种表现，是一种情感障碍，是由于父母尤其是母亲的失职造成的，将父母对子女的教养方式与儿童的孤独症症状表现联系了起来。20世纪五六十年代的学者曾提出"冰箱母亲"理论，认为孤独症源自母亲对孩子的冷漠与疏忽，是母爱缺失造成的恶果。② 这种错误的认识曾给孤独症儿童的父母带来了极大的伤害。

直到20世纪60年代，随着医学与心理学的进一步发展，人们对大脑功能的认识日益清晰。美国心理学家伯纳德·瑞姆兰（Bernard Rimland）出版了颠覆人们对孤独症病因认知的著作《婴儿孤独症：行为神经理论的症状和意义》。③ 这本书告诉人们，孤独症是生物学因素引起的行为失调，而非情感障碍。随后，越来越多的研究证实了孤独症儿童的行为是发育障碍所引起的，大脑功能障碍是孤独症的重要原

---

① ［英］Lorna Wing：《孤独症谱系障碍：家长及专业人员指南》，孙敦科译，北京大学医学出版社2008年版，第3—10页。

② 片成男、山本登志哉：《儿童自闭症的历史、现状及相关研究》，《心理发展与教育》1999年第1期。

③ 转引自孙玉梅《自闭症谱系障碍儿童家庭支持系统》，北京大学出版社2015年版。

因。20世纪80年代后，孤独症的诊断标准一直在发展变化，不断地改进和完善。以DSM系列为例，其逐渐地将过去孤独症亚类型的划分改变为DSM-5中的孤独症谱系障碍，强调症状从轻到重的连续谱系特点。[1]

孤独症谱系障碍（ASD）在美国精神疾病诊断标准（Diagnostic and Statistical Manual of Mental Disorder，DSM-5）中被归为神经发育性障碍，症状多在个体出生后的12—24个月表现出来。其主要特征为："在多种场合下，社交交流和社交互动方面存在持续性的缺陷，包括社交互动中的缺陷、在社交互动中使用非言语交流行为的缺陷，以及发展、维持和理解人际关系技能的缺陷。"[2] 并且，常伴有受限的、重复的行为、兴趣或活动模式。这些症状在儿童早期出现，限制或损害了正常的社会功能。儿童个体会因为发育水平、生理特点、年龄阶段，以及症状的严重程度在外显行为表现上有很大的不同，这也提高了发现和确诊的难度。一般来讲，作为谱系障碍，其包括一系列具有相同核心症状特点的障碍，包括早期婴儿孤独症、儿童孤独症、卡纳氏（Kanner）孤独症、高功能孤独症、非典型孤独症、未特定的广泛性发育障碍、儿童期瓦解障碍和阿斯伯格综合征。由于孤独症患者普遍具有交流和社交互动方面的功能损害，以及非常明显的情感互动缺失，使得这一类患者很难在社会交往中与他人进行正常的交流、理解与分享，也很难与他人维系一种恰当的人际关系。在行为表现上也缺乏社会适应性，并且随着年龄的增长容易出现情绪上的障碍，主要表现为易焦虑和抑郁。

孤独症的这一系列特点，决定了患者需要终生学习与掌握合适的代偿策略。进入青少年时期后，孤独症患者往往能够在行为方面得到改善（也有少部分恶化的情况），但是能够在成人期融入社会，独立生活和工作的个体数量非常少。那些能够自食其力的个体往往是在智力和语言功能方面缺损比较轻微的孤独症患者。但即使已经具备了独立工作的能力，他们也容易在社会交往上遭遇困难，情绪起伏比较大，也承受比较大的社交

---

[1] 陈文雄：《孤独症70年：从Kanner到DSM-V》，《临床儿科杂志》2013年第11期。
[2] 美国精神医学学会：《精神障碍诊断与统计手册（第5版）》，张道龙等译，北京大学出版社2015年版，第46—62页。

压力，迫切需要社会支持与帮助。①

整体上，孤独症患病率是逐年增高的。1943 年凯纳发表第一篇论文时，孤独症还是一种罕见病，发病率仅为万分之二至万分之四。② 美国疾控中心的流行病学调查数据显示，2002 年美国 8 岁孩子的患病率是 1∶150，即 150 人中有一人患有孤独症。然而，2014 年就增加到 1∶59，即 59 个 8 岁孩子中就有一人患有孤独症。③ DSM-5 指出，目前孤独症谱系障碍的患病率约为人口的 1%（美国精神医学学会，2015：51）。此外，孤独症在患病率上也呈现出一定的性别差异，典型自闭症的男女比例约为 4∶1；阿斯伯格综合征的男女比例则约为 9∶1。④

我国对于孤独症的认识起步时间更晚，国内首个孤独症案例是在 1982 年由中国儿童精神医学之父陶国泰教授报告的，这之后孤独症才逐渐被国人所知晓。国内孤独症谱系障碍方面的流行病学统计也相对滞后，国内研究显示，孤独症的患病率在 0.3%—1.0%，中国大约有 400 万—1000 万孤独症患者，其中儿童约为 100 万—300 万，且人口数量呈增长趋势，孤独症已经成为常见疾病。⑤ 然而，孤独症儿童在社会生活中仍遭遇着众多障碍，尤其是教育问题，一直是孤独症儿童照顾者面临的重要挑战⑥，也是儿童福利政策关注的一个重要领域。国家颁布的《特殊教育提升计划（2014—2016 年）》中提出要"全面推进全纳教育"，强调"使每一个残疾孩子都能接受合适的教育"⑦。《第二期特殊教育提升计划（2017—2020 年）》⑧ 则进一步强调教育公平，强调普校随班就读与特校教育互相支撑，尊重差异多元发展，普惠与特惠配合，全面推进融合教

---

① 美国精神医学学会：《精神障碍诊断与统计手册（第 5 版）》，张道龙等译，北京大学出版社 2015 年版，第 52 页。

② 曹倩璐编译：《自闭症在英国的诊疗》，上海科学技术文献出版社 2008 年版，第 4 页。

③ Dudley K. M., Klinger M. R., Meyer A., Powell P., Klinger L. G., "Understanding Service Usage and Needs for Adults With ASD: The Importance of Living Situation", *Journal of Autism and Developmental Disorders*, Vol. 49, No. 2, 2019, pp. 556–568. doi: 10.1007/s10803-018-3729-0.

④ 曹倩璐编译：《自闭症在英国的诊疗》，上海科学技术文献出版社 2008 年版，第 4 页。

⑤ 樊越波等：《孤独症患病率回顾》，《中国儿童保健杂志》2008 年第 16 卷第 4 期。

⑥ 魏予昕、王志丹、刘文净：《我国当前自闭症儿童教育研究的热点领域分析》，《现代特殊教育》2019 年第 2 期。

⑦ 刘铮：《关于孤独症儿童教育的立法建议》，《行政与法》2019 年第 6 期。

⑧ 《第二期特殊教育提升计划（2017—2020 年）》（http://www.cdpf.org.cn/zcwj/zxwj/201707/t20170728_601529.shtml）。

育，促进社会融入。此外，我国社区卫生服务的主要对象虽然也包括残疾人和重性精神病人，但由于孤独症属于比较晚近被发现和明确的精神障碍类别，其症状特点具有很强的特殊性，因此，国内社区服务支持体系几乎没有，亟须完善。①

第三节 孤独症相关政策概要

由于孤独症作为一种精神障碍纳入精神疾病诊断体系中的时间比较晚，社会对孤独症的干预起步也比较晚，在社会政策层面的关注更是近20年来的事情。2001年《中国0—6岁残疾儿童抽样调查报告》指出，0—6岁儿童精神残疾的首要致残原因就是孤独症。②之后，在2006年两次全国残疾人抽样调查中，将儿童孤独症纳入精神残疾范畴进行人口统计。孤独症作为一种精神疾病，逐渐进入社会视域，纳入社会政策的考量范畴。

《中国残疾人事业"十一五"发展纲要（2006年—2010年）》③及配套实施方案——《精神病防治康复"十一五"实施方案》④中，均提出了关于孤独症（儿童）的相关政策意见，并规划在31个城市开展孤独症儿童康复训练的试点，建立示范性康复设施，培训孤独症儿童筛查、诊断、康复训练专业技术人员（李学会，2019）。2008年3月，中共中央、国务院发布的《关于促进残疾人事业发展的意见》⑤，提出要"逐步解决重度肢体残疾、重度智力残疾、失明、失聪、脑瘫、孤独症等残疾儿童少

---

① 王丹洋、李静、姜宜君、周海燕：《国内外自闭症病人照顾服务的资源分配与问题分析》，《护理研究》2015年第23期。

② 2001年中国0—6岁残疾儿童抽样调查结果。中华人民共和国卫生部、中华人民共和国公安部、中国残疾人联合会、中华人民共和国国家统计局、联合国儿童基金会。《中国残疾人》2004年第4期。

③ 《中国残疾人事业"十一五"发展纲要（2006年—2010年）》（http：//www.gov.cn/jrzg/2006-06/08/content_304096.htm），2016年6月8日。

④ 国务院办公室：《精神病防治康复"十一五"实施方案》（http：//www.cdpf.org.cn/ghjh/syfzgh/syw/201407/t20140725_357660.shtml），2014年7月25日。

⑤ 中共中央、国务院：《关于促进残疾人事业发展的意见》（http：//www.gov.cn/jrzg/2008-04/23/content_952483.htm），2008年3月28日。

年的教育问题",明确将孤独症儿童纳入残疾儿童少年的范畴(岳宗福，2011)。2009年，全国残疾人康复工作办公室发布《孤独症儿童发展评估表(试行)》[①]，用于评估机构内康复的0—6岁孤独症儿童，为机构康复训练孤独症儿童提供了评估标准，也为康复计划的制定以及评估康复效果提供了参照。2010年卫生部出台《儿童孤独症诊疗康复指南》，详细规定了孤独症儿童的诊断、干预与康复方法以及诊疗康复流程，在诊断工具和标准方面提供了比较标准化的量表(李学会，2019)。

随着孤独症诊断与干预康复方面的进一步发展，孤独症也被纳入残疾分类与评级的体系当中[②]，孤独症逐渐作为精神残疾中具有典型性的类别纳入残疾人社会保障体系当中。国家有关孤独症群体的相关政策也从医疗层面拓展到社会层面，关于孤独症群体社区康复、救助帮扶、教育、就业、养老等方方面面的内容，以精神残疾群体为依托，朝着更加精准、更凸显孤独症自身特点与需求的方向发展。

一 社区康复

我国的残疾人康复工作从20世纪80年代开始逐渐走上正轨。最开始，主要集中在医疗康复领域。1988年，国家先后开展了白内障复明、小儿麻痹后遗症矫正治疗和听力障碍儿童的语言训练这一类医疗康复工程。进入21世纪后，康复工作进一步拓展，"人人享有康复服务"，成为残疾人康复服务的主要目标。在这一过程中，社区康复受到了重视，已经成为机构康复和家庭康复之外非常重要的一种康复途径，并且社区、机构和家庭之间的关系也密不可分。社区康复是旨在使残疾人机会均等地融入社会，减少残疾人贫困，提升残疾人生活质量的重要社区发展内容。社区康复需要通过残疾人自身、家庭、组织和社区以及政府各级相关部门的多方合作，来共同实现残疾人日常生活各方面的社会融入。[③]

---

① 全国残疾人康复工作办公室:《孤独症儿童发展评估表(试行)》(http://www.cdpf.org.cn/ggtz/200909/t20090923_410322.shtml)，2009年9月23日。
② 《全国精神卫生工作规划(2015—2020)》要求按照精神障碍分类及诊疗规范，提供科学规范合理的诊断与治疗服务，提高患者治疗率。各地要将抑郁症、儿童孤独症、老年痴呆症等常见精神障碍作为工作重点。
③ 郑功成主编、杨立雄副主编:《中国残疾人事业发展报告2017》，人民出版社2017年版，第80—90页。

在社区康复方面,《2013 年全国残疾人康复工作要点》[1] 中就曾提出要加强孤独症儿童康复工作,依托项目,推动孤独症儿童康复机构建设和专业技术人员培训,启动孤独症儿童融合式社区家庭康复试点工作。2019年,中国残联、民政部、国家卫生健康委联合制定的《残疾人社区康复工作标准》[2],对卫生健康部门、民政部和残联组织都提出了要求,指出民政部门组织开展精神障碍者社区康复服务,培育助残社会组织;残联要发挥自己的特性和优势,以持证残疾人和残疾儿童为重点,全面、准确、及时掌握精神残疾人的需求和服务状况,反映精神残疾人的康复困难和诉求;发展准康复服务与社区基本康复服务,支持残疾人组织、残疾人家庭的康复活动;积极开展宣传倡导活动,为社区康复工作营造良好环境。[3]

在社区康复的服务实施上,也相应出台了一些政策,这些政策中都有聚焦精神残疾,涉及精神残疾人的能力提升和心理情绪、社区康复服务单位与服务人员等方面的内容。比如,为有康复需求的精神残疾人提供沟通和社交、情绪和行为调控、生活自理及职业、社会适应等能力训练[4];要求残疾人服务机构应当根据需要为残疾人提供情绪疏导、心理咨询、危机干预等精神慰藉服务。其中,对于智力障碍、精神障碍残疾人应当配备专业人员进行专业服务等。[5] 2021 年 1 月,民政部联合多个国家部委颁布了"积极推行政府购买精神障碍社区康复服务工作"的指导意见,强调要围绕供给侧结构性改革,加快政府职能转变,"创新社会治理体制,改善公共服务供给,支持和引导社会力量开展精神障碍社区康复服务",满足社区康复需求,实现人人享有康复服务的目标。[6]

也有一些社区康复政策特别聚焦孤独症群体,比如,"支持示范性地市级孤独症儿童康复机构建设,规范孤独症儿童康复训练工作;发挥康复

---

[1] 全国残疾人康复办公室:《2013 年全国残疾人康复工作要点》(http://www.cdpf.org.cn/ggtz/201301/t20130107_410796.shtml),2013 年 1 月 5 日。
[2] 中国残联、民政部、国家卫生健康委:《残疾人社区康复工作标准》(http://www.cdpf.org.cn/zcwj/zxwj/201912/t20191202_668907.shtml),2019 年 11 月 25 日。
[3] 《民政部、国家卫生计生委与中国残联共同部署精神障碍社区康复服务工作》(http://www.cdpf.org.cn/yw/201801/t20180126_617513.shtml),2018 年 1 月 26 日。
[4] 中国残联、民政部、国家健康委员会:《残疾人社区康复工作标准》(http://www.cdpf.org.cn/zcwj/zxwj/201912/t20191202_668907.shtml),2019 年 11 月 25 日。
[5] 民政部、人力资源社会保障部、国家卫生计生委、中国残联:《残疾人服务机构管理办法》(http://www.cdpf.org.cn/zcwj/zxwj/201803/t20180326_622799.shtml),2018 年 3 月 5 日。
[6] http://www.mca.gov.cn/article/xw/tzgg/202101/20210100031782.shtml。

机构作用,开展师资培训、家长培训、社区指导工作,提高康复训练效果";"开展融合式社区家庭康复试点,发挥当地孤独症儿童康复训练机构的资源中心作用,依托社区开展孤独症儿童康复训练技术指导、家长培训、知识普及,在社区和家庭开展全面康复训练;利用社区资源,开展普通幼儿园接纳孤独症儿童的融合式教育,做好与义务教育的衔接"。①

此外,国家也越来越重视对孤独症康复人员的专业技术培训。比如,中央财政于2014年至2015年安排专项彩票公益金3000万元,支持实施全国孤独症和智力残疾儿童康复人员培训项目;2015年至2016年,采用分级培训的方式对全国10000名在职孤独症儿童和智力残疾儿童康复人员(其中,孤独症儿童康复人员6000名,经费1800万元;智力残疾儿童康复人员4000名,经费1200万元)进行轮训,使其掌握相关知识和技能,力争参训人员上岗资格考试的合格率达到85%以上,以提高孤独症和智力残疾儿童康复训练效果。②

二 社会救助

残障群体在社会中处于弱势地位,残障家庭由于照顾的负担,平均家庭收入水平低于健全家庭,容易陷入贫困状态。而残障者的康复又需要极大的经济投入,尤其是孤独症儿童的康复过程,可以说伴随孤独症个体终身。在这样的背景下,社会救助政策的贯彻与完善,对保障孤独症家庭关乎日常生活正常化的各种基本需求具有重要意义。

在孤独症方面,《精神病防治康复"十二五"实施方案》要求各地根据实际情况制定儿童救助优惠政策,对贫困孤独症儿童进行康复训练补贴,有效实施0—6岁贫困孤独症儿童康复救助项目。③《残疾儿童康复救助七彩梦行动计划康复机构服务规范(2012)》规定残疾儿童康复救助"七彩梦行动计划"贫困孤独症儿童康复救助项目服务对象为:经卫生部门认定的诊断机构确诊的孤独症儿童,年龄3—6周岁,符合条件的城乡

---

① 卫生部、民政部、公安部、教育部、财政部、中国残疾人联合会:《精神病防治康复"十二五"计划》(http://www.zgmx.org.cn/newsdetail/d-47523-12.html),2011年12月22日。
② 全国残疾人康复办公室:《全国孤独症和智力残疾儿童康复人员培训项目实施方案》(http://www.cdpf.org.cn/zcwj/zxwj/201603/t20160321_545037.shtml),2015年10月31日。
③ 全国残疾人康复办公室:《2013年全国残疾人康复工作要点》(http://www.cdpf.org.cn/ggtz/201301/t20130107_410796.shtml),2013年1月5日。

有康复需求的贫困孤独症儿童，其中城乡低保家庭的贫困孤独症儿童为优先资助对象。① 《2013年全国残疾人康复工作要点》② 提出残疾人康复工作应当具有发展主义取向，通过加强当前的康复性治疗投入，来减少今后的各种以维持其基本生活为目标的社会资源开支；各地定点康复机构，应为受助对象提供康复训练场地及训练计划，为家长提供家庭训练干预等服务。此外，《国务院关于加强困境儿童保障工作的意见》也提出民政部门要将申请残疾儿童康复救助作为履行监护职责的重要内容，要结合当地情况向残联组织提出申请，将当前监护的0—6岁的视力、听力、言语、肢体、智力等残疾儿童和孤独症儿童全部纳入康复救助范围。③ 原卫生计生委（现已撤销）主导出台的《全国精神卫生工作规划（2015—2020年）》，也提出要组织实施精神卫生防治体系建设与发展规划，安排资金改扩建精神卫生专业机构，改善精神障碍患者就医条件，通过基本公共卫生服务项目和重大公共卫生专项支持各地开展严重精神障碍患者管理服务，将严重精神障碍纳入城乡居民大病保险、重大疾病保障及城乡医疗救助制度范围。④ 虽然目前还没有细化的具体针对孤独症群体的政策落地，但由于孤独症属于精神残疾类别，这类针对精神障碍群体的政策规定，也会在一定程度上惠及孤独症群体。

三 教育

中国的残疾人教育发展经历了从隔离到融合，从单一到多元的发展过程。在这一过程中，从隔离制的特殊教育逐渐发展到目前重视随班就读的融合教育，并在价值取向上把法制性、公平性、零拒绝、最少限制等作为主要的教育原则。⑤ 目前，国家对包括孤独症在内的残疾儿童，出台了一

---

① 中国残疾人联合会：《残疾儿童康复救助七彩梦行动计划康复机构服务规范（2012）》（https：//wenku.baidu.com/view/94167abe854769eae009581b6bd97f192379bf29.html），2012年3月12日。
② 全国残疾人康复办公室：《2013年全国残疾人康复工作要点》（http：//www.cdpf.org.cn/ggtz/201301/t20130107_410796.shtml），2013年1月5日。
③ 《国务院关于加强困境儿童保障工作的意见》（http：//www.cdpf.org.cn/yw/201606/t20160617_557572.shtml），2016年6月16日。
④ 卫生计生委等：《全国精神卫生工作规划（2015—2020年）》（http：//www.gov.cn/xinwen/2015-06/18/content_2881371.htm），2015年6月4日。
⑤ 郑功成主编、杨立雄副主编：《中国残疾人事业发展报告2017》，人民出版社2017年版。

系列的政策来确保义务教育阶段和非义务教育阶段的特殊教育和融合教育的发展与完善。

《中华人民共和国教育法》第三十九条规定：国家、社会、学校及其他教育机构应当根据残疾人身心特性和需要实施教育，并为其提供帮助和便利。第十条：国家扶持和发展残疾人教育事业。①《关于促进残疾人事业发展的意见》第十条明确提出要"逐步解决重度肢体残疾、重度智力残疾、失明、失聪、脑瘫、孤独症等残疾儿童少年的教育问题"②。《中华人民共和国义务教育法（2018 修正）》第十九条：县级以上地方人民政府根据需要设置相应的实施特殊教育的学校（班），对视力残疾、听力语言残疾和智力残疾的适龄儿童、少年实施义务教育。特殊教育学校（班）应当具备适应残疾儿童、少年学习、康复、生活特点的场所和设施。普通学校应当接收具有接受普通教育能力的残疾适龄儿童、少年随班就读，并为其学习、康复提供帮助。③ 以广东省为例，《广东省实施〈中华人民共和国残疾人保障法〉办法》第二十五条规定，"地级以上市和残疾儿童较多的县（市、区）应当根据本地区残疾人的数量、分布状况和残疾类别，至少设立一所综合性特殊教育学校。有条件的地方应当建设具有教育、康复、养护功能的综合性残疾人教养实验学校，重点解决不适宜在普通教育机构就读的重度肢体残疾、重度智力残疾、失明、失聪、脑瘫、孤独症等残疾儿童少年的义务教育问题"。

针对孤独症儿童的特点，国家政策从义务教育和特殊教育方面也都陆续出台了相关的政策。2009 年颁布的《关于进一步加快特殊教育事业发展的意见》明确提出，将自闭症儿童纳入义务教育体系。"积极创造条件，以多种形式对重度肢体残疾、重度智力残疾、孤独症、脑瘫和多重残疾儿童少年等实施义务教育，保障儿童福利机构适龄残疾儿童少年接受义务教育。"④《特殊教育提升计划（2014—2016）》提出，到 2016 年，全国

---

① 全国人大常委会：《中华人民共和国教育法》（http://www.moe.gov.cn/s78/A02/zfs_left/s5911/moe_619/201512/t20151228_226193.html），2015 年 10 月 27 日。
② 中共中央、国务院：《关于促进残疾人事业发展的意见》（http://www.gov.cn/jrzg/2008-04/23/content_952483.htm），2008 年 3 月 28 日。
③ 全国人大常委会：《中华人民共和国义务教育法（2018 修正）》（http://www.npc.gov.cn/npc/c30834/201901/21b0be5b97e54c5088bff17903853a0d.shtmlw），2018 年 10 月 29 日。
④ 中华人民共和国教育部等：《关于进一步加快特殊教育事业发展的意见》（http://www.moe.gov.cn/jyb_xxgk/moe_1777/moe_1778/201410/t20141021_180368.html），2009 年 5 月 7 日。

基本普及残疾儿童少年义务教育，视力、听力、智力残疾儿童少年义务教育入学率达到90%以上，其他残疾人受教育机会明显增加。①《中华人民共和国残疾人保障法（2018）》第二十一条："政府、社会、学校应当采取有效措施，解决残疾儿童、少年就学存在的实际困难，帮助其完成义务教育。各级人民政府对接受义务教育的残疾学生、贫困残疾人家庭的学生提供免费教科书，并给予寄宿生活费等费用补助；对接受义务教育以外其他教育的残疾学生、贫困残疾人家庭的学生按照国家有关规定给予资助。"②《中国残疾人事业"十二五"发展纲要》将残疾人义务教育纳入基本公共服务体系，提出继续完善以特殊教育学校为骨干、以随班就读和特教班为主体的残疾儿童少年义务教育体系。纲要中也指出要建立完善残疾儿童少年随班就读支持保障体系，依托有条件的教育机构设立特殊教育资源中心，辐射带动特殊教育学校和普通学校，提高随班就读质量；要加快普及并提高适龄残疾儿童少年义务教育水平，采取社区教育、送教上门、跨区域招生、建立专门学校等多种形式对适龄包括孤独症在内的残障儿童少年实施义务教育。③

目前关于残疾儿童的教育政策也开始辐射到学前阶段。2016年国务院颁布的《关于加强困难儿童保障工作的意见》，明确提出支持特殊教育学校、取得办园许可的残疾儿童康复机构和有条件的儿童福利机构开展学前教育；支持儿童福利机构特教班在做好机构内残疾儿童特殊教育的同时，为社会残疾儿童提供特殊教育。④

在教育帮扶上面，《中华人民共和国义务教育法（2018修正）》第六条：国务院和县级以上地方人民政府应当合理配置教育资源，促进义务教育均衡发展，改善薄弱学校的办学条件，并采取措施，保障农村地区、民族地区实施义务教育，保障家庭经济困难和残疾的适龄儿童、少年接受义务教育。国家组织和鼓励经济发达地区支援经济欠发达地区实施义务教育。

---

① 中华人民共和国教育部等：《特殊教育提升计划（2014—2016）》（http://old.moe.gov.cn/publicfiles/business/htmlfiles/moe/moe_1778/201401/162822.html），2014年1月8日。
② 全国人大常委会：《中华人民共和国残疾人保障法（2018）》（http://www.scio.gov.cn/32344/32345/32347/33466/xgzc33472/Document/1449134/1449134.htmw），2018年10月26日。
③ 国务院残疾人工作委员会：《中国残疾人事业"十二五"发展纲要》（http://www.gov.cn/jrzg/2011-06/08/content_1879697.htm），2011年5月6日。
④ 国务院：《关于加强困境儿童保障工作的意见》（http://www.cdpf.org.cn/yw/201606/t20160617_557572.shtml），2016年6月16日。

国务院《关于加强困境儿童保障工作的意见》中也指出，对于家庭经济困难儿童，要落实教育资助政策和义务教育阶段"两免一补"政策。对于残疾儿童，要建立随班就读支持保障体系，为其中家庭经济困难的提供包括义务教育、高中阶段教育在内的 12 年免费教育。对于农业转移人口及其他常住人口随迁子女，要将其义务教育纳入各级政府教育发展规划和财政保障范畴，全面落实在流入地参加升学考试政策和接受中等职业教育免学费政策。

总体上，目前涉及孤独症儿童的教育政策越来越细致深入，但是如何在政策颁布与政策落实上进行良好衔接，如何确保政策实施的有效性，这些都需要在了解孤独症群体及其家庭需要的基础上，对相关政策进一步反思和完善。

四 就业与养老

大龄孤独症群体照顾是孤独症人士社会支持中的难点。随着孤独症儿童的年龄增长，国内最早一批诊断为孤独症的人士差不多进入不惑之年，而对他们的照料基本上是由家庭来肩负，国内关于大龄孤独症群体的政策正处在起步阶段，孤独症群体就业和养老方面的政策发展具有极大的迫切性。[1]

首先，就业是民生中的重要内容，就业可以彰显残障者的自我价值与社会能力，更是参与社会生活的关键。目前，我国已经初步形成了多渠道、多层次、多形式安排残疾人实现就业的政策体系。[2] 但是，针对心智障碍，尤其是精细聚焦孤独症群体的就业政策在制定和落实等方面还比较薄弱。

《中华人民共和国残疾人保障法》第七十三条指出，辅助性、庇护性就业机构，是指除福利企业、盲人按摩机构、工疗或者农疗机构以外的，集中安置残疾人的托养服务工场、职业康复工场、庇护工场等残疾人集中就业和生产劳动单位的统称。主要集中安置残疾程度较重、适应能力较弱、通过一般方式和途径难以实现就业的中重度智力残疾人、精神残疾人

---

[1] 马玲玲、冯立伟、陈钟林：《发展支持视角下的孤独症社会政策思考与建议》，《社会福利》（理论版）2014 年第 3 期。

[2] 郑功成主编、杨立雄副主编：《中国残疾人事业发展报告2017》，人民出版社2017年版，第 12 页。

和重度肢体残疾人，为其提供照管、生活与就业技能训练和过渡性就业安置。①

《国务院关于加快推进残疾人小康进程的意见》② 提出了"对残疾人辅助性就业机构的设施设备、无障碍改造给予扶持"的措施。继而，中国残联联合多方部门于 2015 年 7 月印发《关于发展残疾人辅助性就业的意见》③，重点强调通过用地扶持，资金扶持，税费扶持，劳动生产项目扶持，搭建平台和载体，即充分利用已有的残疾人托养服务机构和日间照料机构，结合"阳光家园计划"的实施，将残疾人辅助性就业和残疾人托养服务工作有机结合，以及把残疾人辅助性就业服务纳入政府购买残疾人服务项目等方式，为辅助性就业机构加大扶持力度。《残疾人就业促进"十三五"实施方案》④ 指出要全面推开辅助性就业，积极探索支持性就业。到 2017 年所有市辖区、到 2020 年所有县（市、旗）应至少建有一所残疾人辅助性就业机构，基本满足具有一定劳动能力的智力、精神和重度肢体残疾人的就业需求。要调动各类社会资源，以智力、精神残疾人为主要对象，以扶持其在劳动力市场实现就业为目的，继续在部分省市开展残疾人支持性就业试点。同时，扶持建设残疾人就业辅导员培训专业机构（基地），培训一定数量的就业辅导员，促进支持性就业。

其次，在养老方面，国家目前还未推出针对大龄（成人）孤独症人士养老方面的具体政策措施，不过国家近年来已经开始关注包括孤独症群体在内的残障群体的养老与托养的问题。国务院在 2014 年 2 月出台的《关于建立统一的城乡居民基本养老保险制度的意见》⑤，提出"对重度残疾人等缴费困难群体，地方人民政府为其代缴部分或全部最低标准的养老保险费"的意见。此外，为加强成年残障人士的托养照料服务，在财政

---

① 《中华人民共和国残疾人保障法》（http://www.scio.gov.cn/32344/32345/32347/33466/xgzc33472/Document/1449134/1449134.htm）。
② 《国务院关于加快推进残疾人小康进程的意见》，中华人民共和国中央人民政府官网（http://www.gov.cn/zhengce/content/2015-02-05/content_9461.htm）。
③ 《关于发展残疾人辅助性就业的意见》，中国残疾人联合会官网（http://www.cdpf.org.cn/zcwj/zxwj/201507/t20150708_521155.shtml）。
④ 中国残联等：《残疾人就业促进"十三五"实施方案》（http://www.chinatax.gov.cn/n810341/n810755/c2349545/content.html），2016 年 10 月 8 日。
⑤ 《关于建立统一的城乡居民基本养老保险制度的意见》，中华人民共和国中央人民政府官网（http://www.gov.cn/zhengce/content/2014-02-26/content_8656.htm）。

部的支持下，自2009年起中国残联连续组织实施"阳光家园计划"（中国残联办公厅、财政部办公厅《关于印发〈阳光家园计划〉的通知》）[1]，即为包括大龄孤独症在内的智力、精神和重度肢体残疾人提供集中或日间照料托养服务。符合规定条件的智力、精神和重度残疾人托养服务机构，居家照料智力、精神和重度残疾人的家庭，履行相应的申请审批程序后可获得资助。2012年，中国残联、国家发展改革委、财政部、民政部等八部委共同印发《关于加快发展残疾人托养服务的意见》[2]，提出多元化发展残疾人托养服务，坚持政府主导，加大财政投入，改善残疾人托养服务基础设施条件，增强公共服务提供残疾人托养服务的能力；大力发展日间照料和居家托养服务，以街道（乡镇）、社区（村）服务机构为依托，搭建残疾人日间照料服务设施、居家托养服务平台和网络，积极为残疾人接受托养服务提供便利的生活环境和服务条件。《中国残疾人事业"十二五"发展纲要》提出，以智力、精神、重度残疾人为重点对象，组织开展托养服务需求调查，摸清底数，制定托养服务发展计划。[3]《社区康复"十二五"实施方案》中指出，"有条件的地区依托社区养老机构，在社区开设场所，为有需求的精神、智力、肢体等各类残疾人提供日间照料和养护服务"。2016年，中国残联印发《"十三五"残疾人托养服务工作计划》[4]，提出积极培育社会力量发展残疾人托养服务，"十三五"期间争取街道、乡镇普遍建立残疾人日间照料服务平台，鼓励有条件的社区（村）开展残疾人日间照料服务。

---

[1]《关于印发〈阳光家园计划〉的通知》（http://www.doc88.com/p-3324308105645.html）。
[2]《关于加快发展残疾人托养服务的意见》，中国残疾人联合会官网（http://www.cdpf.org.cn/zcwj/zxwj/201208/t20120821_38288.shtml）。
[3] 国务院残疾人工作委员会：《中国残疾人事业"十二五"发展纲要》（http://www.gov.cn/jrzg/2011-06/08/content_1879697.htm），2011年5月6日。
[4]《"十三五"残疾人托养服务工作计划》，中国残疾人联合会官网（http://www.cdpf.org.cn/zcwj/zxwj/201607/t20160722_561505.shtml）。

第 二 章

研究目的与研究方法

第一节　研究目的

　　孤独症人士个体福利的获得和民生福祉的实现，离不开家庭照顾者、社区邻里、服务机构、社会政策等不同层次环境的支持。本研究聚焦在孤独症儿童的社会服务提供现状上，作为服务对象的孤独症儿童家庭照顾者、服务提供者和专业照顾者（包括康复服务机构负责人以及机构工作人员）多方面临的困难，获知并分析他们及其照顾者的迫切需求。通过对孤独症不同照顾者的深入调研，不仅能够帮助社会大众了解孤独症群体的具体生活经历，拉近彼此之间的距离，更重要的是让政策制定者能够从政策的最终受益者，也就是孤独症群体的角度来制定具体政策细则，使孤独症群体的合理需求得到满足，最大限度地获得政策扶持来克服生活中的困境，达成残障者民生福祉的进一步提高，融入社会生活共奔小康。

　　本研究的目的是通过对孤独症康复服务机构负责人、这类机构中的工作人员（尤其是机构中从事一线康复教学的老师），以及孤独症人士（主要为儿童，有少部分成年孤独症人士）的家庭照顾者的调查研究，充分了解目前全国孤独症人士社会康复服务的现状，分析社会康复服务的困境与需求，在此基础上提出有价值的政策建议，以促进面向包括孤独症在内的心智障碍群体的社会福利事业的发展，为全面推进残疾人事业发展贡献一分力量，提升残障者的民生福祉。

　　本研究涉及从微观个体问题到家庭与机构，再到中观社区和宏观政策法规等不同层级的内容。针对孤独症人士家长的调研既反映了微观层面孤独症孩子的现状和需求，也反映了属于微系统之一的家庭的需求，尤其是家庭照顾者的需求；对康复机构从业人员的调研，反映了处于另一个微系统（与孤独症人士直接相关的康复服务微系统）中服务提供者的现状与需求；对于康复机构（康复机构负责人）的调研，则从社会组织发展的角度反映了与孤独症人士发展密切联系的康复机构的现状与发展需求，这部分可以说是在微观系统与中观系统交织中窥探以孤独症为代表的心智障碍康复服务机构的境遇，也从侧面反映孤独症康复面临的社会困境。此外，这三方面的研究内容不仅涉及孤独症家庭与康复服务提供者最基本的物质生存需求，也涉及精神层次的心理需求与发展需求。

第二节 研究方法

残障问题的调查研究一方面是通过定量数据的支持来发现研究问题的规律，验证可能的假设和揭示与解释导致该问题的前因后果。另一方面，由于残障问题的独特性和发展性，也需要定性的数据来描述残障问题的细节，展现残障问题发生到发展的脉络，促进人们对这些问题的理解和进一步思考。因此，将这两种目的结合起来，本调研采用了以问卷摸底调查为主，半结构性面对面深度访谈、机构实地参访观察、焦点小组座谈为辅的混合研究的方法。①

本次调研，从问卷编制开发，问卷初测完善，问卷上线到最终问卷收集结束，涉及家庭、机构与机构从业人员三部分问卷收集过程，以及焦点小组座谈会、机构实地参访、面对面深度访谈等。整个调研的设计以及数据收集过程历时近 10 个月时间，从 2018 年 10 月 10 日开始至 2019 年 8 月结束。

一 定量研究
（一）问卷调查

由于孤独症人口数量在人口总数中占比不高，且孤独症患者及其家属的人口数量并没有官方的权威调查数据做参考。加上从调研可及性上来

---

① 关于混合方法的类型与抽样问题，徐岩（2017：22—23）已经有了比较详细的论述。这里，主要针对此次调研所用的具体研究方法进行介绍与总结。

说，孤独症患者、家庭和服务机构，在地理位置分布上相对分散，在调研信息获得渠道上也相对封闭。因此，此次调研一方面需要专业机构的支持，另一方面也需要更加经济便捷的方式来完成数据收集工作。经过与深圳市自闭症研究会等机构讨论，此次调研决定采取线上问卷调查的方式进行。

问卷调查分为三个部分，包括孤独症人士生活及服务现状调查家长问卷、机构问卷和从业人员问卷，分别从孤独症个体与家庭照顾者，作为服务提供者的机构，以及作为服务直接提供者的康复服务从业人员三个方面来进行问卷调查。此外，本调研为了此次研究能更好地体现心智障碍领域服务的历史发展与延续，也参考了深圳市自闭症研究会 2011—2012 年主导的中国孤独症人士服务现状调查的问卷题目，在其基础上进行了修改、补充和完善，形成了 2018—2019 年度全新的问卷内容。

家长问卷涉及孤独症孩子的基本情况、照顾者的基本情况，孤独症个体在医疗、心理、教育、培训、康复、日常照顾、养老等多方面的需求。机构问卷涉及该康复服务机构的基本信息、创始人与负责人信息、机构在运营、管理、服务和发展等多方面的问题和需求。从业人员问卷的内容主要包括康复服务机构中从业人员（主要为老师）的基本情况，工作中作为从业者个人的困境与职业发展需求；从工作者的角度反映心智障碍群体及其照顾者，以及服务机构行业发展的困境与需求。

(二) 研究对象

心智障碍家庭照顾者

通过线上填写问卷的形式，一共收集 2305 份家长问卷。其中 1999 份 (86.72%) 是母亲填答的，253 份是父亲填答的，37 份是祖父母/外祖父母填答的，另有 16 份是心智障碍人士的亲属等其他照顾者填答的。

在这些受访者中，2175 人（94.4%）是汉族，130 人（5.6%）是其他少数民族；1538 人（66.7%）是非农业户口，767 人（33.3%）是农业户口；1161 人（50.4%）属于流动人口（户籍不在居住地），1144 人（49.6%）属于非流动人口。

心智障碍服务机构

研究共收集 124 份民办服务机构问卷，涉及中国南北不同地区，覆盖面较广。此次研究的 124 家机构中，有 67 家机构分布在南部沿海地区，即福建、广东、海南三省，占比为 54.03%[①]；14 家机构分布在大西北地区（占比 11.29%）；12 家分布在黄河中游地区（占比 9.68%）；12 家分布在长江中游地区（占比 9.68%）；北部沿海地区有 7 家（占比 5.65%）；东部沿海地区有 6 家（占比 4.84%）；西南地区有 4 家（占比 3.23%）；东北地区有 2 家（占比 1.61%）。

表 2-1　　　　　　　　调研机构国内经济区域分布情况

社会经济区域	包含的省、市、地区	机构数量	百分比（%）
东北地区	辽宁、吉林、黑龙江	2	1.61
北部沿海地区	北京、天津、河北、山东	7	5.65
东部沿海地区	上海、江苏、浙江	6	4.84
南部沿海地区	福建、广东、海南	67	54.03
黄河中游地区	陕西、山西、河南、内蒙古	12	9.68
长江中游地区	湖北、湖南、江西、安徽	12	9.68
西南地区	云南、贵州、四川、重庆、广西	4	3.23
大西北地区	甘肃、青海、宁夏、西藏、新疆	14	11.29
合计		124	100.00

心智障碍服务机构从业人员

共收集 432 份民办服务机构从业人员问卷。与机构数据相一致，从业人员服务对象也是以孤独症谱系障碍为主，同时兼顾了诸如智力发育迟缓、唐氏综合征、脑瘫等其他障碍类型。在这些受访者中，女性居多，有 390 名（90.3%）；有 193 名（44.7%）的从业人员户籍为非农业户口，239 名（55.3%）为农业户口；并且，从业人员中属于流动人口（居住地与户籍所在地分离，因工作离开户籍所在地六个月以上）的比例多于非流动人口，共有 251 名（58.1%）。

[①] 由于本研究依托深圳市自闭症研究会的组织网络，因此深圳市的被访机构最多，共回收深圳市 38 份机构问卷。其中，涉及龙岗区 11 家机构，宝安区 8 家机构，南山区 7 家机构，罗湖区和福田各 4 家机构，光明新区和坪山新区各 1 家机构，另还有 2 家位于龙华新区的机构。从填写人的身份来看，其中有 17 位机构创始人，18 位机构管理人员，2 位老师和 1 位机构发起合伙人。基于此，所收集的数据涵盖了深圳市目前所设的 8 个市辖区，且占比为 92.11% 的问卷填答人在机构担任要职，属机构核心人物。

（三）数据收集过程

本调研在线调查问卷通过问卷星进行收集。首先由研究者将反复修改完善最终确定的问卷录入问卷星，并将问卷链接转交深圳市自闭症研究会的工作人员。深圳市自闭症研究会工作人员将问卷链接通过内部渠道通知各个会员单位及个人。个人接到此次调研的通知消息后，自行进入问卷星问卷链接进行在线问卷填写。

深圳市自闭症研究会在其中只起到了利用自身渠道优势发送通知消息的作用，在此过程中完全由调查对象自己自由自主地决定是否填写问卷。当个人进入网站链接并认真填写完问卷即认为其同意参与此次调研。为了确保问卷数据收集的可靠性，研究者首先在调研通知与问卷指导语中强调该问卷需要独立地、实事求是地认真完成。其次，在通知过程中强调不要二次填写或多次作答，并在数据整理阶段通过对填答者 IP 的筛查来控制重复填答的情况。

二 质性研究
（一）焦点小组座谈会

焦点小组座谈会也被称作焦点团体，是一种把研究对象聚集在一起，就某一特定的领域或研究问题进行小组讨论的质性研究方法。[①] 这种方法一般采用半结构化的设计，事先对需要讨论的问题进行设计和准备。在讨论时由研究者进行话题引导，小组成员在一种放松和安全的环境中进行充分的交流。这种方式由于人数相对多，容易产生头脑风暴，引发成员的充分思考和积极表达，是一种相对经济便捷，又有效地获得研究资料的方法。焦点小组的形式不仅可以记录成员们之间的言语信息，还可以在研究者对成员们的互动观察中记录下行为与情绪表达，能够更好地反映调查对象的表达内涵。一般来讲，小组的规模在 8—12 人，最少不低于 4 人，一般持续时间在 1 小时 30 分钟至 2 小时 30 分钟之间。

（二）深度访谈

本调研由于经费、场地和时间的关系，没有办法对所有定性研究部分涉及的调查对象进行一对一的深度访谈。因此，深度访谈在本调研中作为没有参与焦点小组座谈会的研究对象的一种补充。其中，主要运用在实地

---

① Puchta, C., Potter, J., *Focus Group Practice*, SAGE Publications, Inc. 2004, p. 30.

机构参观过程中，与机构负责人、从业人员和服务对象家长进行半结构化访谈。

这种方式通过向被访者就研究问题进行提问，并通过在对话中对被访者的追问来获得被访者对有关问题的详细答案。与焦点小组座谈会一样，这种面对面访问方式不仅可以获得被访者的言语信息，也可以观察到被访者的非言语信息，来加深对被访者表达的理解。

（三）研究对象

质性研究数据则包括来自广东省广州市和深圳市、湖南省长沙市、海南省海口市、贵州省贵阳市、江西省南昌市和新余市、湖北省荆门市、福建省泉州市、北京市的35名孤独症人士家长，30位机构从业人员，以及26名机构负责人。具体如下：

孤独症人士家长：共有35名家庭照顾者[①]参与了质性数据的收集。这些照顾者中，20位母亲，3位父亲，其余为照顾者的祖父母或外祖父母。其中，9位照顾者为非本地户籍，11位为农业户籍。大部分的受访家庭（32个家庭）中孤独症孩子处于儿童阶段，年龄从2岁至14岁，也有三位受访家庭中的孤独症孩子已经成年，其中两位24岁，一位38岁。

机构负责人：共26名机构负责人参与了这部分数据的收集。这些负责人大部分也是机构的创始人，其中11人同时也是孤独症儿童的家长。学历分布从中专到硕士，16名男性，10名女性。[②]

机构从业人员：共有30位从业人员参与了质性数据的收集。这些从业者中，除4名男性外均为女性，年龄最小21岁，最大44岁，有16名从业者为流动人口，户籍不在工作地，有8名从业者为农业户籍。除1名从业者教育水平为中专外，其余均为大专或本科。在目前机构工作的时间最短3个月，最长14年。有1名社会工作者，1名行政管理者，其余均为机构一线教师或教学管理者。

[①] 这些照顾者的孩子，均为孤独症患者，大多为男性，仅有五名为女性孤独症患者。最小年龄2岁，最大年龄38岁，大多持有残疾证，但也有一些年龄小的孤独症儿童还没有申领残疾证，但均有医院证明。残疾类别为精神类，等级分布为一级8人，二级9人，三级5人。

[②] 机构分布广东广州市（1家）、湖南长沙市（1家）、海南海口市（1家）、贵州贵阳市（1家）、江西南昌市（1家）和新余市（1家）、湖北荆门市（1家）、福建泉州市（1家）、北京市（1家），以及深圳市17家，包括宝安（4家）、福田（6家）、南山（3家）、罗湖（1家）、龙岗（2家）和龙华新区（1家）。

(四) 数据收集过程

焦点小组座谈会主要场次的座谈地点在深圳市特殊儿童早期干预中心的某一会议室。座谈会的安排是通过深圳市自闭症研究会等机构来对机构负责人、机构从业人员和家庭照顾者进行预约，所有参与者均事先告知了调研目的与调研安排。研究对象均在知情自愿的基础上，来到指定地点参与座谈会。座谈会正式开始前，研究者会再次向参与者介绍调研内容，请参与者签字并填写基本信息表格。研究者在获得所有参与者的口头录音许可后对座谈会的全程进行录音。研究者承诺对所有涉及被访者的个人身份资料进行处理，并保证不会将这些数据资料透露给与此研究无关的任何人。

第 三 章

研究视角与理论基础

第一节 残障研究的社会视角[①]

在我国，孤独症儿童往往由于存在严重的行为、言语、社会交往或智力等多方面的问题，被诊断为精神残疾。因此，对孤独症儿童及其家庭面临的多种困境的研究、分析与理解，离不开对残障观念与视角发展的认识。

追溯残障研究视角发展的历史，我们就可以看到人们对残障的观念在不断地发展与完善。在残障观念的演变中，个体模型与社会模型先后为人们如何理解残障提供了理论支持与实践依据。个体模式聚焦在残障的个人属性，认为残障是因个人身上存在的缺陷而导致的障碍，残障者需要接受治疗，社会则应该给予慈善帮助。在这样的视角下，医疗模型、道德模型、慈善模型都可以纳入个体模式的大框架下（杨锃，2015；谢佳闻，2012；Rothman，2013）。社会模式则关注残障的社会性因素，把对残障的关注点从个体的生理心理局限转移到社会结构、社会系统，以及社会文化环境对个体施加的限制上来，认为残障是社会政治经济文化下产生的社会不利状况或活动限制，这种不利状况或限制往往与社会压迫和歧视相联系，反映着社会层面的一系列问题（奥利弗等，2015）。

英国利兹大学残障社会政策研究领域的专家普里斯特利教授指出，把握残障个体模式和社会模式的深层差异，是理解当代残障问题的关键（普里斯特利，2015）。在人类社会发展历史中，长久以来都是从个体模

[①] 这一小节内容改编自徐岩《残障者的需求与服务供给：基于广东省的混合研究》，社会科学文献出版社2017年版，第二章第一节。

型视角出发来对待残障问题。古代西方文化常把身体残疾看成邪恶与低贱的,也认为身体残疾的个体是需要治疗的对象。在西方,中世纪漫长过程中的蒙昧宗教观对残障的道德模型发展产生了深远的影响。很长一段历史时期中,对待残障的态度往往伴随着道德上的评价,一方面认为残障是对不道德行为或恶行的惩罚,这种惩罚可能来自代际的传播(比如由于父母的恶行报应到子女身上),也可能是受到了邪恶力量的控制(尤其针对精神障碍与智力障碍),必须受到道德上的审判;另一方面又主张社会有照顾残障者的道义责任,虽然残障者经历磨难是必然的,但却值得同情与关爱,是可以被拯救、照顾和治疗的(Rothman,2003)。

随着科学技术与人权意识的发展,国际社会对待残障者的观念也逐渐发生了变化。科学有助于破除封建的迷思,对残障者的具有浓重宗教意味的道德审判逐渐弱化,医疗模式逐渐兴起,社会开始关注对残障者的治疗与照顾。在医疗模式下,残障被当作疾病来对待,社会也开始重视残障相关的医疗福利政策的制定与实施(谢佳闻,2012)。从 20 世纪 70 年代开始,世界卫生组织从医学视角系统讨论了残疾是如何形成的。1980 年颁布的《国际机能损伤、残障和障碍分类》(International Classification of Impariments, Disabilities and Handicaps, ICIDH),其中对损伤(impariment)、残疾/残障(disability)与障碍(handicap)进行了界定与分类。[①] 这一模式下的判定过程,却是一个贴标签的过程。残障者被看作丧失了一定的功能,是偏离了常模的有缺陷的个体。这种基于医学视角的贴标签过程虽然为残障者的身体损伤提供了医学分类与治疗标准,但其带来的负面作用也很突出。它强化了对残障的社会偏见与刻板印象,加深了残障者的社会隔离状况,成为社会排斥的强有力的借口。因此,以医学模型为代表的个体模式受到了许多社会学者的批判。这种个体化的解释暗示了个体的遭遇只是一个生理心理的发展变化过程,是残障者个人的问题,忽略了来自家庭与社会的影响。在个人模式下的残障者往往是自怨自艾、需要同情和怜悯的角色,将残障者标签化,增加了社会排斥的可能性。并且,为服务提供部门及专业人员提供了推卸社会责任的根据,人们会认为障碍是残障者自

[①] "损伤"指生理与心理意义上的结构或功能的丧失或异常;"残疾/残障"指个体的能力因损伤而造成的某种缺失或限制,进而不能以公认的正常人的方式或能力行事;"障碍"是指因损伤或残障导致的个体在社会生活上的障碍(杨锃,2015;奥利弗等,2015)。

身问题造成的，而缺乏对社会环境进行改变的动力（Finkelstein，1980；奥利弗等，2015；杨锃，2015）。

ICIDH颁布之后，由于没有考虑环境对残障的影响，完全采用医学视角来将残障的责任归为个体而被残障人士群体和组织诟病，其后世界卫生组织经过了多次的修订与改版，在2001年的世界卫生大会上通过了《国际功能、残障与健康分类》（International Classification of Functions, Disabilities and Health, ICF）。ICF的颁布可以说是世界卫生组织对残障医学模型批判的一个积极回应。ICF分类系统纳入了医学模型和社会模型两者中的要素，综合建立了对于残障的生物—心理—社会模式，将残障过程放在了健康状态的大框架下进行讨论，从身体功能与身体结构、活动与参与，以及个体生活和生存的社会背景性因素四个方面的互动关系来反映个体的健康状况（包括疾病与障碍的状况），从更加积极的层面来关注残障者的活动与参与过程（何侃、胡仲明，2011）。ICF虽然考虑了环境因素，但仍然是在个体取向的模式下讨论残障（奥利弗等，2015）。

促进人们更深层次地思考社会中的残障问题的视角是残障的社会模式，它让我们更深刻地思考一个问题，即社会多大程度上愿意进行制度上的调整与环境的改造来移除强加在残障者既有限制上的障碍（Shearer，1981）？社会模式认为损伤是个体限制的原因，而残障是强加在损伤之上的（奥利弗等，2015）。残障研究所探讨的中心议题，诸如社会排斥、社会融入、社会福利与政策、社会服务、医疗与康复、社会认同等问题，已经超越了医学与心理学的范畴，更大程度上是社会学领域的研究问题（杨锃，2015）。

社会模式促进了残障政策与服务的变革式发展，但是社会模式仍然存在争议。随着对残障认识的深化，社会模式遭到了一些学者的批判（Morris，1996；Bury，2000；Shakespeare，2006）。他们认为，社会模式只着眼于社会环境造成的障碍，而忽略了损伤。并不存在简单的损伤与障碍之间的二元对立，损伤是残障个体客观存在的一部分，我们必须反省损伤和障碍的互动关系，在重视残障的社会中观与宏观层面的影响因素的同时，也不能无视残障个体的微观心理体验。当然，也有学者指出，目前对残障社会模式的认识存在一定的误区，社会模式往往被矮化（星加良司，2015）。托马斯（Thomas，1999）拓展了早期社会模式对损伤与障碍的理解，她认为障碍是由于人们（包括身体损伤与身体无损伤的个体）之间的不平等社会关系所导致的，而损伤效应（Impairment effects）是生理上客观存在的损伤所带来的消极影响，社会模式下的研究不仅要研究残障的社会过程与实践中的行动障碍，还要研究反映残障者个体心理认知的认同障碍（谢佳闻，2012）。左拉是美国社会学领域残障研究的重要代表人物，他强调残障的"社会壁垒"对残障者社会参与的影响，认为残障者必须克服社会壁垒，获得作为残障者的身份认同，承认人的多样性，找回真实自我，才能获得真正意义上的社会融入（杨锃，2015）。左拉在社会模式的基础上，提出了普同模式的概念。人口的老龄化趋势，医学技术的提升，养老模式从家庭到社区的一路演化，使得残障成为一个越来越普遍的问题，每个人都可能面对残障的风险。这种普同的观点实际上也获得了国际社会的认同。WHO 的 ICF 分类系统已经采纳了普同的残障理念，认为每个人在其一生中都有可能经历健康状况受损形成残障的经验，这种普遍的人生经验是生理心理条件与环境状态共同作用的结果（何侃、胡仲明，2011），有助于消除社会大众对残障的偏见（Bickenback et al.，1999）。

可见，社会对残障的认识在不断地演进。残障是一个复杂的社会现象，需要多元的视角与理论支撑，不同学科对残障研究有着不同的切入点。社会学的残障研究以福利理论为基本框架，注重在社会模式视角下对残障问题进行理论探讨，而社会工作则在实践中更加强调对残障者的赋能（李学会、傅志军，2015）。

第二节 需要层次论

在新时代，我国社会的主要矛盾由人民日益增长的物质文化需要同落后的社会生产之间的矛盾，转化为人民日益增长的美好生活需要和不平衡不充分的发展之间的矛盾。这种转变让我们看到了人民生活中需要或需求的层次性和丰富性。本书的主要研究目的，也是从孤独症不同照顾者的视角来反映孤独症社会康复和社会融入的真实需求。那么，如何理解社会生活中人们的各种需要，尤其是残障群体在社会生活中的各种需要？在对残障群体日常生活进行剖析前，我们应该先从理论上来认识人们的需要或需求。

需要(需求)从心理学上解释,反映的是可以激发人们行为的内在动机。需要可以引发我们的内在驱力,来支配我们的行为去实现特定的目标。① 人本主义心理学家马斯洛(Maslow)将人类的需要分成五个层次,依次为生理需要、安全需要、爱与归属的需要、尊重的需要和自我实现的需要。这五个层次的需要又可以分为两大类,一类是缺失性需要或匮乏性需要,比如对食物、水、舒适的生存环境、安全、爱与被爱、自尊与肯定等方面的需求。这类需求的缺乏可能会导致疾病,以及心理上的消沉与缺失。人们在可以自由选择的情况下,总是会先选择能满足这些匮乏性的需要的事物。另一类是成长性需要,这类需要主要包括成长、个性化、自主性、创造性等与自我实现有关的需要。

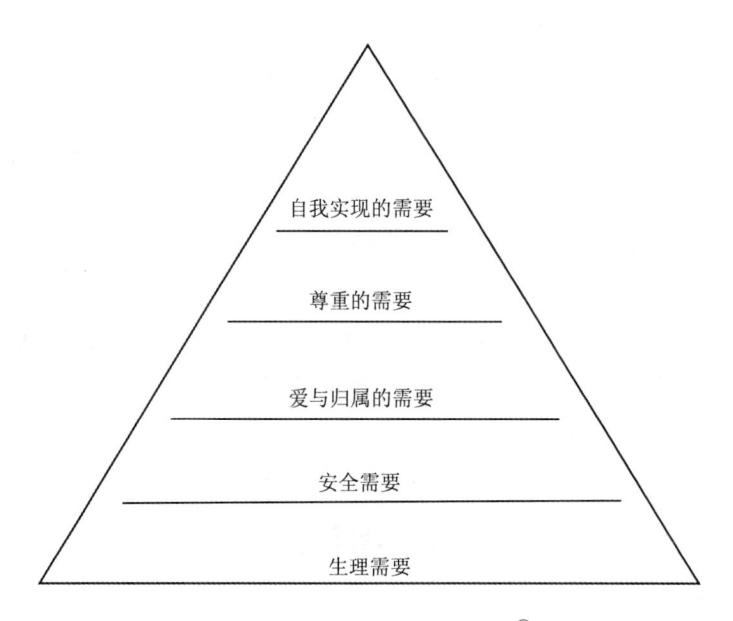

图 3-1 马斯洛需要层次理论②

匮乏性的需要直接与个人所处环境中的资源多寡有关。③ 这其中,生

---

① [美]库恩(Coon D.)等:《心理学导论:思想与行为的认识之路(第11版)》,郑钢等译,中国轻工业出版社2007年版。

② Maslow, A., "A Theory of Human Motivation", *Psychological Review*, Vol. 50, No. 40, 1943, pp. 370–396.

③ 徐岩等:《社会资本与青年幸福感》,社会科学文献出版社2018年版,51页。

理需要是人们的最基本需要,它是人们对衣食住行等生存必需的基本物质条件满足的需求,这部分需求可以通过个体的经济收入和累积的财富来满足。安全需要是人们在社会生活中所需要满足的安全性需求,这就包括医疗卫生、社会福利、法律规范方面的各种保障。爱与归属的需要体现了社会交往中的人际互动资源的多寡。人是社会性动物,自然在满足了温饱和安全之后,需要在人际互动关系中获得关爱与群体的认可。尊重的需要是一种较高层次的精神需要,是人们在物质需求满足的基础上发展出来的精神上的追求。每个人都有被尊重和发展自尊的需求。这些需要的满足要求人们能够在社会生活中获得一定的地位,彰显出自我的价值并获得自己或他人的认可。自我实现的需要可以说是一种最高级的成长性需求,对自我的挑战和超越,是对自身潜能的发挥,也是对自己人格的充分了解和接纳,是一种不断促进给内在整合统一的积极倾向。[1]

马斯洛认为需要金字塔的满足是有层级关系的,只有当其他低层次的需要获得适当满足后,高层次的需要才能被人们关注并激发人们为获得满足而产生进一步的行动。最终,当人们超越了基本需求而去寻求潜能的发展时,促使人们进步的动力就是对自我实现的需要,这是人们不断追求卓越的过程(Maslow,1954)。[2] 马斯洛也是人本主义心理学的代表人物之一,他对人性与人类发展的动机充满乐观积极的态度,他的理论中对人类潜能发展的肯定也鼓励着我们采用积极的视角来看待个体的损伤,相信残障者的潜能发展与对自我的超越。

对于孤独症群体及其照顾者来说,他们的需求也符合马斯洛的需求层次划分。在包括孤独症群体在内的残障者的诸多需求中,生存和发展是两个永恒的主体,生存包涵着对残障个体生活基本保障和生活技能获得的基本需求,这些需求也衍生出残障者家庭对医疗、保险、康复、教育、养老等日常生活多方面的需求。发展则更多地体现出残障者作为一个完成的人类个体,在生活质量与精神层次上的追求,包涵着对爱与被爱、对归属与认同、对自我价值、对幸福等心理需求。体现在日常生活中,对能力获得、社会融合与社会认可、心理健康等的需求也都反映了残障群体及其照

---

[1] [美] R. 默里·托马斯:《儿童发展理论——比较的视角(第六版)》,郭本禹、王云强等译,上海教育出版社2009年版。

[2] Maslow, A., "A Theory of Human Motivation", *Psychological Review*, Vol. 50, No. 40, 1943, pp. 370-396.

顾者高层级的发展需求。本书后续对困境与需求的分析会参考需求层次论从基本物质需求到心理、精神层次,从生存到发展这样的思路展开。

第三节 生态学视角

生态系统论是20世纪70年代产生的一个具有整合意义和折中主义特色的聚焦个体发展的理论观点和实践视角。它认为人们所经历的困境是"生活中的问题",是个人的问题在其生活的社会环境系统的影响下产生的,并非是个人的病态或者缺陷所造成的。因此,社会干预的对象不是单一的个体,而应该是以个人、家庭、社区、次文化等为主体的各层级系统。社会干预的介入模式也应该是一种多系统,多元的综合性干预方式。社会生态系统理论恰恰是把个人成长和社会环境(包括家庭、机构、社区等不同层次)看作是一种社会性的生态系统,强调这些社会环境子系统对于分析和理解人类行为的重要性,揭示了中观和宏观系统对于微观个人成长的重要影响。[1]

美国心理学家布朗布伦纳(Bronfenbrenner)于1979年在《人类发展生态学》一书中提出了一个具有广泛影响的基于个体发展的社会生态系统理论模型,并对该模型进行了详尽地阐述。他主张在个体的成长中,生态(即个体正在经历着的与其有着直接或间接联系的社会环境)具有重要的意义,人类的行为实际上受到各个层次系统的影响,要从家庭、团体、组织及社区等个人所在环境的不同层次系统切入才能全面理解人们的行为。社会生态系统论支持早期格式塔心理学家的观点,认为对真实环境的现象学解释指导着个体的行为,因此,客观环境一定要配合着环境对儿童的意义才能更好地理解儿童的行为。[2]

社会生态系统理论将个体生存发展的环境大致分为四个层次,包括微观系统、中间系统、外在系统和宏观系统。微观系统是与个体直接发生关联的环境,比如由父母与兄弟姐妹组成的家庭以及由老师和同学组成的学

---

[1] 徐岩等:《社会资本与青年幸福感》,社会科学文献出版社2018年版,第160—161页。
[2] [美] R. 默里·托马斯:《儿童发展理论——比较的视角(第六版)》,郭本禹、王云强等译,上海教育出版社2009年版,第261页。

校，都属于个体成长中的微观系统环境。微观系统可以说是社会环境最小的分析单元，其中有三个最重要的成分，分别为人们的活动、社会角色以及人际间的关系。中间系统则是指个体参与的各个微观系统之间的联系和相互影响，比如家庭和学校之间的联系与影响。外在系统指的是个体没有直接参与，但却对个体有着影响的环境，比如父母的工作环境、邻里环境等。宏观系统则指个体所在的社会与文化环境，比如社会政策、政府职能、文化传统等。后期，布朗分布伦纳的生态系统论又将时间作为一个维度放入该理论中。这些系统之间的互动影响，以及带给个体的基于现象学的主观感知，是比客观环境更为重要的内容。

社会生态系统理论也给予残障研究重要的启示，让我们在思考残障人士个体的福祉的时候，不能忽视不同层次系统之间的相互关联和影响，宏观系统的变化（诸如社会政策）会影响到外层系统（父母的社会地位与社会资源、医疗资源等），并进一步影响个体的各个微观系统（比如个体所处家庭与学校）以及微观系统之间的关系。尽管有的系统和关系不是直接对个体发展产生直接作用，但也会间接影响到个体的成长。这一理论促使我们在理解残障的问题上应该有更大的视野，残障问题不仅仅是个体或与个体直接相联系的各个微观系统环境（家庭与学校环境）的问题，也涉及残障个体的照顾者（包括家庭与家庭外的照顾者）所在的社会环境以及更加宏观的社会大环境。

第四节 日常生活的现象学诠释[①]

随着残障视角从个人模式向社会模式的转变，原先处于垄断地位的残障的医学视角被动摇，对残障的认识已经超越了个人功能的性质与个体身体与心理上的"异常"，人们开始关注社会、文化、经济与政策上的壁垒，是如何影响了残障人士融入日常社会生活。从日常生活来反思宏观社会，从"个人的麻烦"来理解个体与他人的社会关系，来分析社会政策与社会制度，提升我们对社会世界的理解，促进社会的进步和

[①] 本节内容主要来源于徐岩《日常生活视角下孤独症儿童教育困境分析与启示》，《残疾人研究》2020 年第 3 期。

改变。现象学（对日常生活的解释来赋予社会生活意义）和常人方法论（人们怎样理解日常生活和各种生活中的"理所当然"[①]）是微观社会学与医疗社会学常用的方法，对于残障研究去理解残障人士的社会生活也非常适用。[②]

　　日常生活的社会学研究从20世纪60年代开始日益受到重视，尤其是在科技进步、社会变迁的后现代社会中，对日常生活的重新审视能让我们更好地理解社会生活中遭遇到的社会性阻隔，[③] 也能促使人们更客观地理解残障的社会成因，重视社会环境对残障群体的影响。[④] 这方面的理论探讨可以追溯到现代哲学思想对人们生活世界的回归。现代哲学指出哲学应不仅仅只局限在探讨客体世界与理性，还应该关注作为主体的具有感性的人们在生活世界，强调从人们日常生活中的具体问题入手，寻求对日常生活的哲学批判与分析。克尔凯郭尔、马克思、胡塞尔、舒茨、列斐伏尔、哈贝马斯等学者都对"生活世界"开展了深入的阐释。胡塞尔认为对生活世界的关注可以为实证科学提供前科学的基础和意义根据。[⑤] 随着现代哲学对人们现实生活世界的价值回归，日常生活的社会学分析也逐渐发展起来。郑震将日常生活定义为："在社会生活中对于社会行动者或行动者群体而言具有高度的熟悉性和重复性的奠基性的实践活动，日常生活的时空是一个为人们所熟悉和不断重复的时空，是一切社会生活的社会历史性的基础。"[⑥] 他进一步指出，日常生活情境与日常生活实践密不可分。社会生活中，人们的日常情境具有熟悉性和高度重复性的特点，这些特点使得我们对日常生活中的一般实践活动习以为常、得心应手或熟视无睹（变得麻木），甚至会让我们产生一种错觉——"一切都必须是正常的"。基于此，日常生活实践的正常化往往被赋予了生活上的合

---

　　① ［英］科林·巴恩斯、杰弗·默瑟：《探索残障：一个社会学引论（第二版）》，葛忠明、李敬译，人民出版社2017年版，第52—69页。
　　② 徐岩：《日常生活视角下孤独症儿童教育困境分析与启示》，《残疾人研究》2020年第3期。
　　③ Ghisleni, M., "The Sociology of Everyday Life: A Research Program on Contemporary Sociality", *Social Science Information*, 2017, pp. 1–18.
　　④ ［英］科林·巴恩斯、杰弗·默瑟：《探索残障：一个社会学引论（第二版）》，葛忠明、李敬译，人民出版社2017年版，第52—69页。
　　⑤ 丁立群主编：《现代化与日常生活批判理论研究》，社会科学文献出版社2019年版，第204页。
　　⑥ 郑震：《论日常生活》，《社会学研究》2013年第1期。

法性，而不正常则有可能被排斥在"我们的"生活世界之外，被否定和被孤立。

日常生活社会学的研究也使得社会学者从宏观社会视角转向了微观社会视角。[①] 现象学视角下，许茨认为日常生活世界是主体间性的世界，我们对世界的认识是建立在前人经验的基础上的主客体的互动，"我"的日常生活绝对不是个人的世界，而是"我"与他人共享的世界。因此，对日常生活世界的分析，也是对社会的分析，要在社会层面通过"我"与他人的互动来理解人们的生活实践。[②] 符号互动论则强调我们的生活世界是由个体之间的符号（个体与他人互动中产生的意义象征，往往通过语言、文字、情境、文化等表现出来）互动过程建构出来的，戈夫曼更是提出人际互动中的拟剧理论，强调在社会舞台上人们都会扮演各种社会角色，并通过这种扮演来获得认同。[③] 戈夫曼也对弱势群体的污名进行了社会学分析，指出这种对身份的否定是社会建构的产物，被污名群体往往被排除在"我们"之外，在社会情境中被贴上道德的标签，不仅被污名化的弱势群体自身在日常生活中打上了耻辱的烙印，那些照顾者也会连带受到污名的影响。[④] 此外，对日常生活的关注也揭示了日常生活惯习的陷阱，赫勒等学者沿袭了马克思的批判主义传统，让我们得以反思日常生活中的各种现象，通过日常生活中的抗争来构建积极的生活世界，促进宏观结构的完善。[⑤]

由此可见，借鉴现象学与诠释学的理论与方法，聚焦孤独症人士及其照顾者的日常生活细节与主体感受，重视日常生活中的主体间性，也利于人们将孤独症人士与各类照顾者面临的微观问题置于社会宏观框架下去思考，既可反映宏观政策的具体实施成效，又可启发宏观政策的进一步完善。

---

① 张学东：《"日常生活"的理论嬗变及其对社会管理的"隐喻"——基于社会学理论的梳理与思考》，《广西社会科学》2014年第2期。

② 丁立群主编：《现代化与日常生活批判理论研究》，社会科学文献出版社2019年版，第204页。

③ [美] 欧文·戈夫曼：《日常生活中的自我呈现》，冯钢译，北京大学出版社2016年版，第15—18页。

④ [美] 欧文·戈夫曼：《污名——受损身份管理札记》，宋立文译，商务印书馆2009年版，第10—25页。

⑤ 周宪：《日常生活批判的两种路径》，《社会科学战线》2005年第1期。

第五节　福利多元视角下的理论与实践发展

本研究聚焦在孤独症群体与家庭的康复困境与需求上，对这一群体需求的分析，最终还是要落脚到社会政策如何回应这些需求。因此，我们也有必要最终在这部分来审视福利相关理论带给我们的指引。

福利多元理论是西方社会政策研究中的重要概念，它的提出始于西方福利国家在危机中对"福利陷阱"的反思。20世纪中期，随着欧美国家经济的飞速增长，福利国家中的社会福利覆盖面全民化，政府在福利中扮演着绝对重要的角色。然而，人口老龄化、社会不平等、失业问题严重，政府的失灵和对社会福利的过度依赖造成的"福利病"让人们重新审视福利制度。福利多元理论在对资本主义福利国家的批判中应运而生，成为20世纪70年代以来社会政策研究的一个新范式，它主张社会福利来源的多元化，既不能完全依赖市场，也不能完全依赖国家，福利的实现需要全社会的共同参与。①

最早提出福利多元概念的是1978年英国《志愿组织的未来：沃尔芬登委员会的报告》，其中提到社会福利应该采用多元体系，志愿组织可以在其中发挥重要作用，需要进一步扩张与完善。② 罗斯（Rose，1986）进一步明确了多元福利的内涵，认为国家的确在福利上扮演着重要角色，但并不是福利的唯一承担者。福利主要由家庭、市场和国家三方提供，三方互相支持，形成社会福利的三角结构，也是一个整体，三者联合起来，相互补充。其后，不少学者继续拓展了罗斯对多元福利的研究。比如，德国学者伊瓦斯（Evers，1988）强调福利三角要放在文化、经济和社会背景下考虑。市场对应的是正式组织，体现了自由选择的价值，提供着就业福利。③ 国家对应的是公共组织，体现的是平等与保障，通过正规的福利制度对社会资源进行再分配。家庭是非正式的组织，体现的是微观环境下的

---

① 彭华民、黄叶青：《福利多元主义：福利提供从国家到多元部门的转型》，《南开学报》（哲学社会科学版）2006年第6期。
② 陈雅丽：《城市社区服务供给体系及问题解析——以福利多元主义理论为视角》，《理论导刊》2010年第2期。
③ 彭华民：《福利三角：一个社会政策分析的范式》，《社会学研究》2006年第4期。

团结与共享，提供着家庭与社区的互帮互助。另一位学者欧尔森（Olsson 等人，1993）则将福利三角中的家庭概念进行了扩展，提出国家、市场和民间社会的三分法。其中，民间社会包括家庭、邻里和志愿组织等成员，强调了福利发展的分散化和私有化的可能性。进一步，约翰逊（Johnson，1999）提出了社会福利的四元论，指出国家、市场、志愿组织和家庭都是人民福利的提供者。在这种多元福利框架下，社会参与是一个非常重要的福利实现途径。[1]

我国社会福利的发展模式也受到了西方多元福利理论的影响。改革开放以来，我国的福利制度也经历着转型：从计划经济体制下的以国家—单位为主导的福利体系逐渐转向适合市场经济发展的多元福利模式。在转型背景下，城镇居民的福利安排也发生着变化。转型前，一般来说，个人的福利主要依赖于工作单位，国家、集体和单位提供给职业家属全面的社会保障；民政部门则针对特殊群体提供社会福利。在转型的过程中，国家、企业和家庭个人分担了社会福利的责任。国家在社会政策上起到了补救兜底的作用，市场主要提供了职业福利。家庭则承担着对家庭各类成员的照顾责任。尤其是在福利制度转型的过程中，对包括老人、儿童、病人和残障者等社会弱势群体的家庭照顾问题愈来愈突出，需要社会政策的响应（彭华民，2006）。[2]

从福利多元的视角出发，政府必然无法进行全部的福利供给，家庭也在对特殊家庭成员的照顾中承受着巨大的压力。在这种情况下，政府在社会福利事业中主要扮演政策制定者、服务购买者和监督管理者的角色，而其他各类社会组织和个人则主要是政策的执行者和各项具体服务的承担者。目前，越来越多的社会福利服务是由各类社会组织来负责，并通过政府购买服务等方式，在政府的统一引导下，充分发挥社会组织，尤其是来自非政府部门的非营利性组织在自身领域的专长，做到与政府、家庭和市场的优势互补。[3]

---

[1] 彭华民、黄叶青：《福利多元主义：福利提供从国家到多元部门的转型》，《南开学报》（哲学社会科学版）2006 年第 6 期。

[2] 彭华民：《福利三角：一个社会政策分析的范式》，《社会学研究》2006 年第 4 期。

[3] 许芸：《从政府包办到政府购买——中国社会福利服务供给的新路径》，《南京社会科学》2009 年第 7 期。

近 20 年来，我国非营利性社会组织数量呈井喷式发展①，以民办非企业单位②为例，2002 年全国登记民办非企业单位有 11 万个，到 2012 年增至 22.5 万个，截至 2019 年底全国共有民办非企业单位 48.7 万个，增长率逐年递升且遍及多个行业。③ 就目前面向孤独症群体的社会福利服务来说，由于孤独症儿童亟须早期干预的身心发展特点，国内聚焦孤独症儿童的社会政策也在大力推进社会力量参与孤独症儿童的康复服务。目前，政府、家庭和市场之外，具有民办非企业性质的孤独症康复服务机构承担了大部分专业照顾的责任。可以说，这些非营利性社会组织作为社会治理的重要参与力量，在动员社会资源、提供面向孤独症群体及其家庭的公共服务等方面具有重要意义。

然而，目前民办非企业单位在从事这类公益性质的社会福利服务时，仍面临一些困境。比如，民办非企业单位的设立目前是双重许可制，即需要分别获得业务机关和主管机关的双重许可，并在管理上实行"业务主管部门"和"主体主管部门"的双重管理模式。这一现状导致非营利性社会服务机构的发展困难重重。但是，非营利性组织具有国家给予的税收优惠，这也吸引了许多以资本逐利为目的的民办营利性组织主动或被动地采用非营利性的设立方式登记成为民办非企业单位，进一步模糊了营利性与非营利性的界限，产生出一系列的监管问题，也影响了真正的非营利性社会服务机构的竞争力与健康发展。④

综上，在社会福利服务多元参与的大环境下，民办机构是孤独症群体及其家庭社会福利服务的重要提供者，但目前这些民办机构，尤其是具有公益属性、非营利性质的民办非企业单位，在生存和发展上仍面临着诸多问题。这些孤独症儿童康复服务的主要提供者——民办机构的健康发展需要获得更多的关注。

---

① 谢鸿飞、涂燕辉：《民法典中非营利法人制度的创新及评价》，《社会治理》2020 年第 7 期。
② 民办非企业单位，可以说是非营利组织中的一种形式。依据 1998 年国务院颁布实施的《民办非企业单位登记管理暂行条例》，"民办非企业单位是指企业事业单位、社会团体和其他社会力量以及公民个人利用非国有资产举办的，从事非营利性社会服务活动的社会组织"，其宗旨是向社会提供公益服务，通过自身的服务活动，促进社会的进步和发展，其目的不是为了营利（张昕，2012）。
③ 张昕：《走向公共服务供给的非营利组织模式：转型中国的经验证据》，《公共管理与政策评论》2012 年第 2 期。
④ 谢鸿飞、涂燕辉：《民法典中非营利法人制度的创新及评价》，《社会治理》2020 年第 7 期。

上 篇
孤独症家庭照顾者的困境与需求

第 四 章

家庭问卷结果分析

截至2019年7月4日，通过线上填写问卷的形式，一共收到2305份有效的问卷数据，其中1999份（86.72%）是母亲填答的，253份是父亲填答的，37份是祖父母/外祖父母填答的，另有16份是心智障碍人士的亲属等其他照顾者填答的。受访家庭照顾者的平均年龄为37.61周岁，标准差为7.35周岁，大部分受访者（孤独症人士的父母）的年龄集中在30岁至40岁之间。

在这些受访者中，2175人（94.4%）是汉族，130人（5.6%）是其他少数民族；1538人（66.7%）是非农业户口，767人（33.3%）是农业户口；1161人（50.4%）属于流动人口（户籍不在居住地），1144人（49.6%）属于非流动人口。

第一节 受访者（照顾者）基本情况

一 婚姻状况

调研中的2305名照顾者中，绝大部分处于已婚状态。具体地，有2086人（90.5%）为已婚状态，其中2001人（86.8%）初婚，85人（3.7%）再婚。其余的219人中，有15人（0.7%）未婚，99人（4.3%）离异，22人（1.0%）丧偶，83人（3.6%）分居。

二 教育水平

在本次调研中，心智障碍人士的父母获得高等教育的频数最高，半数以上的父母教育程度为大专或本科学历，小部分的父母接受过研究生教育（硕士研究生、博士研究生）。当然，也有少数父母的教育程度较低，未上过学或只上过小学。具体父母教育程度分布如表4-1所示：

表4-1　　　　　　　　父母的受教育程度（百分比）

	未上过学	小学	中学	大专及本科	研究生	合计
母亲	5（0.2%）	62（2.7%）	920（39.9%）	1170（50.7%）	148（6.4%）	2305（100%）
父亲	15（0.7%）	56（2.4%）	856（37.1%）	1186（51.4%）	192（8.3%）	2305（100%）

三　职业状态

孤独症子女照顾者中，1022名（44.3%）母亲处于包括失业待业在内的无职业状态，而父亲处于此状况的人数仅102人，占比是4.4%。多数情况下，母亲更多地会考虑回归家庭全职照顾孤独症孩子，而父亲多会承担起经济重担。

在就业状态下，大多数母亲的职业为中层管理人员和一般管理/技术人员，占比分别为21.0%和13.1%，大多数父亲的职业为一般工作人员（工人与个体经营人员、商业服务业一般人员）和中层管理人员，占比分别为29.5%和28.6%。

表4-2　　　　　　父母的职业分布频数与百分比

	无职业	农业劳动者	一般工作人员	一般管理/技术人员	中层管理人员	高层管理人员	机关企事业单位负责人	其他（包括退休）	合计
母亲	1022 44.3%	212 9.2%	231 10.0%	302 13.1%	483 21.0%	46 2.0%	3 0.1%	6 0.3%	2305 100%
父亲	102 4.4%	265 11.5%	681 29.5%	374 16.2%	660 28.6%	166 7.2%	9 0.4%	49 2.1%	2305 100%

第二节　孤独症子女基本情况

一　年龄与性别分布

在2305名受访者的家庭中，患有孤独症的孩子有1916名男性

(83.1%), 389 名女性（16.9%），男性人数比女性多约 4 倍。心智障碍孩子的平均年龄为 8.15 岁，标准差为 5.20。

表 4–3　　　　　　　　心智障碍孩子的性别与年龄情况

	[0—6)	[6—12)	[12—18)	[18—24)	[24—30)	30 岁及以上	合计
男	852	726	212	102	21	3	1916
女	178	127	50	27	2	5	389
合计	1030	853	262	129	23	8	2305

二　残障等级

在这些孩子中，大多数诊断结果是自闭症（孤独症）伴随智力发育迟缓，共 1382 人，占比 60.0%；并且有 1076 人（46.7%）有残疾证。在这 1076 人中，193 人是一级残疾，541 人是二级残疾，203 人是三级残疾，119 人是四级残疾。

三　兄弟姐妹情况

在这些受访家庭中，1265 户（54.9%）家庭只有 1 个孩子，961 户（41.7%）家庭有 2 个孩子，还有 79 户（3.4%）家庭有 3 个及以上孩子。在有 2 个及以上孩子的 1040 户家庭中，有 940 个（90.4%）家庭其他子女无残障，有 56 名（5.4%）受访者表示家中还有其他患有心智障碍的子女。一般来讲，家庭中有一位孤独症儿童，家庭的照顾重任就不小了，如果出现 2 个或以上的残障儿童，家庭的照顾负担就更大了。

四　康复训练机构的距离可及情况

关于孩子现在或曾经接受康复或培训的地域，此次调查显示，能够就近进行康复训练的家庭占比还不够高，仅有 710 名（30.8%）受访者的孩子是在居所附近进行康复训练。975 名（42.3%）受访者的孩子的康复地点在市内，但离居所比较远；有 285 名（12.4%）受访者反映孩子要到本省内的其他地市进行康复，335 名（14.5%）受访者的孩子则需要跨省治疗。可见，康复训练机构的空间距离可及性还需要进一步加强。

五 教育培训与保障现状

孤独症孩子的教育培训现状如表4-4所示，1045名（45.3%）孩子在接受康复培训（包括在家康复），534名（23.2%）孩子在特殊学校接受教育，440名（19.1%）孩子在普通学校接受教育，同时也有174名（7.5%）孩子在家（未接受教育、康复、培训等上门服务），此外，106名（4.6%）孩子在边上学边兼顾职业培训，仅有6名（0.3%）孩子已经实现就业。

表4-4　　　　　　　　　心智障碍孩子的目前现状

	频率	有效百分比（%）
接受康复训练（包括在家康复）	1045	45.3
工作	6	0.3
特殊学校	534	23.2
普通学校	440	19.1
在家（未接受教育、康复、培训等上门服务）	174	7.5
上学兼顾职业培训	106	4.6
合计	2305	100.0

由于本调研中涉及的孤独症孩子，只有少数处于成年阶段，已经可以独立分户，有资格享受低保（187名，占比8.1%），绝大部分孩子要依靠父母家庭生活，这些孩子（2118名，占比91.9%）的家庭则需要根据家庭收入的标准来判定是否能够享受低保待遇。

与孤独症孩子直接相关的康复补贴，本调查显示有超过半数（1413名，占比61.3%）的孩子由于年龄、户籍、残疾证等各种原因没有享受康复补贴。

六 户外休闲活动

日常的户外休闲活动对成长和康复中的孤独症孩子来说非常重要，也是孤独症孩子生活质量的一种反映。在问到"每周带孩子外出进行户外活动的次数"时，172名（7.5%）受访者表示几乎没有带孩子外出过，

1360 名（59.0%）受访者表示每周会带孩子外出活动 1—2 次，526 名（22.8%）受访者表示每周会带孩子外出活动 3—5 次，166 名（7.2%）受访者表示每周会带孩子外出活动 6—10 次，还有 81 名（3.5%）受访者表示每周会带孩子外出活动 10 次以上。本次调研显示，家庭对孩子外出活动在频次安排上还需要有进一步的提升，超过半数的家庭照顾者一周只能带孩子进行户外休闲活动 1—2 次，这对于成长中的儿童青少年来说户外活动数量明显不够。

七　日常生活照料者

1808 名（78.4%）受访者表示孩子在家有专人照顾，担任照顾者角色的大多数为母亲。参考前面关于父母职业状况的调研情况，可以看到一部分母亲是全职照料孤独症孩子，还有一部分母亲是在工作之外负有主要的照顾责任。可见，母亲作为孤独症孩子的主要照顾者，身上的照顾压力是非常大的。

表 4–5　　　　　　　　　　主要照顾者角色

	频率	有效百分比（%）
母亲	1332	73.7
父亲	80	4.4
祖父母/外祖父母	335	18.5
保姆/雇佣人员	25	1.4
机构或其他家人	36	2.0
合计	1808	100.0

第三节　家庭经济与社会服务享有情况

一　住房情况

目前，不到半数受访者家庭（45.8%）住房为自置物业，也有不少受访者是租房居住（27.5%）或由父母提供住房（18.8%）。在居住问题上，本研究所涉及的受访孤独症家庭，多为自己承担或者家庭承担居住支出。

表4-6　　　　　　　　　受访者的居住情况

	频率	有效百分比（%）
（市场化）租住	635	27.5
自置物业	1056	45.8
工作单位提供	68	3.0
保障房	66	2.9
父母提供住房	433	18.8
其他	47	2.0
合计	2305	100.0

二　家庭收支状况

如表4-7所示，受访者家庭月收入水平在3000元及以下的人数有462人，占比20.1%；家庭月收入水平在1万元以上的人数有399人，占比17.3%。进一步，交互列联表分析显示，高收入家庭主要集中在北京、上海、广州、深圳、杭州等经济发达城市（但这些城市中不同层次收入家庭均有分市）。总体上，调研显示，中低收入家庭还是居多，也有一部分家庭月收入较高。

表4-7　　家庭平均月收入水平（包括工资、奖金等的月总收入）

	频率	有效百分比（%）
1000元及以下	71	3.1
1001—2000元	136	5.9
2001—3000元	255	11.1
3001—4000元	312	13.5
4001—5000元	287	12.5
5001—6000元	254	11.0
6001—7000元	133	5.8
7001—8000元	123	5.3
8001—9000元	113	4.9
9001—10000元	222	9.6
10001元及以上	399	17.3
合计	2305	100.0

如表 4-8 所示，每月用于孤独症孩子的各种费用支出，占家庭月均收入 30%—50%（不含 30%）的人数最多，有 596 人，占比为 25.9%；其次是占家庭总收入的 10%—30%，有 460 人，占比为 20.0%。值得留意的是，费用支出比例超出家庭收入 50% 以上的也有近 35% 的比例，更有 351 户（15.2%）家庭是入不敷出，用于心智障碍人士的支出超出了家庭总收入。

表 4-8　每月用于心智障碍人士的支出占家庭总收入的比例

	频率	有效百分比（%）
低于 10%	94	4.1
10%—30%	460	20.0
30%—50%（不含 30%）	596	25.9
50%—70%（不含 50%）	440	19.1
70% 以上—100%	364	15.8
超出家庭总收入	351	15.2
合计	2305	100.0

三　孤独症孩子各项支出的资金来源渠道

调研中问及目前家庭中用于孤独症孩子各项支出的经济来源渠道有哪些？调查结果显示，家庭支出主要由家庭承担，也有约 25% 的家庭获得了政府的资金资助，少部分家庭获得了机构的资助或通过社会筹资等渠道进行了补贴。

具体数据如下：有 2171 名（94.2%）受访者表示费用支出由家庭承担，有 583 名（25.3%）受访者表示由政府承担，有 58 名（2.5%）受访者表示由机构承担，有 31 名（1.3%）受访者表示为社会筹资，还有 60 名（2.6%）受访者表示为其他来源。

四　机构服务与服务参与

在了解家长和心智障碍孩子作为服务对象接受服务情况时，1807 名（78.4%）家长参与过相关康复/培训等服务机构提供的各类项目或活动，经常性参与的人数是 675 人，占比 29.3%；1855 名（80.5%）被访者家中的孤独症孩子参与过机构的服务项目或活动,经常性参与的人数为 935 人,占比 40.6%。

另外,作为家长,1173 名(50.9%)受访者表示没有被机构主动邀请过参与心智障碍人士相关服务的座谈会;2065 名(89.6%)受访者表示没有被居住所在地的街道/居委会、残联、妇联或其他政府职能部门邀请参与心智障碍人士相关服务的座谈会。

五 社区服务

在社区服务知晓度方面,当问及所在社区有没有组织过针对心智障碍人士(包括孤独症)或家庭的服务或活动时,1552 名(67.3%)受访者表示完全没有提供,459 名(19.9%)受访者表示不知道有没有,268 名(11.6%)受访者表示偶尔获知,仅有 26 名(1.1%)受访者表示经常获知。

表4-9　　　　　　　　受访者社区服务知晓度情况分布

	频率	有效百分比(%)
完全没有提供	1552	67.3
偶尔获知	268	11.6
经常获知	26	1.1
不知道有没有	459	19.9
合计	2305	100.0

在参与社区开展的与心智障碍人士或家庭有关的服务活动方面(即社区服务参与度方面),2021 名(87.7%)受访者表示完全没有参与过,261 名(11.3%)受访者表示偶尔参与,仅有 23 名(1.0%)受访者表示经常参与。

第四节　家庭照顾者的心理感受与认知评价

一　对国家政策、措施与服务性支持的满意度评价

调研围绕国家现有政策、措施与服务性支持涉及的诸多方面,请受访

者对各个相关条目进行满意度评价。调研问卷采用李克特量表进行评分,范围从非常不满意(赋值为1)到非常满意(赋值为4),受访者根据自己的真实情况进行分数选择,具体的评分结果如表4-10所示。总体来说,受访者对现有政策、措施与服务性支持的满意度有待进一步提升。不满意评价(非常不满意+有些不满意)排在前三位的依次是现有的托养服务、针对成年心智障碍人士的政策支持和"社区(包括街道、居委会)在其中所起的作用"。此外,受访者对"社区(包括街道、居委会)在其中所起的作用"的评价为"非常不满意"的比例最高(49.3%),其次是现有的托养服务(46.2%)与现有的养老服务(44.4%)。满意评价(有些满意+非常满意)排在前三位的分别是社会机构在其中所起的作用、现有的康复服务,以及残联的服务。

表4-10 对国家现有政策、措施与服务性支持的评价分布(占比)

	非常 不满意	有些 不满意	不满意 (合计)	有些 满意	非常 满意	满意 (合计)
政策覆盖面	595 (25.9%)	1037 (45.0%)	1632 (70.9%)	578 (25.1%)	94 (4.1%)	672 (29.2%)
政策的落地与实施	670 (29.1%)	1037 (45.0%)	1707 (74.1%)	521 (22.6%)	77 (3.3%)	598 (25.9%)
对心智障碍人士及家庭的经济帮扶	767 (33.3%)	1001 (43.4%)	1768 (76.7%)	477 (20.7%)	60 (2.6%)	537 (23.3%)
特殊教育政策	755 (32.8%)	1014 (44.0%)	1769 (76.8%)	452 (19.6%)	84 (3.6%)	536 (23.2%)
现有的康复服务	521 (22.6%)	1005 (43.6%)	1526 (66.2%)	673 (29.2%)	106 (4.6%)	779 (33.8%)
社区(包括街道、居委会)在其中所起的作用	1136 (49.3%)	803 (34.8%)	1939 (84.1%)	318 (13.8%)	48 (2.1%)	366 (15.9%)
医疗服务	934 (40.5%)	929 (40.3%)	1863 (80.8%)	391 (17.0%)	51 (2.2%)	442 (19.2%)
残联的服务	654 (28.4%)	908 (39.4%)	1562 (67.8%)	620 (26.9%)	123 (5.3%)	743 (32.2%)
随班就读政策	736 (31.9%)	859 (37.3%)	1595 (69.2%)	569 (24.7%)	141 (6.1%)	710 (30.8%)

续表

	非常 不满意	有些 不满意	不满意 （合计）	有些 满意	非常 满意	满意 （合计）
现有的养老服务	1023 （44.4%）	912 （39.6%）	1935 （84.0%）	337 （14.6%）	33 （1.4%）	370 （16.0%）
现有的托养服务	1065 （46.2%）	886 （38.4%）	1951 （84.6%）	325 （14.1%）	29 （1.3%）	354 （15.4%）
日常照顾	791 （34.3%）	967 （42.0%）	1758 （76.3%）	503 （21.8%）	44 （1.9%）	547 （23.7%）
社会机构在其中所起的作用	479 （20.8%）	927 （40.2%）	1406 （61.0%）	789 （34.2%）	110 （4.8%）	899 （39.0%）
针对成年心智障碍人士的政策支持	892 （38.7%）	961 （41.7%）	1853 （80.4%）	387 （16.8%）	65 （2.8%）	452 （19.6%）
针对成年心智障碍人士的服务	949 （41.2%）	944 （41.0%）	1893 （82.2%）	362 （15.7%）	50 （2.2%）	412 （17.9%）

三 生活满意度

运用量表从五个方面让受访者对其生活满意度进行自我评估，从非常不符合（赋值为1）到非常符合（赋值为7）7个程度进行打分，具体的评分情况如表4-11所示。根据这一数据的结果，可以发现受访者生活满意度评分普遍偏低，选择问卷中生活满意度的描述不符合其实际情况（即表示生活不满意，包括非常、比较和有些三个等级）的家庭照顾者占比均超过了70%。生活满意度是生活质量的一个非常重要的评价指标，多数孤独症患者家庭和照顾者的生活质量与他们自身的期望还有很大差距。

表4-11　家庭照顾者的生活满意度评价分布（占比）

	非常 不符合	比较 不符合	有些 不符合	中立	有些 符合	比较 符合	非常 符合
生活与理想中的接近	938 （40.7%）	450 （19.5%）	471 （20.4%）	313 （13.6%）	89 （3.9%）	38 （1.6%）	6 （0.3%）
生活状况非常好	795 （34.5%）	529 （23.0%）	487 （21.1%）	351 （15.2%）	86 （3.7%）	48 （2.1%）	9 （0.4%）

续表

	非常不符合	比较不符合	有些不符合	中立	有些符合	比较符合	非常符合
对生活满意	797 (34.6%)	446 (19.3%)	455 (19.7%)	407 (17.7%)	126 (5.5%)	60 (2.6%)	14 (0.6%)
获得了生活中想要的重要东西	859 (37.3%)	437 (19.0%)	454 (19.7%)	350 (15.2%)	136 (5.9%)	52 (2.3%)	17 (0.7%)
如果重新活过，不想做改变	1207 (52.4%)	319 (13.8%)	318 (13.8%)	313 (13.6%)	73 (3.2%)	48 (2.1%)	27 (1.2%)

三　对孩子的态度

面对家中心智障碍孩子，参与调查填写问卷的家长们总体上是对孩子抱有积极的心态，即便会面临着生活的多重困境，绝大多数的受访者（88.0%）仍表示会摆正心态，重拾信心，积极带孩子寻求治疗和康复训练，同时也希望机构能够帮助改善孩子的情况。

表4-12　家长对心智障碍孩子持有的态度（多选题）

	频数	有效百分比（%）
心灰意冷，认为是命里注定，对孩子不抱有希望	255	11.1
不想在他/她身上花费太多精力和财力，希望再要一个健康的孩子	53	2.3
把希望寄托给机构，希望机构能够帮助改善孩子的情况	594	25.8
无所谓了，只要他/她能生活，养他/她一天算一天	513	22.3
摆正心态，重拾信心，积极带孩子寻求治疗和康复训练	2028	88.0
其他（说不清，感到压力大）	166	7.2

第五节　家庭面临的困难与需求

一　家庭的担忧和困难

调研问卷中列举了一些"家长对心智障碍孩子担忧的情况"，让家长选择最担忧的五项,如表4-13所示,"学校老师同学对孩子的接纳"和"平等受教育机会"占比相近,排在前两位。其次是"孩子的养老问题"和"孩子的社会融入",然后是"孩子的生活自理能力"。由此可见,教育、养老和孩子的社会融入与生活自理能力是调研中家长最担心的问题。

表4-13　　　　　　　　家长对心智障碍孩子担忧的情况

	频数	有效百分比(%)
平等受教育机会	1254	54.4
义务教育之外的学习机会	313	13.6
学校老师同学对孩子的接纳	1258	54.6
孩子的情绪控制能力	780	33.8
孩子的行为控制能力	690	29.9
孩子的生活自理能力	989	42.9
孩子的医疗保障	663	28.8
孩子的就业问题	873	37.9
孩子的养老问题	1130	49.0
现阶段孩子的日常照顾	156	6.9
孩子的身体健康	100	4.3
孩子的康复问题	537	23.3
孩子的社会融入	1113	48.3
孩子的婚姻与生育问题	159	6.9
面临的经济困难	561	24.3
孩子遭受的歧视	588	25.5

根据表4-14的调查结果,当问及"您认为现在面临的最大困难是什么"时,多数受访者认为其现在面临的最大困难是"孩子的康复",其次是"家庭经济压力",然后是"孩子的教育问题"和"社会上的歧视与排斥"。

表4-14　　　家长现在面临最大的困难情况（最多选5项）

	频数	有效百分比（%）
孩子的治疗	565	24.5
孩子的康复	1709	74.1
孩子的日常照顾	597	25.9
孩子的养老问题	1041	45.2
家庭经济压力	1536	66.6
孩子的就业问题	799	34.7
孩子的教育问题	1485	64.4
家长的心理与情绪困扰	787	34.1
社会上的歧视与排斥	1045	45.3
心智障碍相关信息与知识的获得	377	16.4
其他	26	1.1

二　各类需求

（一）经济支持

对于孤独症家庭来说，用于孩子的康复训练和日常照顾的经济支出很大，容易造成"因残致贫"的现象。因此，对家庭的经济援助非常重要。当问及"康复训练"的经济支持需求，受访者认为政府、家庭、训练机构和社会筹资都应该承担责任，但最主要的经济费用支持的来源应该是政府和家庭，其中政府占比应最大。

表4-15　　　康复训练的经济支持需求（多选题）

	频数	有效百分比（%）
由政府承担	2225	96.5
由家庭承担	1203	52.2
由训练机构承担	511	22.2
社会筹资	958	41.6

假设政府或相关机构可以提供经济援助，如表4-16所示，666名（28.9%）受访者期望能得到的经济援助的费用为2001—3000元/月，582

名 (25.2%) 受访者期望的经济援助费用为 4000 元/月以上。

表 4-16　　期待政府或相关机构提供经济援助的金额

	频率	有效百分比（%）
500 元以下/月	13	0.6
500—1000 元/月	159	6.9
1001—2000 元/月	448	19.4
2001—3000 元/月	666	28.9
3001—4000 元/月	437	19.0
4000 元/月以上	582	25.2
合计	2305	100.0

（二）教育方面

1. 学前教育阶段

"普通幼儿园随班就读"是多数受访者在学前教育阶段期望满足的需求，其次是在"日间特殊幼儿训练中心"进行康复训练。此外，家庭早教支持也是需求量比较大的，超过 50% 的家庭期望适龄儿童可以获得面向家庭的早教支持。

表 4-17　　**孩子学前教育需求（最多选 3 项）**

	频数	有效百分比（%）
普通幼儿园随班就读	1816	78.7
日间特殊幼儿训练中心	1696	73.6
家庭早教支持	1230	53.4
幼儿暂托服务	397	17.2
不适用	98	4.3

2. 义务教育阶段

在义务教育阶段，"普通学校随班就读"的需求量最大，家长都希望自己的孤独症孩子可以在一个正常的教育环境中接受融合教育，从而避免社会隔离，能够在普通学校中获得更全面的发展。除了希望学龄孤独症儿童能够在普校学习外，半数以上的家长也希望能够在日常抽出一定的时间，比如放学后或者周末，继续在有资质的特殊儿童训练机构进行康复训练。

表 4-18 孩子义务教育阶段的教育需求（多选题）

	频数	有效百分比（%）
普通学校随班就读	1899	82.4
住宿特殊儿童训练中心	403	17.5
日间特殊儿童训练中心	1286	55.8
日间特殊学校	759	32.9
住宿式特殊学校	332	14.4
儿童暂托服务	519	22.5
不适用	58	2.5

3. 非义务教育阶段

在非义务教育阶段，孤独症孩子的年龄逐渐增长，相当一部分孤独症孩子无法继续在普通学校学习，特殊教育的需求更加凸显出来。另外，家长考虑更多的是将来的就业问题，因此，"专门的职业技术类教育"的需求成为超出义务教育阶段的大龄孩子家庭在教育方面占比最高的需求。此外，由于孤独症儿童中一部分孩子的智力发展水平并不比普通孩子差，并且也存在一定比例的孩子拥有某种特长。因此，普通高中教育，以及高等教育的需求也占有一定的比例，不应该被忽视。

表 4-19 孩子在非义务教育阶段的教育需求（多选题）

	频数	有效百分比（%）
特殊教育	1504	65.2
专门的职业技术类教育	1877	81.4
普通高中教育	848	36.8
高等教育	579	25.1
其他（如社交能力等）	30	1.3

（三）就业需求

对于孩子是轻中度障碍者的受访者而言，在孩子就业方面，大部分家长期望孩子可以进入包括庇护工场在内的提供"日间辅助就业服务"的场所进行辅助就业，也期望自己的孩子能够获得残疾人"职业训练中心"①提供的就业培训与指导，并通过一定的就业渠道获得适合的就业机会。

表4-20　如果孩子是轻中度障碍者，其就业需求（最多选3项）

	频数	有效百分比（%）
职业训练中心	1878	81.5
福利企业	1072	46.5
日间辅助就业服务（包括庇护工场）	2217	96.2
辅助就业及宿舍服务	631	27.4
不适用/还没考虑	29	1.3

（四）照顾需求

对于孩子是严重障碍者的受访者而言，其孩子在照顾需求方面，托养、居家照顾、日间照料和庇护就业服务都是他们迫切期望满足的需求，其中最为迫切的是庇护就业服务。通过就业，既能够获得一定的独立生活所需的经济积累，获得一定的生活保障，也可以体现个体的社会价值。因此，即使是残障程度比较严重的家庭照顾者，也期望孤独症孩子可以有适当的就业途径。

表4-21　如果孩子是严重障碍者，其照顾方面最迫切的需求（最多选3项）

	频数	有效百分比（%）
托养	1211	52.5
居家照顾	1315	57.0
日间照料	1270	55.1
庇护就业服务	1357	58.9
不适用	39	1.7

---

① 一般地，各省市地区都设有残疾人联合会领导下的残疾人职业训练中心，提供给当地残疾人最具权威性的就业培训、指导与服务。

（五）社会保障需求

在孤独症孩子的社会保障层面，受访者希望孩子的保险救助、医疗救助、经济救助和康复救助都能得到相应的社会保障，其中康复救助是多数受访者最为期望得到的社会保障服务，也有少部分受访者表达了在养老、教育、就业等方面获得社会帮扶的期望。

表4-23　希望孩子应有的社会保障（多选题）

	频数	有效百分比（%）
保险救助	1890	82.0
医疗救助	2041	88.5
经济救助	1900	82.4
康复救助	2231	96.8
其他（养老、教育、就业等）	140	6.1

（六）服务性支持需求

服务性支持的提供应尽量立足于孤独症孩子的家庭所在的社区。如表4-23所示，当问及家长最迫切需要的三项社会服务的情况时，受访者最迫切需要的服务需求排在前三位的依次为："不同年龄段照顾技巧培训"（占比78.7%）、"专业人员上门服务/支持"（占比57.1%）和"不同生涯服务规划/选择指导"（占比53.1%）。

表4-23　家长最迫切需要的服务（最多选3项）

	频数	有效百分比（%）
专业人员上门服务/支持	1317	57.1
心理援助	842	36.5
不同年龄段照顾技巧培训	1815	78.7
不同生涯服务规划/选择指导	1223	53.1
权益倡导培训	485	21.0
家长互助和交流	694	30.1
其他（托养服务）	31	1.3

（七）养老需求

调查结果显示，共有 2093 名（占比 90.8%）受访者需要"双养老"（父母和孩子共同养老）服务，另有 212 名（占比 9.2%）家庭照顾者则回答为"否"。可见，随着孤独症孩子的逐渐成长和家长们的逐渐衰老，绝大部分孤独症家庭都有"双养老"的需求。

第五章

日常生活中的家庭困境

参与访谈的 35 名被访家长，尤其是孤独症孩子年龄偏大的家长，都认为国家政策支持力度这些年来在逐渐加强，社会对包括孤独症孩子在内的心智障碍群体的认识更加普及，也越来越重视心智障碍孩子的康复与社会融合问题，在政策支持上近些年来有了很大的发展。

"政府在政策制定方面就是说实话，现在给我们的资金扶持，对于我个人来说我已经很感激了。"（HHM，西安家长电访记录）

"就是希望政策能够越来越好。我家孩子也做了满三年的康复，我觉得国家这一两年，（康复服务）一年比一年推广的好。国家对这些孩子的关照，对孩子的政策方面，一年比一年好吧。"（FJZ，贵阳家长电访记录）

特别是经济发达的大城市，无论是从政府的帮扶力度，还是民办机构的发展等各个方面，都走在前面。以深圳为例，一方面获益于良好的社会发展环境和在政策创新上的支持力度；另一方面由于深圳经济资源、社会资源和人力资源的充沛，在政府支持和一些精英家长的努力下，针对孤独症儿童无论在社会保障还是服务提供方面都取得了很大的进步。

正如某孤独症孩子的家长在我们的调研中所说：

"我们孩子今年 12 岁了，我们在这条路上也走了 10 年。哦，在未知的时候走了 2 年，现在又走了 10 年。对比呢，现在，首先我感谢前面的这些家长们，为我们铺了很多路……深圳，目前整个环境在国内算是比较好的。……现在社会发展，对这个（孤独症）普及可能也多些了。以前大家可能不知道什么是孤独症，现在普通人都知道

这个了。"（HJ，#413JZ 深圳座谈会记录）

此次调研深刻感受到孤独症家庭对政府的信任和依赖。虽然在我们的调研中，家长们反映了很多孤独症孩子在成长中遇到的问题，也抱怨过孤独症孩子在医疗、教育、照顾、就业以及养老等方面都存在着诸多困难。但家长们也都肯定了国家对心智障碍尤其是孤独症群体越来越重视，各种利好政策也相继出台，都感受到了由于政策落地带来的一系列改善。但是，孤独症家庭的困境依然很多，家长们表达了多方面的需求，也表达了对政府颁布的政策能细化落实的热切期望。

ZXL：其实，我还想重复说几句。看你们的力量，能不能提倡在医疗方面大力发展。政府能不能加大投入。

HJ：现在政府的意愿是好的，但是落实下来能够受惠的人不多。就像我们就享受不到这个资源。

ZXX：还想补充几句：学生面临的问题是特教毕业之后他可能找不到工业，咱们机构也招不到特教类的学生，这个就需要政府做个管道，这是我最后要补充的。

ZXX：对啊，很有责任呀。他（孤独症家长）现在转嫁压力的方式就是酗酒，我也没有办法管他，然后现在情况就在这里。政府在这方面能不能做点什么。

WYY：这个可能是要政府部门出面，因为这是一个就业问题。社区啊，就业各个层面，企业、公务员录用都有规定，有规矩，比如说他要考试对不对？那么说这样的孩子呢，一般社区要把他管起来，就是政府部门下面的社区街道有些企业，民办的，提供一些就业机会。高端的政府公务员这个我们都不想了，对不对，但是街道这一块，民生这一块，一般街道是要管起来的。

（#413JZ 深圳座谈会记录）

"政府在制定政策的时候还有很多问题没有想到……"（HHM，西安家长电访记录）

"我希望国家政策越来越好吧，目前看来还是比较不错的，希望能够很正能量地发展下去。"（FJZ，贵阳家长电访记录）

当然，除了肯定对现有政策扶持的感谢给予肯定外，家长们表达的更多的是目前面临的困境、需求，以及对国家相关政策进一步完善的期许。结合质性调研的家长焦点小组座谈会与个人深度访谈资料，本研究将孤独症人士家长照顾者反映的主要问题大致依照从微观系统到宏观系统、从物质需求到精神需求的层次脉络归纳如下。

第一节 教育问题

ASD 儿童的症状表现不一，残疾程度有高有低，一些 ASD 儿童伴随多种问题，适合特殊教育，而另一些 ASD 儿童智力水平与普通孩子无异，适合普通学校随班就读。这种复杂的情况给 ASD 儿童的教育提出了更大的挑战。目前，一方面获益于良好的社会发展环境和在政策创新上的支持力度，另一方面由于经济资源、社会资源和人力资源的充沛，在政府支持和一些精英家长的努力下，ASD 儿童家庭的日常生活境遇也有了比较明显的改善，城市 ASD 儿童教育保障方面取得了很大进步。这些改善离不开家长们在日常生活中为 ASD 儿童的社会融入进行的微小抗争，也离不开社会宏观政策的逐步完善。

被访者（尤其是 ASD 孩子年龄偏大的家长）都认为国家政策支持力度这些年来在逐渐加强，社会对 ASD 的知识更加普及。当然，除了对现有政策扶持给予肯定外，家长们表达的更多的是日常求学过程中面临的困境、需求和期待。ASD 儿童与家庭的教育困境与需求，正是在他们的日常康复与求学的生活过程中展现出社会大众难以体验的经历。

对于教育而言，心智障碍孩子处在不同的年龄阶段，残障的等级和残障类型不同，自然有着不同的需求。总体上来讲，大部分学前或学龄儿童的家长，他们最关心的是幼儿园和小学教育中的融合教育问题，而大龄（进入青春期的儿童和步入成年阶段的个体）儿童的家长则较大可能面临"无书读"的困境。更有一部分家长有着"送教上门"的需求。

一 入学难的问题与隐性排斥

在我们的调研中，多数小龄儿童的家长也表现出对心智障碍孩子教育的担忧，尤其是能否入读普通学校的问题。家长反映，一些幼儿园和小学存在潜在的教育排斥。许多学前期的心智障碍孩子家长都反映了幼儿园入读的一些困扰，其中最迫切的需求也是社会融合的问题。这就涉及幼儿园教育中的融合问题。目前，与融合教育相关的政策主要针对义务教育阶段，尚未覆盖学前教育阶段。因此，关于普通学校随班就读和普通学校特教班的相关政策规定均集中于义务教育阶段，即小学和初中阶段。幼儿园教育显然不属于义务教育的范畴，这部分具体政策的缺位导致在日常生活实践中，心智障碍儿童，尤其是孤独症儿童，在幼儿园阶段入学难、整合难的两难局面。

"对对对，私人的、公立的都上不了，它有学区（要求）。因为我们家小区那个是普惠制的幼儿园，它是不收我们这种孩子的。所以你给的补贴用不了。要不就是那种，蒙氏幼儿园，他们那种收费贵（某些幼儿园学费每月万元左右）。所以说，我们去蒙氏（幼儿园）的话，资金又承担不起。传统幼儿园，人家又不接收这种孩子。我们现在想到的就是融合幼儿园这一块，看国家（怎么做），这个是很大的困难，就是家长努力在做，但是国家好像这一块没有。我之前和残联副主任沟通过这个问题，他说，只能把补贴放到蒙氏幼儿园去，贴多少是多少，但我们家长的需求是，深圳这么大，可不可以建一个幼儿园（不是每个区都要建一个融合幼儿园）。就是多给一点补贴，当然家长也可以出一些钱。正常孩子你可以收费便宜（比如那些农民工子弟的孩子去上的话）。但我们这些孩子，我觉得你即使不补贴，像普通（幼儿园）的8000（元）一个学期，我们也是可以接受的。一个班比如说30个人，我融合3—4个可以吗？然后有一些特殊的资源，就是特教老师，大概是这样子。上幼儿园这个困难嘛，真的是（难）。我们家孩子现在四岁半还没有上幼儿园，现在正常孩子三岁就去上幼儿园，六周岁就要上一年级了。所以，我们也是很急呀，就是在幼儿园这一块。"（WT，#425JZ深圳座谈会记录）

首先，对于大部分患有神经发育障碍的特殊孩子来说，儿童的早期阶段是干预和康复的黄金阶段。处于这一阶段的心智障碍儿童的家长也自然更迫切地希望把他们的孩子放在一个正常的环境中成长。但是，从我们的访谈可以看到，家长们在选择幼儿园时会发现，尤其在经济发达地区或者大城市，一部分私立幼儿园对特殊孩子的接纳性比较高，但是收费贵，很多心智障碍家庭已经支出了大笔康复和照顾费用，对于高额的幼儿园费用已经无力承担。而在公立学校方面，各个地方公立幼儿园对孤独症儿童的接纳情况不同，不同家长的个体体验也不相同。总体来说，公立幼儿园收费合理，经济负担不重，但是入园本身有各种限制，并且学校间对特殊儿童的身份接纳也存在差异。依照政策规定，普通学校不应拒收有融合教育需求又适宜入读的特殊儿童。但在实际操作中，对孤独症儿童的入园、入学问题，一些学校（无论公立或私立）也可能存在隐性的排斥。对孤独症儿童来说，入读幼儿园并不是一件容易的事情。

> 访问员："您的孩子在进入学校（幼儿园）的时候，校方有没有条件的限制？"
>
> 家长："学校一般是会收的。但是一些小孩有暴力倾向，严重一点的就不会收。可能会去大的公立机构，私立的不会收。"
>
> 访问员："您的孩子在进入幼儿园的时候还顺利吗，有没有拒绝的情况？"
>
> 家长："也有一些，我们之前第一次去找一个幼儿园的时候，他试上过一个星期，然后那个幼儿园就拒收了。"
>
> 访问员："为什么呢？"
>
> 家长："他们估计就是觉得我们家小孩闹呀，会影响到别的小朋友。正常的小朋友去幼儿园的话也会闹一些，但是有的人就戴着有色眼镜，会觉得影响到他带别的小朋友。后来我们就换了一个幼儿园，那个幼儿园老师、园长都挺负责任的。现在他上的幼儿园，我们都挺满意的。"（YD，海南家长电访记录）

幼儿园很有可能因为孩子是孤独症儿童而明确表示拒收，拒收的原因或没有这方面的经验，或没有设置融合班级，或妨碍了其他孩子的正常学习与活动。这些理由大多具有合法性或者道德上的判断，也因此导致家长们难以反驳。不止一位家长透露，隐瞒孩子身份还可能被幼儿园接受，一旦告知心智障碍的身份，孩子则很可能被拒绝。

> "现在我唯一担心的问题是，他去报幼儿园能不能报得上？这是个

很大的问题。因为幼儿园……它会做测评,其实我很担心的就是测评这一方面,……他一旦测评做出来,……如果他告诉我你的孩子上不了幼儿园,或者说他的一个容纳性不够好,或者没有开这种班去接纳,那我的孩子怎么办?"(YXJ,#426JZ 座谈会记录)

"他现在已经康复很多了,但我还是不敢跟幼儿园坦白地说我的孩子是残疾人,我不敢跟他说,我是怕幼儿园会歧视我的孩子。(说到这里忍不住哭了)对不起……所以我现在担心的是我的孩子将来就学的问题。进幼儿园不是要填个表嘛,它会问:'你的孩子是否是残疾人?'我没敢填,我对他隐瞒了,我就怕他会拒收我的孩子。其实我的孩子学习能力非常好,他现在英语的词汇量很大,他很爱学习英语。"(FXQ,#426JZ 座谈会记录)

"比如像我找幼儿园的时候,就遇到这个问题,别人一听,自闭症,直接拒绝了,连门都不让你进去,嗯,就是连个机会都不给你,连尝试的机会都没有。……我去找(幼儿园)学校的时候,我也会(隐瞒),也不是刻意啊,因为确实有时候你需要隐瞒,假设你直接告诉他,我的小孩是什么情况,就我刚才给你讲的,人家机会都不给你了啊。是这样的,不是说我要面子或者怎么样,不是这个概念。"(FBB,泉州家长电访记录)

而一些处于义务教育阶段的小学,虽然因目前的政策规定,不会明确地表示拒绝,但往往会通过一些间接的方式表达出对以孤独症儿童为主要代表的这类心智障碍儿童的不接纳。家长们多多少少都会遭遇孩子融合教育过程中的隐性排斥,或者可能会遭遇到的各类排斥而忧心忡忡。一些家长均表示自己有遇到过学校劝孩子退学的情况,或者承受过通过其他家长施加退学压力的情况。此外,这些家长作为过来人的经验,也让一些即将面临孩子教育挑战的新家长们心生疑惑,对自己的孩子将来能够顺利就学非常担忧。这些担忧背后也折射出孤独症儿童普校随班就读过程中社会排斥的一些根源性因素——不了解、偏见与误解甚至是污名。

"我孙子吧,7 周岁,经过 3 年多的培训,感觉有点效果,但是如果到了 9 月份入小学,我敢说,他跟不上课程,跟不上课程,不进学校又不行,进了学校以后怎么办,是陪读还是不陪?陪呢,又要陪

到什么时候？现在这个干预中心，负责到7周岁，我的孙子还有几个月的时间，就4个月。"（SCA，#413JZ座谈会记录）

"我现在面临这个问题，就是很担心我的孩子将来去上小学，他会不会受阻，他很喜欢认文字、数学等等，反正学习能力很好，也非常爱学习，看书可以看两个小时。"（FXQ，#426JZ座谈会记录）

"你搞融合教育，一个非常重要的先决条件是什么？你知道吧？就是这个环境一定要包容，我给你举个比较极端的（例子），这个我不知道上次在哪里看到的，是这样的，有一个特殊小孩，就是（随班就读），但也是安插，在混、混，潜伏，在这个普通学校的普通班级里面。后来这些普通学生的家长全部缺课，起来反对，就是说要么这个小朋友走，要么就是我们全部不来上课，就这种。当然，我觉得这是一个比较极端的例子……大部分（人）对自闭症这个情况不了解，这种客观情况存在，因为确实人家对这种知识不了解。有些可能多少有些了解，但是有误解。就是这样的一些环境不友好，所以，我们最近在跟教育局互动，我们给教育局提一个要求，就是这些试点校，如果开展随班就读，就一定要把全校所有的人集中起来，给他们普及一下什么叫自闭症，让他们从观念上转变过来，要理解这些小孩、包容这些小孩，而不是把他们看得好像洪水猛兽一样，好像是异类一样，好像是外星人一样的。其实他们没那么可怕。观念都没有转变，一直戴着有色眼镜来看他们，怎么可能真正做到融合呢，不可能的事情。我们去泉州做的一两所比较好的学校，从校长自上而下，他们其实都是很包容的，最起码，不排斥。或者更多会引导这个家长，或者小孩、学生，去理解他们、接触他们、包容他们。"（FBB，泉州家长电访记录）

二 对融合效果的担忧

对于学前和学龄的儿童，家长们基本上都表达了社会融入的强烈期待，特别是智力水平正常的孤独症孩子家长，希望自己的孩子可以在普通学校接受教育，能够和普通的孩子一起玩耍和学习，有一个正常的生活学习环境。家长们普遍认为这样的正常环境能够激发孩子们的潜能，希望在这种正常的环境中发展他们的社会交往能力、语言能力和学习能力，最终实现最大化的社会适应。然而，即便他们排除了很多困难（融合教育获得困难将在后面进行分析），能够进入普通学校随班就读，也会遇到极大的困难，主要体现在融合的效果上。

"你在那里，你做不到融合，你一过去，大家就躲开你了。我们学校最惨的一个孤独症孩子，现在他没有办法单独上厕所，因为他曾经在厕所遇到暴力事件，具体什么情况，因为他没有办法表达，所以不清楚，但是他现在没有办法自己上厕所。所以我们压力很大，现在他上厕所，我都要在门口等着，因为我不知道里面会发生什么事。……我们孩子被一个小男孩不停地打耳光，……那个小孩到现在也没有跟我说过一句抱歉。但是我的小孩在美术课上因为捂了一个小朋友的嘴巴，然后，他的家长就会说，我不是针对你，但是你的孩子再动我小孩一下，我就过来打他。"（ZXX，#413JZ座谈会记录）

通过我们的座谈和访谈发现，即使心智障碍儿童如愿进入了普通小学随班就读，也很难获得良好的融合教育效果，现实与理想存在很大的差距。首先，家长反映许多普通学校对心智障碍群体不了解，尤其是面对孤独症这一类发展性障碍的儿童，上到学校领导，下到普通老师和学生，对其症状特点不了解，不知道该如何面对和管理这样的孩子。正面的宣传教育不到位，也导致了师生甚至是普通学生家长在这方面缺乏正确的认知。此外，大多数普校缺乏（没有）特教师资，ASD孩子还可能面临着排斥和欺凌的问题。作为社会生活中的"他者"，想要融入正常的生活世界，家长不仅要开展公共关系建设，还多采取陪读的方式来监督和管理孩子在校的学习生活，以避免自己的孩子遭遇到棘手的或者突发事件时，没有人能够处理。这种陪读的方式，在一定程度上既保证了随班就读孤独症孩子的安全与照顾性需求，也减轻了所在班级的其他同学和家长的顾虑。

其次，普通学校的教学压力也使得班级老师（班主任和任课老师）不知道如何管理这样的学生，而普通学校由缺乏（没有）特教师资，最终只能由家长采取陪读的方式来监督和管理心智障碍学生在校的学习生活。家长陪读似乎解决了问题，但需要我们反思的是，在家长陪读状态下的随班就读能不能实现真正意义上的融合？答案显然是否定的。家长陪读是家长的一种现实策略，来应对随班就读中出现的不利情境。但是，家长

"寸步不离"的陪读，不仅不能让 ASD 儿童真正实现融合教育，缓解普通师生和 ASD 学生之间的隔阂，反而增加了家长的照顾成本和压力，将融合的压力再一次转移到家庭照顾者的身上。

"还有一种积极的家长，他会去做融合关系，跟家长搞好关系，跟学校搞好关系，这会花费非常多的心力，而且不一定见效。"(HJ, #413JZ 座谈会记录)

"自从上了小学之后，刚开始我就想给他试试，能不陪就不陪。但是，发现不行，明显跟不上。然后我就陪读，陪读的这几年，我真的是压抑，太辛苦。"(ZXL, #413JZ 座谈会记录)

可见，目前融合教育的政策细节还不到位，随班就读政策在实施过程中如何保证老师、普通学生和特殊学生三方权益，需要政策细则来保证实施的有效性。

"有好政策能不能去把它落实，落实啊！原来没有这方面的政策，正规学校一般是不接受这样的孩子，由特殊学校来接收。它没有融合教育，现在提出叫融合教育，普通学校要接纳这样的孩子，叫融合教育，这是政府有规定的。但是尽管如此，现在还是排斥的，客观上来说我们双方理解，就家长和学校双方都要理解，学校接纳这样的特殊孩子，它管不了，它只能管普通的孩子，一个班主任管五十个学生，能顾得上你一个特殊孩子吗？"(WYY, #510JZ 座谈会记录)

三 普通学校与特殊学校教育衔接问题

本此调研还发现，一些适龄心智障碍儿童的家长都比较担忧自己孩子的教育衔接问题。具体来说，相较高功能 ASD 儿童，低功能 ASD 儿童随着年龄的增长，学业难度的增加，家长们会发现这些孩子无法跟上普通学校（普校）的学习进度，特殊教育的需求日益凸显。目前，政策上多关注从特殊学校（特校）转普校的情况，而容易忽略从普校转特校的需求。随着小学阶段的深入，原本低年级在普校随班就读的家长会发现自己的孩子跟不上普校的学习进度，也意识到对于某些孩子来说，拔苗助长起不到好作用，选择特校比普校对孩子更有利。

"我们孩子算是中重度的孩子。我们当时也是送她去一个幼儿园,但是跟不上。因为她有很多东西和人家差距太大了。(访问员:就是幼儿园老师没有拒绝您,而是程度上可能跟不上?)对,幼儿园老师没有拒绝我。我是请了个姐姐带着去,因为带着去可能会影响人家教学什么的。因为我们是五岁半才带去训练,之前都是空白的。五岁半才开始要去一个大班,肯定差距是很大的。然后后面就是叫那个姐姐去了一个学期。但是后面觉得不行,需要补课,就不再去了,根本跟不上人家。因为这个情况,我们就退回来自己在家里教她,后面就自己办了机构。然后我们就一直在机构里训练她,就没有再去学校了。当时也尝试去了一年级,那个时候差不多是九岁、十岁了。但是她还是差距太大了,而且她个子很高。当时我爱人陪她去读,就是一个民办的学校。然后就觉得她去那里也是浪费时间,因为老师教的和她需要的匹配不上,因为一年级那些东西她用不上,她需要的是更初级的东西,行为的管理呀,或是规范性的东西。因为她还达不到那个程度,所以就一直在机构里训练。……如果相差太大了确实是没有意义的。"(CK,海南家长电访记录)

一些家长反映,在这个时候再想选择进入特殊学校进行义务教育阶段的学习时,发现为时已晚,特校可能已经没有入学名额了。家长反映的这类问题反映了 ASD 儿童缺乏系统性的特殊教育支持体系,在适龄阶段缺少专业评估来对 ASD 个体进行科学的教育分级。此外,也从一个侧面反映了特殊教育资源的稀缺。比如,之前深圳市只有一所公办特殊学校[①],ASD 学生的容纳体量有限,招生名额有限,必然会提高 ASD 儿童的准入门槛。

"目前我们孩子,一个重要问题是读书的问题。我很想不通,某校

[①] 随着深圳市《第二期特殊教育提升计划(2018—2020)》的颁布实施,深圳的孤独症特殊教育进行了全新的科学布局,从 2019 年 9 月开始,各个区的特殊学校开始运转起来,有些行政区已经启动面向心智障碍儿童的招生计划,深圳市早干中心也在加强学前教育方面对孤独症儿童的支持力度,这些举措将大大提升孤独症儿童的特殊教育普及率。目前,政策从颁布到落地显现明显效果,还有一定的时间延迟。期待随着区级特殊学校的全面运营,调研反映的特教供给不足将会得到缓解。

（此处及后面隐去了名称，以某校代替）作为一个特殊教育学校来说，为什么拒绝孤独症孩子。因为孤独症孩子，在他们五六岁的时候，我们家长都有一个好的愿景，就是想让他去普教去融合去尝试，但是我们一迈出这个尝试的步伐，某校就把我们拒之门外了。我觉得这对孤独症群体来说，问题非常大。某校是这样说的，要不就退回到各个区，哦，你可以回你南山区呀，有融合班，你可以去罗湖、去福田呀。但现在的问题是，融合班根本就没有衔接上。……像我们深户这么多年了，我们尝试在普校融合之后再回来，但是拒收。"

"他不适合，就算是融合班，他也待不下去，但凡有一丝希望，我们都想留在普校，但凡有一丝希望，但凡我能做一点努力，我都要在普校。问题是，他真的不合适那个地方。可是某校把我们拒之门外，不接收插班生，听说今天小学一年级也不收了（不确定，只是听说）。"（HJ，#413JZ座谈会记录）

四 大龄儿童的教育问题

除了学前教育和义务教育阶段外，还有一个最容易忽略的教育阶段，就是九年义务教育阶段外的大龄心智障碍儿童的教育问题，也就是初中结束后的高中阶段以及后续更高等级教育的问题。就我们的质性研究资料来看，很多家长反映初中之后的教育之路更加艰难。重度心智障碍的大龄孩子往往只能回到家中，照顾的重担完全转移到家庭中。随着孩子年龄的增长，家长的年龄也在增长，家长对孩子的照顾负担更重。中轻度的孩子即使前期康复的很好，初中结束后，一下子会面临着失学的巨大风险。一方面，这些孩子由于行为或情绪或智力的问题很难跟上普通高中的学习进度，也很难在竞争激烈的高考制度中突围，获得高等教育。另一方面，特殊教育中的高中教育资源非常有限，只有一少部分孩子可以进入特殊学校进行高中阶段的学习。一般来讲，针对心智障碍孩子高中阶段的学习重点不是升学而是独立生活与就业，也就是说职业技能或生活技能的培训，但是这方面的资源显然无法满足日益增长的大龄心智障碍适龄群体的需求。

"因为我在参加这些活动，接触很多大龄孩子，现在这些大龄孩子，康复的好的，家长还可以把孩子带出来参加一些社会活动，就是我们圈子内的活动，他还是有机会跟社会接触。但是康复的不好的，比如说躁动的、情绪问题特别严重的，根本无法带出门，家长全天24小时在那个压抑的环境下，大家都很努力。前天，有一个家长带孩子出门，那个孩子22岁，人高马大的，家长身材娇小，就在电梯里，那个孩子一挣，她没站稳，就直接从电梯上头朝下摔下来了。……孩子到这个阶段，就是自理能力的培养和就职前简单的职业技能的培训。这些才是我们现在最迫切需要的东西。新家长可能是疗法的选择、机构的选择，到我们这个阶段，就是学校的选择。大家也很关注这个，如果有一个好的公立学校，大家知道怎么去选，但是某特校现在把我们拒绝了。"（ZXX，#413JZ 座谈会记录）

"我的孩子现在都毕业六七年了，天天在家。（访问者：是从哪里毕业的？）×校。（另一位家长：是从×校高中毕业吗？）×校也是九年义务教育，他毕业那年正好没有高中，后面一年才开始有高中，所以他读了九年就回来了。（访问者：现在的状况是在家？）在家，自己带，我24小时待在家里。"（LXF，#413JZ 座谈会记录）

五　送教上门

本研究在访问中，还遇到某些家长反映送教上门的迫切需求。在我们的调研中，提出这一问题的家长虽然不多，但值得重视。一方面，我们的调研是邀请家长们来到座谈会开展地点进行焦点小组座谈或者是我们作为研究者到一些机构与家长进行深度访谈。无论是这两种情况中的哪一种，都要求照顾者可以有空余的时间外出或者至少能够陪伴孩子外出进行康复训练。所以，本研究中的被访者自己送教上门的需求并不突出。但是，有家长在谈及这个问题时，提到一些重度残障的孩子，尤其是既无法进入普通学校又无法在特殊学校学习的家庭，对送教上门还是有需求的，而"送教上门"的服务提供更是稀少，从目前的情况看，即使提供这类服务，师资质量也达不到家长的期望。

（访问者：现在有送教上门吗？）"有是有，但是没看到过。2017年的特殊教育提升计划，它分三类，能融合的去融合；不能融合的就去特教；普校和特校都不行，就送教上门。但是据我了解，有些妈妈认为，送教上门的师资太差了。"（ZXX，#413JZ 座谈会记录）

（访问员：您现在所在的社区没有这个上门服务，那还开展过其他的服务活动吗?)"没有,我们这个社区没有,现在海口这样的省会城市都没有这种服务。我看到残联的报告里面写着送教上门,我就问它(残联)送教上门是怎么送的,根本就没有。讲的和做的根本不一致。"(CK,海南家长电访记录)

第二节 大龄孩子的照顾、就业与养老

本调研中,不少家长的心智障碍子女即将或者已经完成了小学阶段的学习,少数家长的孩子即将步入或已经步入成年阶段。随着年龄的增长,家长担忧的重心也从教育转向了照顾、就业和养老的问题。

一 职业培训与就业

孩子的成长意味着家长的衰老,大龄心智障碍孩子(进入青春期但还未成年)的家长最迫切的需求也是摆在眼前的最大困难就是职业培训与就业的问题。当普通孩子的家长在为自己的孩子能够考上重点高中,将来能否考上理想的大学操心的时候,这部分同等年龄的家长忧虑最多的可能是哪里能让孩子接受适当的职业教育,拥有"一技之长"。这个"一技之长"可能是烘焙、洗车、清洁搞卫生或者其他适合孩子特点的工作技能。这个时期的家长们普遍希望自己的孩子可以有独立生活的能力,能够用自己的双手创造价值,至少可以自己养活自己。

"所以我说其实他的职业教育现在就要开始了,现在趁他有兴趣,要往这方面发展,要他去专业学习、钻研,他可以很深地去学,我觉得只要他有兴趣学都可以学到很多,但现在我们没有这方面的资源给他学。"(HJP,#417JZ深圳座谈会记录)

除了职业或就业培训方面的担忧,更难的是心智障碍人士的就业机会非常少,尤其是面向孤独症人士的就业渠道更加稀缺。

"就业怎么说呢,孤独症孩子很难就业,在海南这里就业还是比较困难的。因为她是一个女孩子,我们是不放心她去外面的。这就必

须要有一个人陪着、跟着。作为我们平时上班的人，是没有时间陪她的。所以就业这块，我就觉得海南这边，普通人的就业都挺困难的，这些孩子的就业那就可想而知了，是吧？"（CK，海南家长电访记录）

"我说的是这些孩子成年以后他们有些程度是比较好的，可以工作，就是说简单的工作他们是能做的。但是这些自闭的孩子，现在肯定是没有企业和机构让他去做的，以后肯定只能待在家里。"（GXH，#417JZ深圳座谈会记录）

目前，各级残联，以及众多社会组织，也都日益重视自闭症人士就业/辅助就业，但是在职业培训、促进就业渠道等方面还需要不断探索，扩大就业帮扶覆盖范围。一方面，职业教育或培训模式与内容需要进一步拓展。在这些方面，家长们，尤其是像CK这样的核心家长（积极参与到家长组织中的家长）有着自己的非常有价值的思考，也期望自己所在的城市，可以像一些沿海经济发达地区一样，找到和企业对接的理想就业模式，依托社区，让孤独症人士在安全的工作环境中，有专业老师的监督和管理，完成力所能及又符合企业要求的工作。

（访问员：您在就业方面有什么想法吗？）"我听说江浙那边的企业，会让他们（孤独症人士）去做一些简单的工作。她们上次看的那一家是制作圣诞节装饰的小灯，没有危险性的，而且孩子也能够完成，就是他们会领一些活回来给大龄孩子做。做完以后就按计件来算报酬。等于就是和企业挂钩，是不是企业间接使用孤独症孩子来就业，在减税和免税方面可能有一些政策。这样企业就会给这些孩子提供就业的机会。现在很多企业是流水作业式的，就是这个环节需要这些孩子，不需要技术性很强的。在老师的指导下，或者是企业把老师培训出来，就可以指导孩子去做这个东西。老师就可以辅助这些孩子，做到符合企业的要求。这个产品出来后企业就按照件数质量来发报酬。我觉得这是比较可行的就业模式。就是说有一个安全的劳动空间，有专业的老师管起来，带他们做这个事情。可能这是比较理想的就业模式，如果让这些孩子去工厂做工，这个可能是不太现实的。首先第一个路上的公共交通安全就没办法保障。然后去到这个厂里，工厂都是要求经济效益的，人家不可能有专门的员工带你做。像我们家孩子经过这么多年的培训，她有一些动手能力，就是说我们去接一些能够适应她能力的工作，因为她能够坐得住，没有什么情绪化的问题，接一些这样的产品给他们做，他们也能做得很好。问题是我们海南这边的产业不是很发达，就业的机会不是很多。就像我说的，普通人就业都有一些问题，可能就是发达地区会有更多的机会吧。对于企业不是很多的地方，需要去找，而且企业还要有爱心和意识去做这个事情。这个工作确实是很不好找。"（CK，海南家长电访记录）

另一方面，如果后续的各项就业措施跟不上，前面的职业教育或培训的效果就要大打折扣，家长的心血和社会倾注的资源投入就会被浪费。因此，孤独症人士的就业，尤其是针对孤独症人士的就业渠道与具体推进就业的措施需要政府加大探索与重视。

"现在每个企业都有残疾人的就业保障金，能不能用到实处呢，大龄的孩子，能不能像这个妈妈想的，给他个地方，最大的想法，让孩子去浇浇花种种花都可以的。政府能有个就业性支持给我们。"（ZXX，#413JZ座谈会记录）

"我们机构做的时间比较长，十几年了，也是这种大龄孩子比较多，我们现在学校会做一些穿珠子、手工的东西，就是类似职业技能的培训，但是没有形成这种商品化的东西，在一些活动的时候，我们也会拿出去拍卖。"（CK，海南家长电访记录）

"最主要就是，你要经常去'守望'，有一个培训给他，慢慢地步入到就业这一块，现在真的没有形成，像是有一些烘焙什么的，就可以报名去学。"

（访问员："但是，烘焙也不是每个孩子都喜欢的。"）

"那就看你了，我已经告诉你有一个渠道这样，但是现在就业真的很难很少，所以我刚才没有说到就业……"（LSH，HJP，#417JZ座谈会记录）

二 日常照顾与养老

前文已经提到，我国20世纪80年代初才明确了第一例孤独症的临床诊断案例。由于孤独症的诊断与康复干预是比较晚近的事情，可以说一直以来孤独症患者的早期诊断与早期康复干预是最受家长和社会重视的问题。但近十年来，随着最早一批被诊断为孤独症的孩子目前也应该逐渐步入中年，同全球老龄化的趋势一样，养老问题对于这些孤独症人士家庭来说也日趋紧迫。

"现在最主要的是我们的政府、我们的社会着重关注小龄的（孩子）。小龄的孩子有政策了，有融入教育这一块，慢慢地已经发展得（比较）完善，但是忽略了我们大的18岁以后成年的孤独症的庞大的群体的需求，是不是？这个是事实。所以说对于康复、托养医疗的安置服务都没有做到很完善。"（LSH，#417JZ座谈会记录）

与养老相联系的问题实际上是每个家庭都必然要面临的一个终极的问题。国家现在也在大力推进养老建设，但是在残障领域，尤其是心智障碍领域，这方面的尝试刚刚起步，困难重重。不仅如此，由于成年的孤独症人士，大多时间是在家中照顾，因此，对于进入成年阶段的孤独症孩子和家长来说，他们对日常照顾的需求也日益强烈。

"以后我们这些孩子慢慢大了之后，如果他们也不能上学，他们不能总待在家里面呀！我们家长会慢慢老去，政府是不是能够出面建立一些专门的机构，或是托养中心。慢慢孩子大了，当我们照顾不了他（或她）的时候是不是可以以这种养老模式，哪怕我们家长掏一点钱出来。当我们照顾不了这个孩子的时候，政府能够成立一些让我们家长放心的托养机构或中心，让孩子白天去，晚上接回来照顾，这样都可以。我觉得他们在政策方面其实还是有很多点要去考虑的。"（HHM，西安家长电访记录）

"因为她现在长大了，家长的年纪也大了，肯定就会考虑到养老的问题。我之前就和残联的理事长说，现在我们年纪也大了，小孩年纪也大了，我们不可能在机构里待着了。到时候最好是以残联的名义去申请，以残联牵头，因为它毕竟是代表残疾人来做事业的部门。我觉得残联应该牵头去建一些孤独症人士的敬老院，或者养护机构。"（CK，海南家长电访记录）

CK 是一位 24 岁孤独症患者的妈妈，她和我们谈了很多关于养老方面的需求。她是海南省海口市的一名公务员，为了让自己的孤独症女儿有更好的康复环境，她也和别人一起创办了一家特殊儿童的康复培训机构。在与她的访谈中，她向我们讲述了孤独症人士日常照顾/托养的不易，也向我们反映了民办机构在大龄孤独症儿童托养方面的困难。总体来说就是照顾成本高、缺乏硬件（场地）和软件（专业照顾人才），也存在安全风险的问题。

"现在的机构都是民办的机构，基本上是家长办的机构。海南这个地方有些特殊，就是医院也有训练的机构，但是医院的机构不收这种过夜的孩子，就是白天来上课、训练，我们这里有三家医院有这种训练的机构，其他的几家是民办的机构，原来我们机构还收一些过夜的孩子。过夜就是星期一送来，星期五接走。（访问员：就是有些像托养服务。）对，是。从我们 2005 年成立到 2019 年，这么多年来，一直都有过夜的孩子。从今年开始因为人工成本比较高，另外就是场地的问题，还有孩子的年龄大了，安全问题突出，就是方方面面吧，而且机构承担的责任也太大了，所以从今年开始就不再收这种孩子了。因为有些孩子有癫痫，晚上会发作，一般的看护阿姨没有专业的知识，有点害怕，今年开始就不敢收这些孩子。现在就是早上送过来，下午回去。这样机构的压力会相对小一些。"

也是由于上述的困难，导致这些民营机构很难坚持下去。这些民营机构大多具有草根性质，就如 CK 一样，有不少最初是基于自身照顾孤独症子女的需求而创立的康复机构，一路摸索发展过来，很多都是挣扎求存。这样的机构很难有足够的资源来支撑托养或养老服务。因此，在访谈中，CK 多次表达了其作为一个机构负责人，更是一个成年孤独症家长的期望，即希望政府能够牵头，依靠国家的力量来创办和经营孤独症人士养护机构。

"我们希望残联牵头做一个公办的养护机构，就是从养护到养老吧。因为现在这种针对学龄和学前儿童的机构，民办也在做，医院也在做，应该说能够把这些孩子普及到，教育康复这块可以惠及到。但是对于18岁以上的大孩子，虽然现在包括我们的特殊学校，也收孤独症孩子，但是收的比较少，就是会挑一些容易带的、没有问题的孩子收，但是孤独症孩子到了18岁已经毕业了，人家也不会无限期地收你。所以说大了的这些人、18岁以上的这些人，他们怎么办？包括唐氏的孩子也是一样的，18岁以后也不能在学校里待着了。这些人的父母年龄渐渐大了，他们怎么办，现在就是很迫切，我们家长都会有这些问题。孩子大了，我们老了，她怎么办。所以我们就是很迫切地希望成立一个机构，但是成立一个机构总是要有地，要有建筑，要有专门的人看护他们。因为我们做机构也知道，现在不能光靠我们这些民办机构，毕竟我们没有那么多财力。现在这种培训机构都是很勉强地在维持，都是通过一些爱心企业的赞助撑过来的。现在这些养护机构、养老机构必须是政府来做这个事情。因为我们没有力气再做这个养护和养老的事情。我和残联的理事长说，这个必须要请残联的领导代表政府去做这些事情，要不然这些人怎么办？父母老了，他们谁管，福利院收吗？所以这是个很大的社会问题，现在残联还没有意识到这一点。"

"家长先去做了。那不能说我们做了，就都靠我们来做呀。对不对？我们现在做的很艰难，我们希望以后这种养护机构、养老机构残联能不能出面去做这个事。……这个架子必须要政府搭起来呀，现在习近平总书记说奔小康路上一个人都不能少。而且现在精准脱贫，残疾人怎么办？一个家庭有这样的孩子，它就永远摆脱不了这个贫困。这都是一个无底洞。所以不是只靠眼前，还有一个长远的路要走，对不对，所以这个是要靠政府去做的。现在靠家长是没有精力和财力做这个事，必须要靠政府来兜底的。我之前去全国各省交流过，其他各省的民办机构，政府的扶持力度是相当大的，我觉得海南这边的扶持力度并不大。……不光是孤独症，我们还有盲、聋哑这些，（残联）照顾不过来。这也是它的难处，我们也理解。但是这个养护机构、养老机构就必须要做起来，不然怎么办？孩子大了，父母还要去工作，就只能在家里头，家里没人看着怎么办？如果不解决他们的去处，难道就在家里被锁着？我不是很了解其他家的孩子是怎么样的，所以我们现在就是急切希望政府成立一个养护机构。"

"国家现在已经开始重视养老这一块了。……这些孤独症孩子的父母养老，孤独症人士本身的养老，也要纳入这个事业里面去。我上次去中精协开会，认识一个爷爷，他的孤独症孙子已经四十几岁了，这个爷爷好像八十多岁。我是前两年去北京参加精协的会。这个爷爷应该是我们这个圈子里见到的年纪比较大的。包括温主席（中精协）她的女儿应该也是三十多岁了。所以现在我们这些大龄孩子家长都在呼吁孤独症养老，还有我们这种孤独症孩子家长的养老问题。既然这个独生子女父母的养老问题都摆在这里，这个孤独症孩子父母的养老，包括孤独症人士的养老，那更是迫切了。"

"国家改革开放的成果要惠及到每一个人，现在都没有惠及到我们这个孤独症孩子父母身上，还有他们的养护和养老层面。这是上了50岁以上的家长都会考虑的问题，是一个很现实的问题，每个大龄孩子的家长都会想到的问题。有句话说人有不测风云，都没有一个预案，父母如果有什么不测，那这个孩子怎么办？因为孤独症孩子确实很难管，他们有这个刻板行为，普通人是很难理解的。……"

其他家长在被问及日常托养和养老这类问题时，也大多表达出无奈无力之下的深深忧虑，对服务内容、环境、质量以及监管多方面的担忧，甚至因为这类话题太多艰难而选择性的避开。

"小（龄）的有上课程什么的，但是大龄的，都是没有的。我了解过的。而且环境也不太理想，就是像我们这个，大龄要去的地方要空阔一点的，比如说哪怕让他养养小鸡、种种菜、农场式的，可能对他们好一些。要是让他们整天待在屋子里面，等于待在家里没有两样。"（HJ，#413JZ座谈会记录）

"在托养这一块，从资金监管的最主要这一块，我们成年的家长最担忧的一个事情，就是我们老了、我们走（死）了，这个孩子怎么办？他的生活、他的托养现在还没有到位，还有资金的监管，谁来给我们监管？所以其他的我就不再多说，最主要的就是政府，我们一定要依靠政府。这样我们家长放心，有一个（令人）安心的良心机构在那里，我们有病死了也就瞑目了，是不是？"（LSH，#417JZ座谈会记录）

第三节 立足社区的康复服务

一 民办康复机构服务质量参差

当问及被访者对康复服务机构的意见时，大部分家长首先表达了对康复机构服务的肯定，几乎所有被访家长都表示孩子通过在机构中的康复培训获得了能力上的提升，比如语言困难的孩子，从来机构时的一句话不会说到经过一段时间的干预，可以有简单的语言表达；再比如行为的控制上，从以前的不会控制不当行为与情绪到学会了简单的情绪辨认和控制。这些一点一滴的进步都鼓舞着家长继续孩子的康复训练之路。

但是，家长们也反映了机构收费、师资质量、服务环境，以及机构管理等方面的一些问题。希望政府对这类机构的监管体系健全起来，服务机构的管理制度更加明确，服务提供规则与服务标准更加清晰，在此基础上优化机构服务环境和师资教学培训质量。

"我提个建议。加强对特殊教育机构的监管，在民政部登记机构的监管，监管这个很薄弱，可以说没监管。我陪着小孩三年多，可以说没有看到监管部门来监管的，有建议往哪个地方提？提不通，应该把特殊教育这块的监管抓起来，责任明确到人，人家幼儿园小学里面不是贴有照片吗，都有联系电话，有意见打电话就知道了。可特殊教育这个就做不到。……我建议规范社会培训机构办学条件，有些机构的教学培训条件真是很不好，那个房子又小又封闭，不通风，就几个平方米，哎呀，小的不得了，就是很小很小的（费用又很高）。对这个特殊教学机构，办学条件、师资力量、收费标准，这些都应该有个规范性的东西，不能由他们特儿机构自己制定，现在收费标准也是由他们自己制定的，没人监管。"（SCA，#413JZ 深圳座谈会记录）

"对我们来说，对机构的准入设置（机构现在太少），而且对机构没有一定的监管，我不是说机构有其他问题，而是在批准成立这些机构的时候，应该定期或不定期地对机构有一些监管，包括对机构有一些扶持，比如说在资源配备上，在对特教老师的职业发展上，包括对特教老师专业知识的培训，政府可以出面去找一些在全国范围内像邹小兵他们这些专业领域的医生来给特教老师做培训，然后拿出补贴来，因为据我所知我们的特教老师的收入最起码在西安来说不是很高，但是他们要面对我们这样的孩子，确实很辛苦，是不是要给他们一些补贴。"（HHM，西安家长电访记录）

二　社区服务有待深入和细化

调研中问及大家对社区服务方面的意见时，大部分家长表示没有深入地参与过立足社区的服务项目或活动。大部分与社区有关的活动属于慰问或走访性质，主要是过年过节等重要日子的慰问探访活动，或者平时社区工作人员的定期工作性联络，比如通知传达、日常情况了解等。

"他给我们通知，跟我们联系。通过微信、电话这些，一个社区里面最多就是半个残联的工作人员，一个都达不到，半个。这个周一或者周二、周三，一个礼拜也就两三天在社区里面，有时候你工作日也找不到人（LXF：相对来说，一年比一年好一些了，有进步就是一点点安慰。）"（SCA，#413JZ座谈会记录）

目前，从总体来说，面向孤独症群体的有效社区服务还停留在萌芽阶段。本调研中获得的家长反馈是，大多数被访孤独症家庭并没有获得足够的社区服务。一方面，是其所在社区并没有提供有针对性的服务；另一方面，则是由于一部分年龄小的孩子还没有办理残疾证，或是在社区没有正式的残障记录，或是家长还不愿意对外暴露自己孩子的情况，因此，也无法享受残疾人的相关服务。

（访问员：您小区、街道，或者是社区里面，有没有针对这个群体开展过一些服务，或者有没有给家长一些支持呢？）哦，完全没有。（访问员：完全没有？）哦，他可能也不知道我家小孩是这样子的，我不会主动跟小区讲我家小孩是这样子的。有一些家长，心态不像我，相对来讲，还比较开放，还比较理性，有些家里小孩出现这种情况，他们是很害怕别人知道的，更有些人自己亲戚都不知道，更不用说（获得）残联或者当地社区的指导啊！（FBB，福建泉州电访记录）

此外，也有家长反映目前社区中组织的活动，主要还是针对普通家庭，能够结合残障群体尤其是孤独症群体需求组织的活动几乎没有。

"你看这么多的社区都搞这种社区服务中心，每个社区配了那么多没有真正起到作用的人员，说实在这些老人你不给他们组织，他们照样唱歌跳舞、练书法，该干嘛干嘛，人家都挺开心的，你只不过给他们一个场地，没有场地人家也找得到场地。而这些孩子可能唯一真的所受的好处就是下了课之后，上班的妈妈，家长会放心，但是那也只能是（放心）那么一点点，不是说很多。你要提前报名也就十几、几十个，一个社区那么多的孩子……"（HJP，#417JZ座谈会记录）

在我们的访谈中，也有几位来自农村地区或经济欠发达的小城市的家长，通过对他们自身的社区服务经历或体验的询问，我们也了解到农村地区和一些小城市这方面的服务更加缺乏。也正是由于在自己户籍所在区域得不到比较好的服务，有些家长选择为了孩子，可能会每天往返几十公里甚至一百多公里路程，去资源比较好的区域进行康复训练，或者干脆临时搬迁到临近的地市租房子、打工，来支持自己孩子的康复与教育。

"（访问员：那您所在社区或者街道有没有什么社工服务或者居委会有没有给你们提供什么服务呢？）这个暂时还没有，毕竟我们在农村，可能大家对这个孤独症了解的还是比较少，比较少遇到这样的孩子，所以说也没有这个政策。……（Q：您是住在农村地区的吗？）其实很多地区都是一样的，我们家长又组建了一个群，有四五百个家长，然后大家会讨论这些问题，很多家长也是面临很多困难，有求学的困难、经济的困难，有的孩子程度比较差，父母要出去工作，没办法，就只能把他关在家里。我的孩子还算是稍微程度好一点的，能够慢慢地去融合吧。有很多比我们更糟糕的，但是人家也一样面临这些困难呀！"（CZF，福建泉州家长电访记录）

（访问员：还有其他方面的需求吗？或者是困难？）"可能我就觉得社区这边给我们的支持很少。（访问员：社区？）因为我们去社区也反映过这种情况，还是特殊情况。确实对我们来说压力还是很大的，因为我作为成年人我也不能工作是吧？我要24小时看着他，家里重担都在爸爸那一边。希望给予一定的支持，但是一直都没有，因为这个孩子康复是要持续性的，终生的一个过程。我们真想回到我们社区里面（生活），（社区）能不能给你一种帮扶啊，就想能不能有这样的政策，就这样想的。（FMM，湖北家长电访记录）

第四节　家长的心理困境

除了客观环境与物质资源方面的困难，孤独症孩子的家长也普遍存在心理困境。多数家长从确诊那时起，就经历了人生中一次重大的创伤性事件，一般会有一个从不接受到和命运的抗争、妥协和最终接纳的过程。当然，有的家长可能不会顺利过渡到完全接纳的心理状态，也可能会长期停留在某一阶段。无论家长经历了怎样的心理认知变化历程，其承受的心理压力都是巨大的，部分照顾者也会进一步产生抑郁和焦虑等一系列比较严重的心理问题。从我们的调研来看，目前许多家长都意识到了自己的心理与情绪问题，也在去寻找适合自己的缓解负面心境的方法。

……去年，我在孩子入学的时候，遇到非常大的挫折。当时可能挫折最大的时候，我紧急打了自杀干预电话，然后马上打车去了康宁医院，开抗抑郁的药。当时6月份的时候，如果说我慢一步的话，小孩就可能跟我走了。"（ZXX，#413JZ座谈会记录）

"小孩其实没有什么压力，他们就活在自己的世界里。因为你一直照顾一个有问题的小朋友是很辛苦的，精神上的压力特别大。你要是看到人家正常的小朋友，再看自己家的小孩就压力特别大。我有段时间就是特别抑郁，就是这个情况。（访问员：那您那边的机构会给您提供相关的服务吗？比如压力疏导或喘息服务吗？）没有。有的话就是自己去咨询心理医生，去排解。"（YD，海南家长电访记录）

这些孤独症家长的心理困扰与心理压力，除了来源于自己孩子的病情和与之相关的影响孩子社会融入的各种现实困境，也与孤独症父母，尤其是母亲可能遭遇到的连带（附属）污名①有关。曾经的"冰箱"理论将孤独症的成因归咎于母亲对子女的教养失职和爱的缺乏。这一错误的观点早已被学术界摒弃，但是，社会大众难免还会戴着"有色眼镜"，在认知上存在偏差。这样的偏见自然加大了母亲的压力，让她们在日常照顾中更难获得来自家庭的支持。

"像一些妈妈会怪自己。因为目前为止还不知道孤独症的病因，有些家庭母亲是弱势的，因为有些人会怪妈妈，说是你带给他（她）的，是因为你的原因造成了他（她）这个情况。（访问员：外界不理解。）对，这些母亲的压力也很大，不仅来自于她父母的压力，还来自于整个家庭的压力。有一些一胎二胎都是正常的，就是想生个儿子，但生下来就是这个情况。他们的家婆家公就不太接受，会觉得是妈妈的问题，为什么怀孕的时候不这样，是不是吃了什么东西？就是正常的小孩如果老生病，家婆会说你怎么带小孩的？一般当母亲的都听不了这个话。因为我们辛辛苦苦地带小孩没人理解也就算了，然后她还来一句你是怎么带的，正常的母亲都听不了这话，更何况是我们这种情况。"（YD，海南家长电访记录）

不过，在反思家长尤其是母亲所承受的巨大心理压力的同时，我们也从访谈资料中看到，普遍来讲，从家长的角度出发，目前较之心理辅导之类的家长支持活动，更急需的是能够从繁忙沉重的照顾任务中抽离一段时间，来放松身心的喘息服务。可以说，喘息服务是为照顾者减负的最直接的一种方式。有了自己的私人时间，才能进一步去追求对照顾者自己身心的照顾与调适。

"照顾一个这样的孩子 24 小时，真的精神上也是崩溃的。近几年来出现了很多悲剧，我在这里因为时间的问题就不一一举例了。所以我们需要太多的喘息（服务），这就需要政府帮我们一把。"（LSH，#417JZ 座谈会记录）

---

① 梁露尹：《残疾儿童父母自尊感与心理健康的关系：连带污名的中介作用》，《残疾人研究》2019 年第 4 期。

"因为我们都是'80后',我们也是新中国独生子女的这一代,我们从小到大也是被娇生惯养带大的,也是受过高等教育的,也想着自己以后能在社会上实现自己的价值,但是现在有这样一个孩子,夫妻双方就必须要有一个人放弃自己的事业,放弃自己的理想,来专门带这个孩子,而我们的孩子又是这样的问题,如果一个人长期带下去,肯定精神上会承受不了的。"(HHM,西安家长电访记录)

"再大一点肯定是去特殊学校,就是跟同龄的小朋友待在一起,做同样的事情。让她有个地方去,我就不用一天到晚陪着她,我也能够有几个小时属于自己的时间。(访问员:那您觉得您现在的照顾压力大吗?)压力肯定大了。首先她吃饭要吃半天,我还要看着她,不能离开她,离开的话她一下就跑掉了,不知道她跑到哪里去了。如果她不太喜欢那个菜,她就坐不住,如果那个菜她很喜欢的话,才能把一碗饭吃完。然后她吃饭肯定会(把食物)洒在地上,那洒在地上肯定会洒在身上,每次吃饭还要给她系围裙。(访问员:嗯嗯,就是您一个人带着她,压力还是很大的。)不过带习惯了还好,只要你心态保持好的话,整个生活节奏安排得很合理的话,也不会对孩子很糟糕的,毕竟我还年轻嘛。因为有时候,教个东西要教孩子很久,比如叫她拍个手掌,教了一年多她才真的会拍手。……不仅要教还要带她,要教她生活自理,你要天天带她洗澡,教她洗澡的步骤,每天带她做一些。然后做久了之后呢,她自然会知道洗澡时要先冲一下水,然后再往身上弄沐浴液。她学这些东西都要学几年的,而且夏天的话就必须要教,冬天的话还无所谓,因为洗个澡就把她包起来,害怕她着凉。教她生活自理,只有靠夏天,而夏天只有短短几个月!"(LZL,南昌家长电访记录)

据此次调研了解到的情况来看,比较稳定地长期提供针对家庭照顾者的喘息服务以及心理服务的机构还不多,且存在着专业资源发展不平衡,服务发展区域不平衡等问题。并且,民办机构中,针对家庭照顾者的服务是没有政府的任何资助扶持的。许多家庭对于孩子医疗和康复的支出已经捉襟见肘,更是无力再支付喘息服务等与家长有关的服务费用。一些家长表示,如果政府能够在这些方面给予机构和家庭照顾者更多的帮扶,减少服务使用者的经济支出，会推动家长更加正视照顾中出现的倦怠和心理压力，主动寻求相关服务的帮助。

"这个服务'守望'是做到位了。但是有孤独症的家庭，大部分都是只能一个人工作，另一个人要留下来陪小孩的，我想说，你资金方面肯定就不如普通（家庭）。比如说四五百块钱一天，很多家庭根本就是付不出来的，你说一天几百块钱你怎么付，不是说你'守望'这样做不行，你也是为了家长有喘息的机会吧？我想说的就是很多家庭都是一个人在工作，一个人在照顾小孩，一天你几百块钱，很多家庭是付不出来的，是这样的压力，经济压力。现在如果说政府要是有支持的话，很多家庭其实很需要。"（GXH，#417JZ 座谈会记录）

第五节 生活中的社会接纳

在本次调研中，一位孤独症孩子的家长曾向我们反映，他的孩子在学校曾被同学称为星星怪，来自外星球的怪物。一系列普通学校随班就读过程中产生的排斥与欺凌事件，导致这个孤独症孩子的行为表现与学业成绩出现退化的情况。这位家长描述的事件，正反映了大多数孤独症儿童及其家庭在日常生活中面临的社会接纳与社会排斥的问题。

社会接纳（social acceptance）是与社会排斥紧密相连的一个社会心理学概念。当个体与他人保持积极的社会关系或归属于某一团体时，就会体验到社会接纳，并对心理与行为产生积极正面的影响。而当个体感受到社会排斥（social exclusion）时，则会对身心健康和社会生活带来负面消极的影响。[1]

西方关于社会接纳的研究始于 20 世纪 50 年代心理学者对个体社会接纳感知的研究。社会接纳可以划分为自我接纳、对他人的接纳和对他人接纳自我的感受。人是社会性动物，人们感受到的社会接纳对社会交往和心理健康意义重大，也是衡量自身价值的重要依据，同样也是社会融合的重

---

[1] 王珏：《社会生活中的存在感：心理学的解释》，《成都理工大学学报》（社会科学版）2016 年第 6 期。

要心理指标。①

对于孤独症儿童的家庭照顾者来说，社会接纳首先体现在自我接纳方面，是作为父母的照顾者自身对孤独症孩子的接纳程度。这有两方面的含义，一是否能接纳自己作为孤独症父母的身份？二是否能接纳自己的孩子患有孤独症的事实？我们的调研发现，孤独症父母，尤其是原本对孤独症缺乏认识和了解的父母，往往会经历一个从震惊到否定或怀疑，经过痛苦挣扎再到接纳的过程。需要注意的是，有的家长可能无法到达这一阶段，一直处在逃避或拒绝的状态中。对孤独症孩子的接纳意味着对自己孤独症孩子父母身份的接纳。然而，在接纳了这个身份后，很多父母仍然处于挣扎中，可能有很长一段时间无法真正接纳孩子的症状，或怀有不切合实际的期望，或不理解孩子的心理与行为表现。

"我的孩子是2015年确诊的，确诊后，当时就不接受，整个人崩溃了，崩溃了之后，就精神恍惚，腿都摔断了。等我稍微好一点，就开始领着孩子康复，这么一路走下来也已经有三四年了。"（ZXX，深圳家长座谈会）

"怎么说呢，那个时候，刚开始，不确诊，总是抱有希望。但是在后面，到了4岁多的时候还是确诊了，就是孤独症。后来就是孤独症的症状越来越明显，我们总是抱有希望，总是想大一点还能不能改善。就一直到现在，还抱有希望，但现在这个希望是一步一步破灭，一步一步破灭了。以前，小的时候，感觉还敢带出去，带出去也看不出来，现在就是越来越明显，长的个子又高，像大人一样，但是自己笑，就这种动作特别多（脸部抽搐，头歪向一边），不停地重复，不停地重复，自己自言自语，所以就是感觉看不到希望。"（ZXL，深圳家长座谈会）

"我老公完全是逃避型的，他是知道孩子病了，狂哭了一个月，每天不敢回家，我们所有人没睡醒之前他走了，可能我3点钟睡觉，他4点钟回家，他永远都躲开我们。到现在三四年了，很多时候他问我你觉得孩子什么时候能好，（他）很多时候就是做蜗牛。"（ZXX，深圳家长座谈会记录）

---

① 黄匡时、嘎日达：《社会融合理论研究综述》，《新视野》2010年第6期。

其次,是对与自己处境相似的他人的接纳,这里面就包含着对其他孤独症人士及其家庭的接纳,也包含着对划分在同一残疾人类别——精神残疾类别中的其他精神障碍人士的接纳,以及对残疾人身份的接纳。能从家中走出来,带着孩子参与康复干预,也愿意和研究者分享自己与孩子的情况的家长们,基本都是对自身情况和其他孤独症儿童和家庭有比较好的接纳度。从我们的调研资料中发现,孤独症儿童的家长们对于精神残疾或残疾人的接纳程度还是相对较低。由于孤独症儿童在外貌上与普通儿童并无差异,不像肢体残障的个体,从外表就能看出来,加上年幼儿童的行为与情绪本来就还处在发展变化中,如果没有比较密切的接触或关注,外人也很难察觉孤独症孩子的特殊情况,这也让年幼孤独症儿童的症状表现具有一定的隐匿性。许多年幼孤独症儿童的家长都不愿意在社区邻里中暴露孩子的情况,担心受到其他人的排斥。他们也不愿意贴上"残疾人"的标签,一方面是期望自己的孩子能够在成长中逐渐康复,另一方面则是担心自己的孩子被归为"精神病人",遭受更多的歧视与污名。

"社区专门有办公人员,他时不时都会登记。比如说,就是给他们办残疾证的这些孩子弄几个蛋糕啊,(大家一起)聚一聚。有个什么活动啊,叫大家一起来参加。一般过节的时候,还会打电话说,我去你们家家访一下,但是我一般都是拒绝的,因为我很怕他家访。我虽然告诉别人孩子是孤独症,但是我没有告诉邻居我办了残疾证。像我们可能比较了解孩子就会知道,这个是属于残疾类的。但是他们那些没有深入了解的,就是不知道这种会属于残疾,就是很多(邻居)会和我说,我觉得你儿子挺好的,他只是不爱说话,其实心里都知道啊。但他们不把他归纳为残疾。所以我就搞不懂,国家为什么非要给他们一个残疾证呢。是不是?"(WT,深圳家长座谈会记录)

YXJ:"其实跟你直说了,我们有一个这样的孩子99%的父母都不会跟外人说的,除了跟自己贴心的,自己认为信得过的一两个人会说出这样的情况。什么人都不会讲的,任何人都不会讲的。我们不讲的原因就是……"

FXQ:"怕他们歧视孩子。"

YXJ："对于孩子的一种保护，因为我们现在的社会群体的接纳性还是不够的，我们都不会讲的，只有我们到了这个地方……"

FXQ："嗯嗯，敞开心扉这样子聊。"

YXJ："大家在这里聊天，你出了一楼的电梯，见到人就是笑一笑，就这么简单。其实只有两个地方，就是自己的另一半、父母可能会说。我爸我妈都不知道我儿子是来这里上课的。"

（YXJ 和 FXQ 两位母亲的交谈，深圳家长座谈会记录）

最后，社会接纳还体现在孤独症儿童及其家庭被他人接纳的情况。这一方面也可以从社会排斥的角度来体现。[1] 社会排斥是指由于被某一社会团体或他人所排斥或拒绝，个体的归属需求和关系需求受到阻碍的现象和过程（兰继军、白永玲，2020）。由于对孤独症这种发育性精神障碍的不了解，加上对于残疾人、精神病人的污名，就大大增加了孤独症儿童遭受到社会排斥的概率。由于污名化特征（比如危险、疯、傻、有病）的存在，会给没有这些污名化特征的"多数人"带来不适，而被认为"正常"的多数人会为了避免这种不适，而将具有污名化特征的少数群体排斥在社会生活的外部。

"社会大众，他们很多人都不了解。因为之前有一次，我们不是自闭症日去外面宣传。就有很多路人会问，你们是老师还是家长，我们说我们是家长，（就被问）那你们的孩子和正常的孩子有什么不一样吗？他们不知道，有很多情况都不了解。包括我，如果我没有这个孩子，我也不了解。因为这个东西它普及的面不广，然后很多人都不知道。他们可能也是从某些电影，或者从报纸上多少了解一点，但可能看到的都跟我们了解的不是一回事。因为我们作为家长，我们肯定是更了解这些孩子的情况，但是，有很多人都不了解这个情况。我们这些孩子平时做出一些不一样的行为，他就会觉得我们的孩子是不是一个傻子啊，可能是这样的一个想法。然后对我们的孩子可能比较排斥一点。"（DZY，南昌家长电访记录）

---

[1] 兰继军、白永玲：《孤独症儿童在正、负性情境中的情绪识别特点》，《现代特殊教育》2020 年第 22 期。

调研中的家长们或多或少都反映了他们及其孤独症孩子在日常生活中感受到的社会排斥。除了前文提到的孤独症儿童教育排斥所导致的入学难问题，在日常出行、邻里交往和学校（家长或学生）交流中，都可能会面临社会排斥与歧视。这种排斥更多地来源于其他人对孤独症的不了解，因为对孤独症症状的不了解，生活中也很少接触到这一群体，无法产生共情（同理心），自然很难体会到孤独症儿童及其照顾者生活中的难处。从而容易陷入污名化导致社会排斥，社会排斥进一步造成社会疏离，而社会疏离又返回来会加深污名，形成一个怪圈。

"别的孩子之间打打闹闹，互相推一把、打一下，没事。但是你的孩子，别人轻轻推一下，他打人了，他又打人了！他们就不停地跟我发信息说，你家的孩子怎么样怎么样。我说我在里面坐着，我知道。他说我家的孩子不要跟你家的一起坐，如果你在这里，我觉得很危险的。我跟他讲，他是个小孩，他没有暴力倾向。（但对方会说）你也知道他不会说，什么时候拿刀捅了我们，捅了我们你会不会负责呢，你说你负责又会怎样？家长一旦知道的话，首先他会约束孩子不要跟他玩，他有精神病，这是我听到的最痛苦的一件事情，经常有人说'不要跟他玩，他有神经病'。当你听到这句话的时候，你是什么感觉！（有点伤心气愤的语气）"（ZXL，深圳家长座谈记录）

"我不知道你们碰到没有，我坐地铁，地铁的工作人员，因为孩子不懂事，他（孩子）进去，跑得太快了，头被夹了一下。然后地铁的工作人员说我孩子，他说完以后，我上了地铁。两站路，地铁车厢里的所有人都在骂我，说我耽误他们的时间了。因为我，他就说你这样子，车就要停下来，所有人都不能走了。因为他被卡了，那个车就停了一下。然后一车的人都在骂我，你这样的孩子，为什么要进来。我痛苦的是，当时我真的像泼妇一样骂起来，我女儿（孤独症儿子的姐姐）躲得远远的，这个是我很痛苦的。……然后，我去博物馆，以前他小的时候，我就是做一些训练，进去之后，他一旦大声叫，我就拎他出来，让他知道博物馆、美术馆只许看不许摸不许大声喧哗。但是去年的时候，就经常有人告诉我说，你这种孩子，过来干什么。你为什么不回家去，你想要我们看不了东西。因为如果人多的

情况，他听觉会有点异常，他会很紧张，会乱跑。这种时候，其实，真的很痛苦的。"（ZXX，深圳家长座谈会记录）

要打破这样的怪圈，就需要通过宣传教育让社会大众深入了解孤独症的知识，消除孤独症家庭照顾者对"身份暴露"的顾虑，通过接触加深孤独症群体与社区邻里之间的接触与沟通，增进相互的了解。本次调研中，有一个孤独症家庭由于自己家族亲戚就有孤独症的孩子，他们对孤独症都比较了解。所以，当孩子确诊后，夫妻俩能够比较客观平静地对待这件事情，积极进行早期孤独症康复干预。一开始也想把孩子的情况隐藏起来，邻里不知道孩子的情况，自然在孩子做出一些有违常规的事情时会产生排斥。但当他们耐心和邻居说明了情况，能够与周围的邻居坦然讨论自己孩子的事情的时候，就获得了大家的包容和理解。

LSH："这些接纳需要我们的政府，需要我们的机构，需要我们的孩子真的在社区里边生活，在里面真真正正地生活以后才知道。"

HJP："我们都是隐形的，在社区里面，你是不能公开地说出来，……我们在小区里面玩的时候，很多时候你不能说出来，你可能一说出来，人家所有人都跑掉了，可能就有这种情况。"

LSH："连那些保安都跟我们聊天，跟我们的孩子玩，我们一去（他）马上跑过来开门，不同的，差很远，人家实实在在地真真正正地了解，很理解机构，看你怎么去宣传，一个是机构，一个是政府，都很重要。"

（LSH 和 HJP 两位家长的交谈，深圳家长座谈会记录）

"我们住的是公租房，我们住的一层有十户，每家都有孩子。之前那些孩子也是不太包容他的。但我们家（孩子）有一点好，他没有攻击行为，他没有要跟你去争去抢的那种。之前他去别的孩子家，别人会直接把他轰出来。后来，我就直接告诉那些家长，孩子有这种情况，大家都接纳他了。之前就是隐藏，就是想把他关在家里，不让他出去，现在你直接告诉那些邻居，就说他有障碍，但是他不会伤及别人。我们那边门全是开着的。他看到别人家开着门就会进去。现在我说明情况后大家就包容他，之前没有说明情况，大家都赶他出

来。"(WT，深圳家长座谈会记录)

面对社会排斥，作为父母不能退缩，先从对孩子的自我接纳做起，首先是自己能够坦然面对实际情况，然后是可以与家族亲友和邻里同事坦然沟通自己孩子的情况。通过这些自我暴露式的努力，家长们往往能够极大地获得邻居们的理解，避免了社会排斥的发生。

小结　孤独症家庭照顾者的困境与需求

从前述孤独症家庭照顾者的问卷调查结果以及访谈结果可以看到，孤独症家庭的重心是孩子的康复、成长和社会融入。家庭在孤独症个体的成长过程中肩负着重担，而且大多数父母是孤独症孩子的主要照顾者，他们的需求也基本上是围绕着孩子社会康复与成长过程中的各类需求而产生的，且这些需求与他们面临的生活困境相辅相成。与普通家庭一样，个体在人生成长过程中，从被人照顾到走向独立，会遇到几个关键的人生节点，诸如入学、升学、就业、养老等，这些也同样是孤独症儿童所要经历的重要人生历程。与普通家庭不同的是，他们要面临更多的困难和挑战，也催生出具有特殊性的、更多面的发展需求。那么，通过前述部分的结果分析，将孤独症家庭照顾者的困境与需求归纳总结如下。

一　社会大众对孤独症的了解还需深入，减少社会隐性排斥

此次调研不少家长反映，近年心智障碍尤其是孤独症相关的宣传报道多了，社会大众对孤独症等神经发育障碍的知晓率也在不断增高，但对孤独症的了解还多停留在表面。目前，社会大众对以孤独症为代表的神经发育性障碍的了解主要有以下几种渠道。一是通过影视艺术创作来了解这类障碍。比如在国内最有影响力的反映孤独症人士生存状况的电影《海洋天堂》，国外的经典电影《雨人》《自闭历程》等。二是通过传统媒体报道。有学者将传统媒体对孤独症的报道归纳为四个发展阶段，包括20世纪90年代的"萌芽时期"；2000—2004年的"初始时期"；2005—2007年的"认知时期"；2008—2010年的"认知到人文关怀的过渡时期"。[①]

---

①　金恒：《健康传播视野下大众媒体自闭症报道的议题呈现——以〈新民晚报〉为例》，硕士学位论文，复旦大学，2011年。

在现有的报道中，虽然人文关怀的内容越来越多，但报道仍不可避免地充斥着对孤独症的刻板印象，"天才"和"白痴"是最容易被贴上的标签。三是通过互联网自媒体（比如公众号等）来传播相关信息。这部分受众目前还比较少，难以产生持久和广泛的影响力。四是通过现场活动（比如孤独症日的宣传活动）等进行宣传倡导。这类活动的开展频次比较少，场地有限，同样也难以产生持久性和广泛性的效果。

此外，针对潜在的教育排斥，政策上要强化社区——学校为基础的宣传倡导、日常接触和融合，进一步面向学校教育工作者和普通家长，促进互相理解。国外学者[①]曾指出，祛除污名，减少社会排斥需要三方面的配合：一是宣传教育；二是接触；三是行动。有效的办法是在深度准确宣传孤独症知识的活动基础上，扎根社区，促进居民与孤独症人士的接触，家、校、社区联合行动起来破除隔阂来减少排斥。目前看来，宣传上还有待对孤独症做更准确和深入的知识输送，行动上还需要立足社区，让孤独症家庭走出去，社区居民走进来，进行持续有效的社区融合活动。建议由政府牵头积极培育面向孤独症群体的社会组织，通过民办公众、政府购买服务、政府补贴等多种形式鼓励扎根社区，家校联合，开展孤独症的宣传教育、康复、日常照料、就业、文化体育休闲、养老等各种形式的社区服务，在这些服务中应该将融合的理念渗入各类服务中，促进残障群体与社区普通居民在各类社区资源上的共享共融。

二 融合教育效果不理想，需要进一步提升广度和效度

早在1988年，《中国残疾人事业五年发展纲要（1988—1992年）》中就提到"普通班中要吸收肢残、轻度弱智、弱视和重听等残疾儿童随班就读"。1994年8月《残疾人教育条例》第十七条，规定了残疾儿童随班就读接受义务教育的要求。"第十七条：适龄残疾儿童、少年可以根据条件，通过下列形式接受义务教育：（一）在普通学校班就读；（二）在普通学校、儿童福利机构或者其他机构附设的残疾儿童、少年特殊教育班就读；（三）在残疾儿童、少年特殊教育学校就读。地方各级人民政府应当

---

① Link, B. G., Phelan, J. C., "Conceptualizing Stigma", *Annual Review of Sociology*, Vol. 7, No. 27, 2001, pp. 363 – 385.

逐步创造条件,对因身体条件不能到学校就读的适龄残疾儿童、少年,采取其他适当形式进行义务教育。"2010年7月我国出台了进入21世纪之后的第一个中长期发展规划纲要《国家中长期教育改革和发展规划纲要(2010—2020年)》[①],其中提到要"完善特殊教育体系。到2020年,基本实现市(地)和30万人口以上、残疾儿童少年较多的县(市)都有一所特殊教育学校。各级各类学校要积极创造条件接收残疾人入学,不断扩大随班就读和普通学校特教班规模"。

目前,从社会政策层面,国家及各级政府对残障儿童融合教育问题非常重视,发展进步也很大。但是,除了义务教育阶段,非义务教育阶段尤其是幼儿园阶段的融合教育如何统筹规划?在融合教育的过程中,融合的效果如何?怎样评估孩子的程度来进行适当的融合?这些问题还有待解决。

目前的随班就读政策主要聚焦在义务教育阶段,非义务教育阶段尤其是幼儿园阶段的融合教育也要纳入政策统筹规划中。对于幼儿园阶段的融合教育来说,目前政策上也越来越重视,尤其在经济发达地区,政策制度力度逐年加大。比如,深圳市特殊教育提升计划(2015—2016)将学前特殊教育纳入发展重点,并鼓励其幼儿园随班就读;深圳市第二期特殊教育提升计划(2018—2020)也进一步强调要扩大特殊教育规模,提高特殊教育质量。但从全国来看,总体上还需要政策支持更具力度,进一步建设有针对性的孤独症特殊教育评估体系,提高融合教育效果,扩大融合教育广度。一方面学前特殊教育的细则还没有出台,另一方面亟须政策精准对焦孤独症儿童。更重要的是,为了确保融合教育的积极效果,亟须建立健全孤独症儿童教育评估分级体系。可以参考欧美等特殊教育相对成熟地区的经验教训,但一定要结合中国本土的实际情况,发展出我们自己的针对孤独症儿童的特殊教育评估系统,在有效评估的基础上,采取个别化的系统性教育,继续优化普校中的融合教育资源,培养熟悉孤独症干预技能的师资力量,提升融合教育效果。

三 普校特校衔接不畅,孤独症特殊教育体量仍需加大

现有政策对具有能力在普通学校学习的特殊儿童,鼓励转学进入普通

[①] 资料来源于 http://www.moe.gov.cn/srcsite/A01/s7048/201007/t20100729_171904.html。

学校进行融合教育。① 但是，对于一些先在普通学校进行融合，因能力不足无法跟上普校教育而想转入特殊学校入读的义务教育阶段的学生，则没有获得足够的支持。这其中最大的原因也可归结为特殊学校教育资源的紧缺，以及政策细节上的忽略。

以深圳市为例，2000 年依据《中国残疾人实用评定标准》对户籍在深圳市的全部 77727 名儿童采用三阶段筛查结果发现，深圳市 0—7 岁儿童总现残率为 8.49‰，其中智力残疾最高，现残率为 1.88‰，精神残疾现残率为 1.59‰。研究指出，精神残疾虽无随年龄增加的趋势，但不同年龄的患病率差异显著，高峰在 2 至 4 岁，主要表现为婴幼儿孤独症。② 整体上看，深圳市孤独症儿童的总数在千人以上。然而，截至调研结束之前，深圳市只有一所公办特殊学校——深圳元平特殊教育学校。虽然该校从 1995 年开始接收孤独症儿童入学，是全国最早招收孤独症儿童的学校，在孤独症儿童特殊教育方面有着丰富的经验，但特教学生的承载容量还是有限，尤其是在以孤独症为代表的孤独症群体中，学位还是供不应求。为了能够实现以社区为依托的特殊教育效果，2019 年 9 月开始，深圳市逐步推进各个行政区域内的特殊学校建设，以孤独症为代表的心智障碍儿童将进入区特殊学校学习。深圳市作为中国特色社会主义先行示范区，可以说在残障政策发展上也走在了全国前列。深圳的特殊学校社区化实践也让我们看到了国内其他地区的发展趋势。总体来讲，从政策出台到落地实施起效之前，可能会有一段"空窗期"，要注意政策发展中的具体落实情况对孤独症儿童及其家庭的影响，更要结合孤独症儿童的特点，注重孤独症儿童先入普通学校学习，再转入特殊学校接受特殊教育的衔接问题。

四 大龄康复服务少且不成熟，需要更多元与更强力的支持

孤独症出现在公众视野只有短短几十年的时间，在这个过程中，最早的一部分确诊的孤独症儿童也迈入了中年，但是针对成年孤独症人士的服

---

① 1998 年 12 月 2 日教育部令第 1 号发布《教育部特殊教育学校暂行规程》，规定："特殊教育学校对学业能力提前达到更高年级程度的学生，可准其提前升入相应年级学习或者提前学习相应年级的有关课程。经考查能够在普通学校随班就读的学生，在经得本人、其父母或其他监护人的同意后，应向主管教育行政部门申请转学。"

② 孙喜斌等：《深圳市 0—7 岁儿童六类残疾现况调查》，《中华流行病学杂志》2003 年第 11 期。

务几乎没有，面向大龄孤独症群体的服务少且不成熟。提到康复服务，狭义上的康复多指向医疗康复服务，加之对于孤独症一类的发育性障碍来讲，儿童早期是进行康复干预的最佳时期。首先基于上述客观原因，目前的康复机构多着重于低龄儿童的康复干预。但是，从广义上讲，社会康复也是康复的重要内容之一，对于大龄孤独症群体来说，对于残障程度较轻的个体，如何能够融入社会、具备良好的社会适应能力是重要的康复内容；对于残障程度较重的个体，社会如何提供一个更适合的生活环境，解决照顾的负担和由此引发的各类社会问题就成为了重点。目前，整体上来看，大龄服务还处在萌芽探索阶段，需要累积更多的经验，也需要获得更多的政策支持与社会支持。

此次调研发现，现有孤独症服务主要集中在儿童阶段，并以12岁以下的学前和学龄儿童为主，大龄孩子的服务开展相对较少。对于包括成年在内的大龄轻度孤独症人士来说，随着年龄的增长，医疗康复的需求在下降，但是社会康复，比如职业培训和就业的需求在提升。而对于中重度的大龄服务对象，托养的需求更加凸显。对于进入成年阶段，尤其对步入中年的孤独症家庭来说，养老甚至双养老的需求非常迫切。大龄孤独症者的服务，尤其在托养和养老方面，这些方面的服务还处在萌芽和摸索阶段，而且潜在的需求量巨大，不能仅仅依靠政府资源。在推广"阳光之间""温馨家园"经验的基础上，还要发动民间社会力量来发展大龄孤独症者服务。但是，在目前阶段，民间社会组织尤其需要依靠政府的主导，在场地、资金、安全等方面给予更多政策支持。

五 康复扶持普及面还需要进一步拓宽

我们的调研反映了在孤独症孩子康复或照顾服务上的一些社会结构性限制，尤其是这类资源上的区域分布不平衡和大城市中的户籍限制问题。在本次调研中，深圳的资料最充实，这方面的问题也最凸显。首先，深圳市的孤独症康复救助实施还存在一定的地域壁垒，最大的问题是户籍依然是救助补贴获得的一个重要指标。深圳作为中国特色社会主义先行示范区，也要在民生建设上走在前列。目前，深圳在国家城市中的战略地位和发展前景吸引了大批外来务工者进入深圳参与建设，外来常住人口超过800万，深圳的户籍人口仅300多万，人口结构仍处于严重倒挂的状态。① 在居高不下的生活消费成本与非户籍人口占比大双重背景下，深圳市应该从政策上适当放宽户籍的限制，对非本市户籍常住人口也应参考本市户籍补贴标准给予相应的救助扶持。其次，深圳市内各个区之间在孤独症帮扶政策上也有些许不同，需要打破市内各行政区域的政策差异，在民办康复机构支持、特教人才培养与发展、康复服务救助等方面打破地域区隔，建立相对均衡的扶持标准。政策上需要进一步打破孤独症扶持的地域壁垒、户籍和各区不平衡的问题，实现公共照顾资源的社会共享。

近几年，国家在康复救助上已经取得了明显的成绩，扶持力度逐年加强。但是，从本次调研的总体情况来看，还需要进一步加大康复扶持的普及面。一方面，要进一步打破户籍的限制，面对居高不下的生活成本，尽量减少收入相对较低的外来务工子女在城市内的康复支出，提升针对流动群体的支持力度。依照省际、省内各区域、市内各区形成不同等级、不同程度的救助扶持系统，使受益群体最大化。另一方面，不仅儿童需要康复服务，成年孤独症群体也需要社会康复服务。正如前文所述，成年孤独症群体的医疗、照顾成本更高，家庭的照顾负担更重，随着父母的衰老，家庭经济能力变弱，因此，成年孤独症者的康复服务也非常需要政策上的扶持。

六　对孤独症家庭的支持力度还需加强

目前，无论政策支持还是社会支持，都主要集中在孤独症人士自身。然而，孤独症照顾者的境况与孤独症人士的福祉是息息相关的。尤其在家庭是孤独症者照顾任务的首要承担者的大背景下，对家庭照顾者的支持显得尤为重要，但这也是目前最容易忽略的地方。我们的调研也反映了家庭照顾者实际上是有着心理支持与喘息服务的需求的，但是往往由于沉重的照顾负担和经济压力而放弃了自己这方面的需求。透过近年来的一些社会性事件，我们也不难看到日积月累的心理压力会造成严重的社会后果。本次调研中，一些家长也反映，如果能够对面向家长的喘息服务或心理辅导给予一定的补贴，将会大大提升家庭照顾者们参与的动力。家庭照顾者们有了休息的时间，能够有闲暇来照顾自己的身体与心理健康，压力得到缓解，也必然能够更好地担负起持续性的照顾责任。

---

① 资料来源：中国新闻网（https://news.china.com/domesticgd/10000159/20171128/3173 2017_ all. html）。

中 篇
孤独症服务机构的困境与需求

第 六 章

机构问卷结果分析

截至2019年8月3日,共回收124份机构问卷,涉及中国南北不同地区,覆盖面较广。其中有接近半数的57家机构来自广东,而甘肃、陕西、福建、江西分别各有8家机构接受了调查(四省共32家)。此外,包括北京、新疆、吉林、青海、河北、山东、安徽、浙江、江苏、河南、重庆等在内的地区均有机构(35家)对问卷进行了填写。从填写人的身份来看,其中有58位机构创始人,46位机构管理人员,12位老师,还有其他身份的填写人员,分别是1位项目部员工、1位理事和1位主任,以及5位心智障碍人士的亲属代为作答。从区域分布的广度上看,所收集的数据能够对中国心智障碍人士服务机构的现状做出一定的呈现。

第一节 机构创始人基本信息

如表6-1所示,在本次调查的124个心智障碍人士服务机构中,除1人的答案为"不详"外,其余123位机构创始人的年龄平均值为41.7岁,标准差为9.5。其中,有男性44人,占比为35.8%。男性年龄的平均值为39.2岁,标准差为12.8。有21位,占比为17.1%的男性处于31—40岁之间。此外,女性有79人,占比为64.2%。其年龄的平均值为40.6岁,标准差为11.5。有66位占比为53.6%的女性创始人的年龄主要集中于31—50岁。可见,在心智障碍人士服务机构中,创始人在性别方面存在较大差异,以女性居多,且创始人的年龄主要集中在中青年阶段。

表6-1　　　　　　　　　　创始人性别 * 年龄分组交互表

		30岁以下	31—40岁	41—50岁	51岁以上	合计
男	计数	6	21	16	1	44
	百分比（%）	4.9	17.1	13.0	0.8	35.8
女	计数	4	33	33	9	79
	百分比（%）	3.3	26.8	26.8	7.3	64.2
合计	计数	10	54	49	10	123
	百分比（%）	8.1	43.9	39.8	8.1	100.0

在本次调研中，心智障碍人士服务机构创始人的教育程度如表6-2所示。从教育分布来看，总体呈现出高等教育和非高等教育两个层面。其中文化程度属于高等教育类别的人数为109人，占总调查人数的87.9%。此外，"初中"为机构创始人受教育程度的最低水平，有3人。在高等教育分类中，接受过大专和本科教育的创始人人数相当，分别为49人和48人。另外，还有11名硕士研究生和1名博士研究生。由此可见，调研中的心智障碍人士服务机构创始人的文化程度普遍较高。

表6-2　　　　　　　　　　机构创始人文化程度情况

		频数	百分比（%）
非高等教育	初中	3	2.4
	高中/中专/职技	12	9.7
高等教育	大专	49	39.5
	本科	48	38.7
	硕士研究生	11	8.9
	博士研究生	1	0.8
合计		124	100

如表6-3所示，在本次调查的124家心智障碍人士服务机构中，有106位机构创始人接受过特殊教育训练，占调查总数的85.5%。仅有6人没有接受过相关培训。此外，另有12位机构创始人表示参加过其他培训，内容包括孤独症、发育迟缓相关的医疗康复训练、一般教育培训、心理咨

询师等相关培训。由此可见，接受问卷调查的机构创始人大多拥有特殊教育或康复相关的培训背景。

表6-3　　　　　　　　　创始人有无接受过特殊教育训练

	频数	百分比（%）
无相关培训	6	4.8
有相关培训	106	85.5
参加过其他培训	12	9.7
合计	124	100

根据表6-4所示，在接受调查的124家机构中，有48位机构创始人的子女为心智障碍人士，占比38.7%。同时，有76位机构创始人的子女不是心智障碍人士。

表6-4　　　　　　　　　创始人子女是否为心智障碍人士

	频数	百分比（%）
是	48	38.7
否	76	61.3
合计	124	100

对于机构创办目的的回答，如图6-1所示，有55位机构的负责人认为"有相关工作经验，想继续做"，占比为44.35%。同时，有44位机构的负责人表示"学了特殊教育，对这个领域感兴趣"，占比为35.48%。关于"创始人的孩子没有地方去，解决他的问题，同时解决其他孩子的问题"这一目的的有43位机构负责人持赞同意见，占比34.68%。此外，仅有6家机构的负责人是出于"做过其他工作，想换一个领域"的目的。由此可见，"有相关工作经验，想继续做"和"学了特殊教育，对这个领域感兴趣"是大部分机构的成立初衷，同时也不能忽视由于家中有心智障碍患儿，且没有合适的地方康复训练，才决定创办的重要原因。这说明，一方面具备相关领域的工作经验和教育背景是十分重要的，这为他们创办心智障碍人士服务机构提供了较大信心和动力。另一方面可能是相关的服

务机构数量过少或服务质量有限，致使家中有心智障碍人士的照顾需求并不能得到满足，这也成为心智障碍人士服务民办机构成立的重要原因。

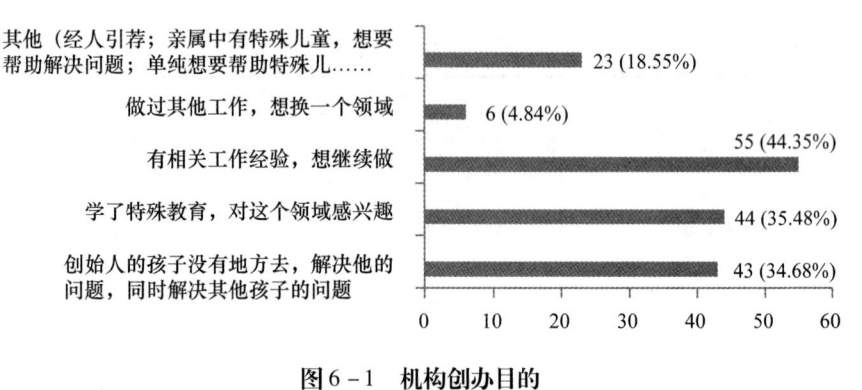

创办目的	频数(百分比)
其他（经人引荐；亲属中有特殊儿童，想要帮助解决问题；单纯想要帮助特殊儿……）	23 (18.55%)
做过其他工作，想换一个领域	6 (4.84%)
有相关工作经验，想继续做	55 (44.35%)
学了特殊教育，对这个领域感兴趣	44 (35.48%)
创始人的孩子没有地方去，解决他的问题，同时解决其他孩子的问题	43 (34.68%)

图 6-1　机构创办目的

注：此题为多项选择题。

第二节　机构性质与运营情况

如表 6-5 所示，在所调研的 124 家心智障碍人士服务机构中，除 1 家机构成立时间超过 30 年以外，成立年限在 1—3 年内，处于上升期的机构有 20 家，占比 16.1%。而有超过半数的机构成立年限都集中在 3 年以上至 10 年内。具体来说，有占比 20.2% 的 25 家机构成立年限在 3 年以上至 5 年；有占比 35.5% 的 44 家机构成立年限在 5 年以上至 10 年；由此可见，大部分心智障碍人士服务机构成立时间集中在 10 年以内，均处在一个拥有很大发展空间的阶段。

表 6-5　机构成立年限

	频数	百分比（%）
1—3 年	20	16.1
3 年以上至 5 年	25	20.2
5 年以上至 7 年	20	16.1
7 年以上至 10 年	24	19.4

续表

	频数	百分比
10 年以上至 15 年	20	16.1
15 年以上	15	12.1
合计	124	100.0

如表 6-6 所示，在目前接受调研的 124 家机构中，性质为民办非营利性企业（民非企业）的机构有 104 家，占比 83.9%，大多在民政部门注册；其次，有 7 家工商注册的企业单位，占比 5.7%；性质为研究院、家长组织等社会团体的机构有 3 家，占比 2.4%，均为民政部门注册。此外，还有 3 家医疗机构，占比 2.4%；2 家事业单位，占比 1.6%，分别在卫生和教育部门注册。

表 6-6　　　　　　　　　　　　机构性质

	频数	百分比（%）
研究院、家长组织等社会团体	3	2.4
民非企业	104	83.9
医疗机构	3	2.4
事业单位	2	1.6
基金会	0	0
工商注册的企业单位	7	5.7
其他（未明确）	5	4.0
合计	124	100

一　机构运营状况

如表 6-7 所示，在调研的 124 家心智障碍人士服务机构中有 107 家机构通过"租赁"的方式获得开展服务的场地，占比 86.3%。此外，有 13 家机构能够获得来自学校、政府和残联无偿提供的场地。仅有 1 家是自主产权。可见，大部分心智障碍人士服务机构需要在场地租赁方面有所开销。

表6-7　机构场地来源情况

	频数	百分比（%）
租赁	107	86.3
无偿提供（学校、政府、残联）	13	10.5
自主产权	1	0.8
其他（农村非耕地自建、医院）	3	2.4
合计	124	100

如图6-2所示，从机构启动经费主要来源看，"创始人自筹"是112家机构启动时的经费来源之一，占比90.32%。有14家机构通过接受"捐款"（社会捐赠）的方式作为机构启动经费，占比11.29%。而获得过"政府捐款"的机构仅有11家，占比8.87%。由此可见，为心智障碍人士服务的机构在成立伊始能够获得政府资助的数量十分有限，绝大部分是靠创始人自筹启动资金。故政府在这一方面还能够发挥很大的作用空间，即需要加大对具有公益性质的民办心智障碍人士服务机构创立发展的扶持力度。

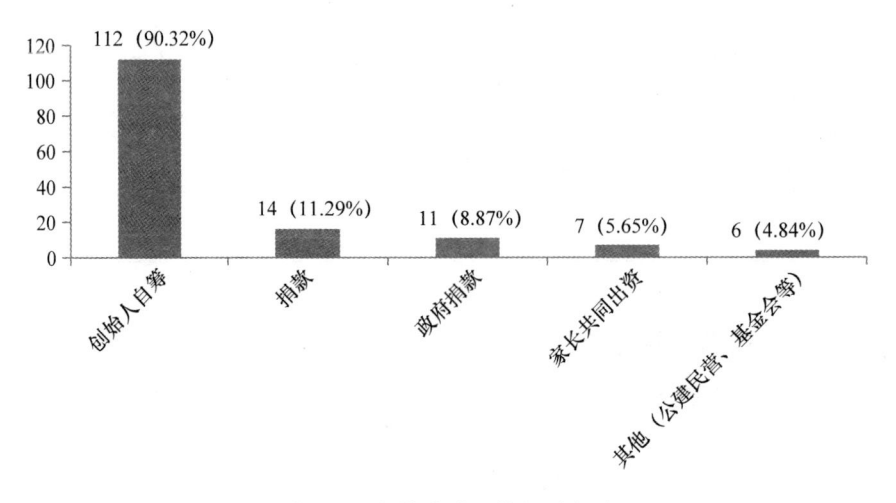

图6-2　机构启动经费主要来源

注：此题为多项选择题。

如图6-3所示，"服务收费""政府拨款"以及"捐款（包括基金会）"这三种年度机构运营经费来源在124家调研机构中均有涉及。其中，通过"服务收费"来维持运营的机构有113家，占比91.13%。同时，接受过"捐款（包括基金会）"的机构有47家，占比37.90%。此外，另有一些机构是通过项目自筹、众筹、表演出场费等途径来获取机构的运营经费。可见，目前大部分心智障碍人士服务机构的运营是通过提供收费的服务项目来维持。

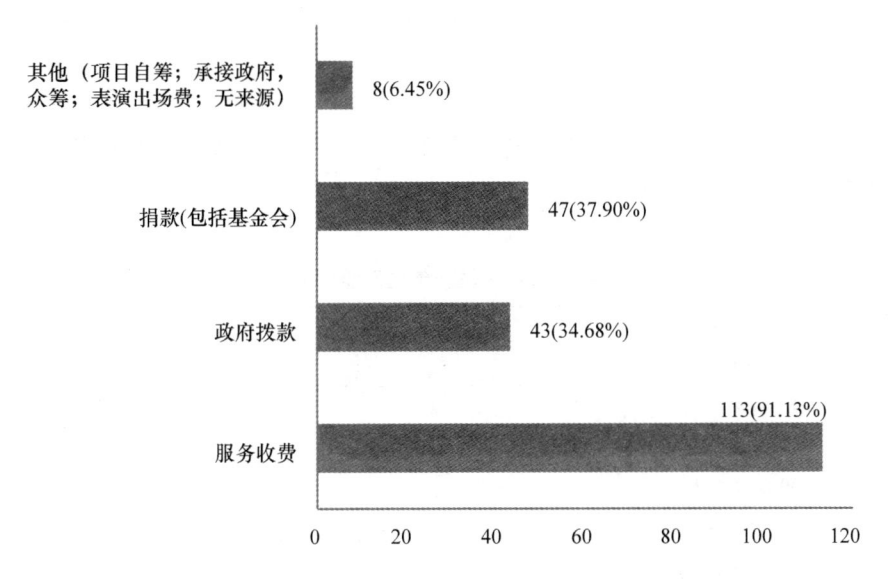

来源	数量（占比）
其他（项目自筹；承接政府，众筹；表演出场费；无来源）	8(6.45%)
捐款(包括基金会)	47(37.90%)
政府拨款	43(34.68%)
服务收费	113(91.13%)

图6-3 年度机构运营经费来源

注：此题为多项选择题。

二 机构工作人员流动情况

如表6-8所示，在124家机构中，有61家接近半数（占比49.3%）的机构工作人员数量少于20人。若以30为界，拥有30名以上工作人员的机构有33家，占比26.7%。其中有一家机构所拥有的员工数量超过100人，推断是规模庞大，拥有多家分支教育服务机构；总体来看，为心智障碍人士提供服务的机构工作人员数量相对偏少，人员规模不大。

表6-8　　　　　　　　　　机构工作人员数量

机构工作人员数量	频数	百分比（%）
1—10	23	18.6
11—20	38	30.7
21—30	30	24.2
31—40	14	11.3
41—50	11	8.9
50人以上	8	6.5
有效填答人数	124	

对122家有效填答了此题的机构进行分析，发现有57家接近半数（占比46.7%）的机构一年内的离职率[①]处于10%以内，而离职率高于50%的有18家，占比14.8%。

表6-9　　　　　　　　机构工作人员一年内离职情况

机构离职率	频数	百分比（%）
0—10.00%	57	46.7
10.01%—20%	22	18.0
20.01%—30%	11	9.0
30.01%—50%	14	11.5
50.01%以上	18	14.8
有效填答人数	122	

对117家有效填答了此题的机构进行分析，发现有27家（占比23.1%）机构三年内的离职率处于10%以内，而离职率高于50%的有33家，占比28.2%。

表6-10　　　　　　　　机构工作人员三年内离职情况

机构离职率	频数	百分比（%）
0—10.00%	27	23.1

---

① 注：机构N年内离职率=机构N年内离职总人数/机构总人数。

续表

机构离职率	频数	百分比
10.01%—20%	19	16.2
20.01%—30%	16	13.7
30.01%—50%	22	18.8
50.01%以上	33	28.2
有效填答人数	117	

对115家有效填答了此题的机构进行分析，发现有21家（占比18.3%）机构五年内的离职率处于10%以内，而离职率高于50%的有38家，占比33.0%。

表6-11　　　　　　　　机构工作人员五年内离职情况

机构离职率	频数	百分比（%）
0—10.00%	21	18.3
10.01%—20%	21	18.3
20.01%—30%	17	14.8
30.01%—50%	18	15.7
50.01%以上	38	33.0
有效填答人数	115	

总体来看，民办康复机构的员工流动率还是比较高的，随着机构运营年限的增加，人员流动的累计数量也在增加。

三　机构服务对象及服务内容

调研中的124家机构服务对象年龄分布情况如图6-4所示。目前业内机构所涉及的服务对象的年龄范围大多聚焦在1—18岁的儿童，也有少数机构提供19岁及以上的成人服务。其中，有114家机构为3—6岁的儿童提供服务，占比91.94%。有96家机构为7—12岁的儿童提供服务，占比77.42%。但以19岁及以上年龄的自闭症人士为服务对象的机构十分有限，仅 23 家，占比 18.55%。大龄自闭症人士成为我们亟须关注的服务对象。

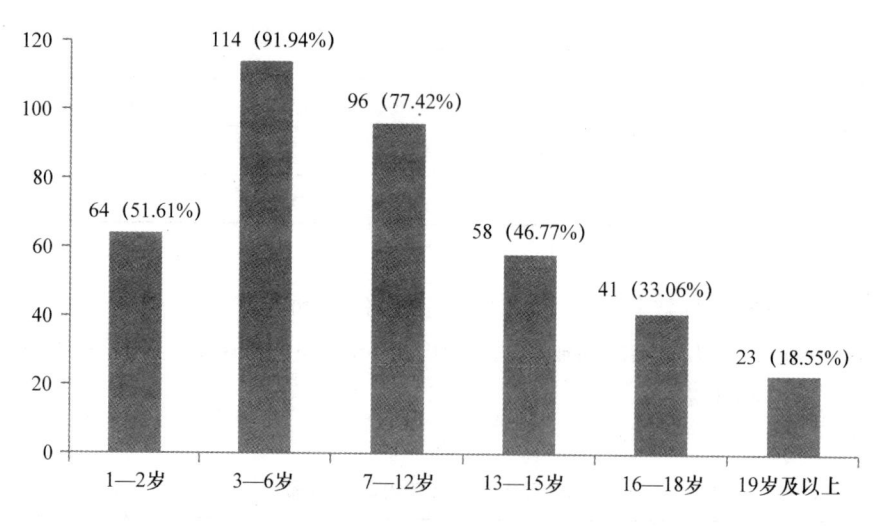

图 6-4　机构服务对象年龄范围分布情况

注：此题为多项选择题。

在接受调查的 124 个心智障碍人士服务机构中，孤独症人士均为其主要服务对象，除此之外，也涉及智力障碍、脑瘫、唐氏综合征以及多动症等服务对象。其中，有 107 家机构涉及智力障碍患者，占比 86.3%。此外，超过半数的机构接受唐氏综合征以及多动症患者，具体来看，有 76 家机构的服务对象包括唐氏综合征患者，占比 61.3%。有 74 家机构也接受多动症患者，占比 59.7%。但是服务脑瘫患者的机构仅有 50 家，还不及调查总数的一半，占比 40.3%。

这些民办机构的服务内容涉猎广泛，如图 6-5 所示，机构的主要服务内容趋于多样化，包括康复训练、教育培训、心理援助等各种各样的服务。124 家机构中提供康复训练、教育培训、家长服务占比均超过 50%，而提供支持性就业、入户支持、养老和托养服务的机构则占比少。由此可见，机构的服务内容具有一定的不平衡性，大多数机构将康复训练作为服务的主要内容，然而支持性就业、入户支持等服务提供量还不大。

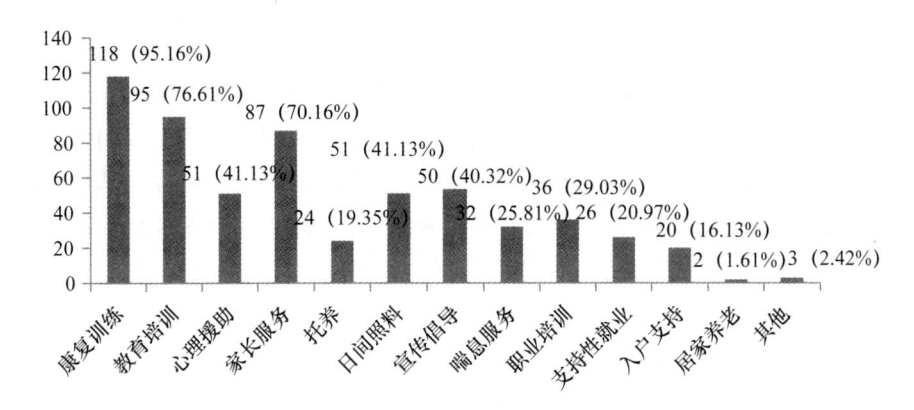

```
140
120   118 (95.16%)
100    95 (76.61%)
 80              87 (70.16%)
 60    51 (41.13%)      51 (41.13%)
 40         51 (41.13%)       50 (40.32%)  36 (29.03%)
 20              24 (19.35%)    32 (25.81%) 26 (20.97%)
                                                20 (16.13%)
                                                        2 (1.61%) 3 (2.42%)
  0
   康复训练 教育培训 心理援助 家长服务 托养 日间照料 宣传倡导 喘息服务 职业培训 支持性就业 入户支持 居家养老 其他
```

图 6 - 5 机构主要服务内容

注：此题为多项选择题。

第三节 机构的自评优势与不足

采用机构自评的办法，我们了解了从机构自身角度出发，是如何衡量自身所拥有的优势与不足的。如图 6 - 6 所示，在所调研的 124 家机构中，其中有 89 家机构认为自身的"服务内容比较有特色"，占比 71.77%。而也有半数的机构认为与其他机构相比，自身拥有"专业人才力量（比如师资）很雄厚""服务方法（比如治疗或训练方法）较独特"以及"机构设施较完备"这三方面的优势。可见，师资力量、服务内容与服务方法，以及硬件条件均是民办机构生存和发展的要素，能够在行业内获得扎根发展的，都是具有专业优势的机构。

由图 6 - 7 可以看出，有 103 家（占比 83.06%）民办服务机构面临着"专业教师和治疗人员缺乏"的困难。而"资金不足"以及"政府支持不足"这两个方面也限制着超过半数机构的发展。从与外界的信息交流方面来看，目前有 40 家，占比为 32.26% 的机构面临着"信息不畅与外界（同行）交流甚少"的问题。由此可见，资金支持和人才队伍建设是目前心智障碍人士服务机构发展所急需的资源，尤其是对专业人才的渴求，更具有普遍性。即使是有相对优势的机构，仍面临如何吸引人才、留住人才的挑战。

在开展成人服务方面，124 家服务机构中有 53 家目前有开展成人服务，占比42.7%。剩余的 71 家机构暂时没有开展该服务，占比57.3%。具体来看（如图6-8所示），目前大部分机构认为，"政策支持不够"和"缺乏这方面的专业人才"是"正在"或者"要"开展成人心智障碍人士服务所遇到的主要困难，分别有 97 家（占比为 78.23%）和 94 家（占比为 75.81%）机构持赞同态度。此外，在客观条件方面，"运营成本太高"，是 90 家机构（占比为 72.58%）认为开展成人服务会面临的第三个难题。

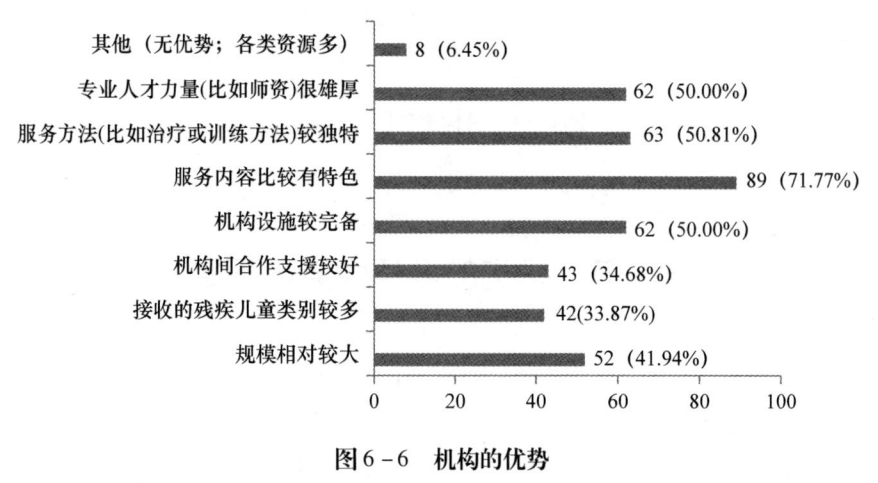

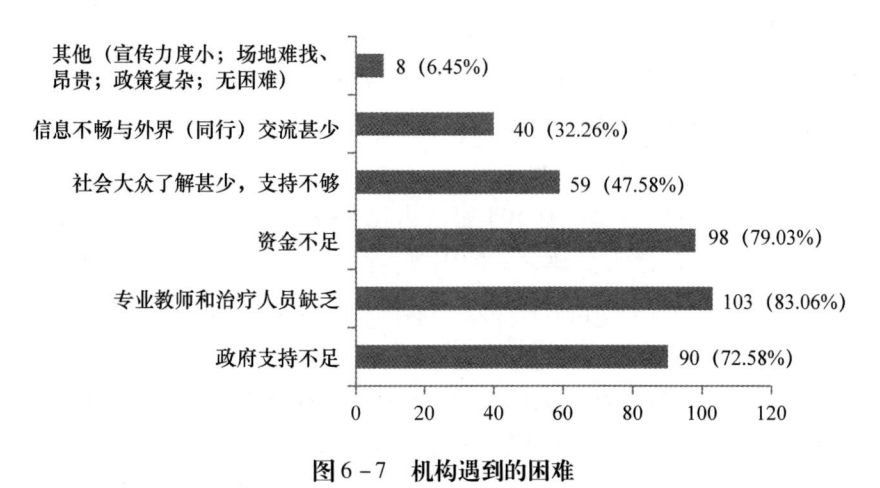

项目	数量（百分比）
其他（无优势；各类资源多）	8 (6.45%)
专业人才力量(比如师资)很雄厚	62 (50.00%)
服务方法(比如治疗或训练方法)较独特	63 (50.81%)
服务内容比较有特色	89 (71.77%)
机构设施较完备	62 (50.00%)
机构间合作支援较好	43 (34.68%)
接收的残疾儿童类别较多	42 (33.87%)
规模相对较大	52 (41.94%)

图 6-6 机构的优势

注：此题为多项选择题。

项目	数量（百分比）
其他（宣传力度小；场地难找、昂贵；政策复杂；无困难）	8 (6.45%)
信息不畅与外界（同行）交流甚少	40 (32.26%)
社会大众了解甚少，支持不够	59 (47.58%)
资金不足	98 (79.03%)
专业教师和治疗人员缺乏	103 (83.06%)
政府支持不足	90 (72.58%)

图 6-7 机构遇到的困难

注：此题为多项选择题。

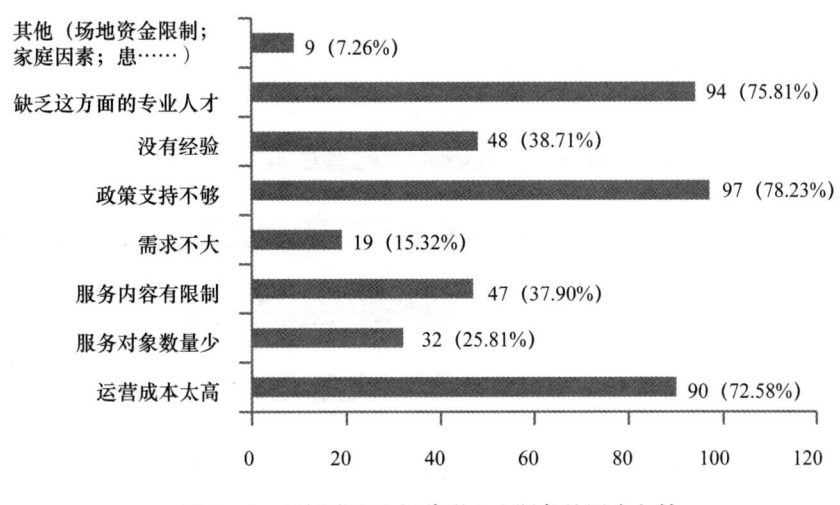

困难项	数量 (占比)
其他（场地资金限制；家庭因素；患……）	9 (7.26%)
缺乏这方面的专业人才	94 (75.81%)
没有经验	48 (38.71%)
政策支持不够	97 (78.23%)
需求不大	19 (15.32%)
服务内容有限制	47 (37.90%)
服务对象数量少	32 (25.81%)
运营成本太高	90 (72.58%)

图 6-8　开展成人心智障碍人士服务的困难之处

注：此题为多项选择题。

进一步调查发现，在 71 家未开展成人心智障碍人士服务的机构中，只有 24 家机构有开展成人心智障碍人士服务的打算，绝大部分机构还没有开展该服务的打算。"师资力量不足"，"场地有限"，"精力、经验有限"是服务机构不打算开展成人心智障碍人士服务的主要原因，其中也有一两家服务机构致力于探索针对小龄自闭症儿童更好的康复方法，因此暂时不考虑开展成人心智障碍人士的服务。

第四节　机构间的合作、竞争与交流

由图 6-9 的数据可以看到，124 家服务机构的相关负责人普遍反映我国内地心智障碍人士服务机构存在着"缺乏政府或行业的统一引导"、"专业和治疗人士缺乏"、"地区性差异较大"的发展态势。具体来看，有 101 家，占比 81.45% 的机构认为目前民办康复机构"缺乏政府或行业的统一引导"。有 99 家，占比 79.84% 的机构认为目前中国内地的心智障碍人士服务机构缺乏专业技术人员。此外，还有 85 家，占比 68.55% 的机构认为"地区性差异较大"以及行业内的合作交流仍然缺乏（64 家，占比 51.61%）。

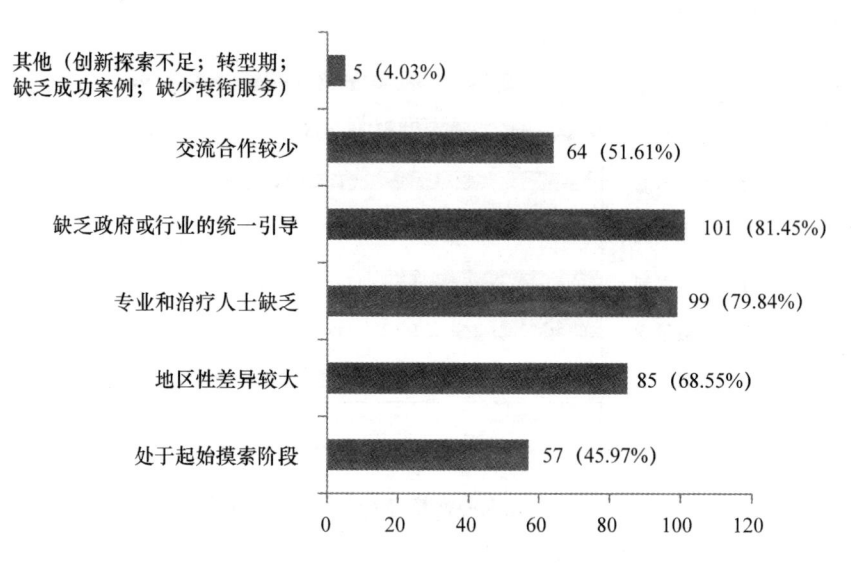

图 6-9 中国内地心智障碍人士服务机构行业困境

类别	频数	百分比
其他（创新探索不足；转型期；缺乏成功案例；缺少转衔服务）	5	4.03%
交流合作较少	64	51.61%
缺乏政府或行业的统一引导	101	81.45%
专业和治疗人士缺乏	99	79.84%
地区性差异较大	85	68.55%
处于起始摸索阶段	57	45.97%

注：此题为多项选择题。

表 6-12 反映了被访机构对机构间竞争与合作情况的评价。其中有 56 人（45.2%）认为目前服务机构间的竞争大于合作，有 7 人（5.6%）认为机构间以恶性竞争为主，仅有 8 人（6.5%）认为机构之间以合作为主。可见，目前国内民办康复服务行业内的竞争比较激烈，也存在一定的恶性竞争情况，还需要寻找有效途径扩大合作，创造共营合作环境。

表 6-12　对当前服务机构间竞争与合作情况的评价

	频数	百分比（%）
竞争大于合作	56	45.2
以恶性竞争为主	7	5.6
合作大于竞争	10	8.0
以合作为主	8	6.5
有恶性竞争（比如，省会竞争激烈）	4	3.2
不清楚	39	31.5
合计	124	100

由表 6-13 可知，有 87 家（占比 70.2%）机构认为行业内部"由于

服务对象有限，各机构为了吸纳服务对象"和"由于师资紧缺，各机构为了争取更好的师资"而开展竞争。此外，有超过半数的机构认为由于资金不足，各机构为了争取政府、基金会的资助，以及要争取更多的专业资源和知识储备而开展的竞争。由此可见，服务对象、师资、资金、专业知识资源成为引起各个机构竞争的主要原因，这也说明行业内目前机构能够接收到的资金、师资和专业支持力量是十分有限的，属于稀缺资源。大部分机构可能在这几方面存在很大的需求缺口，由此也成为限制机构间合作的主要原因。

表6-13　　　　中国内地心智障碍人士服务机构间开展竞争原因

	不存在	存在	不清楚
（1）由于资金不足，各机构为了争取基金会的资助，开展竞争	20（16.1%）	68（54.8%）	36（29.0%）
（2）由于资金不足，各机构为了争取政府的资助，开展竞争	16（12.9%）	78（62.9%）	30（24.2%）
（3）由于专业资源、知识不够，各机构需要争取专业的资料，开展竞争	21（16.9%）	68（54.8%）	35（28.2%）
（4）由于服务对象有限，各机构为了吸纳服务对象，开展竞争	19（15.3%）	87（70.2%）	18（14.5%）
（5）由于师资紧缺，各机构为了争取更好的师资，开展竞争	18（14.5%）	87（70.2%）	19（15.3%）
（6）机构之间在争取外地服务对象上开展竞争	35（28.2%）	43（34.7%）	46（37.1%）
（7）其他方面的竞争	14（11.3%）	47（37.9%）	63（50.8%）

由表6-14可知，有82家机构（66.1%）认为"争取政府的资助"是目前最突出的竞争。此外"招聘专业人才"和"吸纳服务对象"是机构所认同的排在第二与第三位的重要内容。由此可以说明，资金和吸纳服务对象是目前行业内部竞争的主要方面，同时也表明各机构可能在获取政府资助以及提升专业服务质量、吸纳服务对象方面存在大量需求。

表6-14　　　　　　　　　影响机构生存的最大竞争

	频数	百分比（%）
争取政府的资助	82	66.1
争取基金会的资助	34	27.4
吸纳服务对象	65	52.4
招聘专业人才	74	59.7
得到专业的知识和培训	44	35.5
其他（人才与服务）	1	0.8
有效填答人数		124

注：此题为多项选择题。

一　机构交流合作状况

有76家机构表示"收到电子邮件通知"，占比61.3%。另有71家机构通过自己寻找、打听和争取的方式来获得交流或合作的机会，占比57.3%。仅有4家机构因政府提供或残联通知获得了交流或合作的机会。总的来说，互联网已经成为机构获得信息的主要方式，并且，大多数机构也都以一种积极主动的态度去争取交流或合作的机会。

表6-15　　　　　　　　机构获取交流或合作机会的途径

	频数	百分比（%）
收到电子邮件通知	76	61.3
接到其他机构的电话	56	45.2
在网上（包括微信）看到了消息	95	76.6
我的机构本身就是合作的牵头人	25	20.2
自己寻找、打听、争取	71	57.3
其他（政府提供、残联通知、其他机构告知）	4	3.2
有效填答人数		124

注：此题为多项选择题。

表6-16反映了服务机构之间的交流情况。其中以会议形式、通过第

三方实地参观交流、电访或网络学习是机构间常见的交流方式。有 97 家机构表示在相关会议上与类似机构进行过交流，占比 78.2%；有 77 家机构表示通过第三方组织的参观学习交流过，占比 62.1%；此外，有 68 家机构表示进行过电话或网络交流和机构间互相访问学习，占比 54.8%。总体来说，绝大多数机构会通过线上、线下的方式主动与类似机构进行交流学习，与业内其他机构完全没有交流的服务机构少之又少。

表 6-16　　　　　　　　与其他类似机构的交流情况

	频数	百分比（%）
彼此间很少交流	31	25.0
通过电话或网络交流	68	54.8
机构间互相访问学习	68	54.8
通过第三方组织的参观学习交流过	77	62.1
在相关会议上交流过	97	78.2
完全没有交流	1	0.8
其他（不清楚）	1	0.8
有效填答人数	124	

注：此题为多项选择题。

表 6-17 反映出服务机构与其他机构的合作情况。有 69 家机构与其他机构共同举办过相关活动，占比 55.7%。同时也有超过半数的 65 家机构"介绍本机构服务对象到其他机构学习或训练"，占比 52.4%。有接近半数的 53 家机构表示"彼此间在服务上有协助"，占比 42.7%。这说明，大部分机构对于接受机构间的合作交流持赞同且积极践行的态度。

表 6-17　　　　　　　　机构与其他机构的合作情况

	频数	百分比（%）
很少与其他机构合作	35	28.2
介绍本机构服务对象到其他机构学习或训练	65	52.4
共同举办（组织）过相关活动	69	55.7

续表

	频数	百分比（%）
彼此间在服务上有协助	53	42.7
与其他机构完全没有合作	3	2.4
其他（作为不同机构间的介绍人，发挥转介作用）	1	0.8
有效填答人数	124	

注：此题为多项选择题。

表6-18反映了调研中的机构在与其他机构合作过程中存在的困难或障碍。可以看到，在与其他机构合作的过程中，服务机构主要存在着"财力不足"、"人手不足"和"协调统筹上做的不够"这三方面的困难。在与其他机构合作过程中，124家服务机构中有81家机构共同面临着财力不足的困难，占比65.3%。财力不足成为阻碍机构间顺畅合作的重要因素之一。时间安排有冲突、交通问题以及机构负责人的观念冲突也成为机构合作过程中的困难，但是对比来看这些困难并没有那么突出和严峻。

表6-18 　　　　与其他机构合作存在的困难或障碍

	频数	百分比（%）
人手不足	76	61.3
财力不足	81	65.3
时间安排有冲突	51	41.1
协调统筹上做的不够	66	53.2
交通问题	30	24.2
观念冲突（负责人思想、认识不统一）	7	5.7
有效填答人数	124	

注：此题为多项选择题。

表6-19反映出阻碍机构间进行合作交流的原因。主要包括：一是"希望合作，但不知如何进行"，有51家机构都是由于这个原因而未能实现机构间的交流合作，占比41.1%；二是"没有足够的资金"，有44家，占比35.5%的机构因资金问题没有和其他机构进行合作；三是"没有足

够的人员或师资"。我们可以看到，机构之间进行交流合作是与机构自身的资金状况、专业人才数量、合作方法与技巧，以及信息来源有着密切的联系。机构间合作的信息与方法，通过交流学习相对易获得，但资金不足以及专业人才匮乏，这两大共同的困境是所有机构面临的严峻挑战，更需要政策上的支持。

表6-19　　　　　阻碍与其他相关机构进行合作交流的原因

	频数	百分比（%）
缺乏信息，不知与哪些机构交流合作	37	29.8
没有足够的资金	44	35.5
希望合作，但不知如何进行	51	41.1
没有足够的人员或师资	42	33.9
机构间彼此水平相当，没什么可学习的	8	6.5
其他（康复思想冲突、没有合作意愿、不清楚等）	6	4.8
不适用	37	29.8
有效填答人数	124	

注：此题为多项选择题。

二　机构参与学习网络的情况及外部支持

如表6-20所示，124家机构中有44家机构没有参加过与心智障碍相关的学习网络或联盟，其他有49家是合鸣网①的成员，占比39.5%，有40家机构是心盟②成员，占比32.3%。还有一些机构参加过恩派③、中国特教联盟④等的学习交流活动，有些机构甚至参加过多个学习网络或联盟的活动。总的来说，大部分机构都参加过与心智障碍相关的学习网络或联盟，机构能够比较积极主动地利用这些学习交流的资源，去不断完善专

---

① 合鸣自闭症服务行业学习网络，简称"合鸣网"，是"依靠本土资源发展和各界人士的支持发展起来的深圳市自闭症研究会，在获得李连杰壹基金资助后，为推动珠三角整个行业规范化的发展，实现资源共享，建立资源互动平台，而开展的珠三角自闭症行业服务学习网络"（详见http://www.sas.org.cn/hemingwang.aspx?id=27）。

② 心盟为"星星雨"发起的民间孤独症服务网络，具体可参见王志娟、蒋金富《心盟：一个中国草根NGO的行业联盟》，载冯利、康晓光主编《中国第三部门观察报告（2012）》，社会科学文献出版社2012年版。

③ 恩派（NPI）公益成立于2006年，是中国领先的支持性公益组织，具体信息可浏览https://www.npi.org.cn/。

④ 指"全国特殊教育学校联盟"。

业服务知识和提高机构的专业服务水平。

表6-20　　　　参加过与心智障碍相关的学习网络或联盟情况

	频数	百分比（%）
没有参加过	44	35.5
是合鸣网成员	49	39.5
是心盟成员	40	32.3
其他（恩派、特教机构管理联盟、中国特教联盟等）	15	12.1
有效填答人数	124	

注：此题为多项选择题。

如表6-21所示，机构加入与心智障碍相关的学习网或联盟后，在很多方面都有所收获。其中最为明显的四个收获就是实现机构间的"经验交流"和"信息获得"、机构的"专业能力提升"以及实现"资源链接"。此外，加入相关的学习网络或联盟也有助于一些机构通过社会网的扩张而得到资金支持，以及提升社会对机构的认可度。总之，参加与心智障碍相关的学习网络或联盟对机构的发展而言具有举足轻重的作用，机构可以利用好这些资源在学习中不断发展和完善。

表6-21　　　　机构加入学习网络或联盟的收获

	频数	百分比（%）
资源链接	70	56.5
信息获得	87	70.2
研究水平提升	41	33.1
专业能力提升	80	64.5
经验交流	91	73.4
社会认可度提升	38	30.7
资金支持	23	18.6
未参加过	7	5.7
有效填答人数	124	

注：此题为多项选择题。

如表6-22所示，124家服务机构中有95家（占比76.6%）机构相关负责人表示当地政府举办过心智障碍人士、家庭或者机构的活动，可见政府对于心智障碍相关群体还是给予了一定程度的关注。在问及服务机构所在地是否有心智障碍人士服务机构的合作平台时，仅有24家服务机构的相关负责人表示在当地有心智障碍人士服务机构的合作平台，具体的合作平台主要可以分为三类：一是行业协会；二是壹基金；三是特教机构管理联盟。

表6-22　　　　　　　　　　机构外部支持情况

	是	否
当地政府是否举办过心智障碍相关的活动	95（76.6%）	29（23.4%）
当地是否有心智障碍人士服务机构的合作平台	24（19.4%）	100（80.7%）

第 七 章

民办机构的生存发展境遇

第一节 机构运营与政策支持

随着以孤独症为代表的心智障碍群体人口数量的增加，以及国家政策对残障儿童康复扶持力度的加强，心智障碍儿童的各类康复需求日益凸显，相应的孤独症儿童康复机构也在近10年间迅速发展起来。以深圳市为例，2019年"广东省深圳市残疾人精准康复服务定点康复机构名单"中，共有81家涉及孤独症康复训练服务的定点机构，较2012年新增58家，这其中民办机构，共67家，占比约83%。对于这几年快速增加的民办机构，生存与发展是机构面临的首要问题。这些民办机构大多为创始人自筹经费创立的具有公益性质的草根非营利性社会组织，后续主要依靠自身经营来维持机构运转和持续发展。它们大部分的运营资金来源为服务对象收费，因此，生源是这些机构生存的根本。而生源的吸纳又与服务机构的知晓度、师资力量、服务场地等诸多方面相关。

"其实有些问题是一直存在的，刚开始，就是我们说的机构的知晓度问题。……对，然后（还有）一个就是生源的问题，这是（机构运营）最开始的一个情况。随着这个（机构）的发展，还有一个（困难）就是，现在我们整个的运营成本是很高的。"（XHQ，深圳机构负责人座谈会）

"是啊，政策的话，为什么机构生存（问题）这么困难，还面临着场地租金的问题、面临从业人员的问题，面临这么多问题，为什么都让我们这样的机构、私人机构去承担？政府现在有场地、有地方，对不对，这样的机构直接进驻进去做社区服务不就可以了？"（ZXJ，

深圳机构负责人座谈会）

调研发现，这些民办机构往往形成一个发展怪圈，想通过扩大招生来应对日益提升的运营成本，但又面临师资短缺、场地不足等软硬件环境的缺失问题；而机构服务规模上不去，又很难筹集到足够的资金来加强师资力量和扩大场地改善环境，也就不能增加生源，获得规模经济效益来削减成本。服务机构跳不出这样的怪圈，只能在挣扎中原地踏步求生存，很难获得进一步的发展。

"一路走过来，相对来说，比较艰难，不确定的因素主要就是在这十几年的过程中，（运营）场所一直没有办法由政府提供，一直风雨飘摇，换了三四个场所，目前还是这样，合同一到期，政府又要招投标什么的。"（LLP，福建泉州机构电访资料）

"（访问员：您觉得现在你们机构面临的困难是什么？）最大的困难就是想有一块比较大的地方，可以让我们学校的学生能够安心地去（接受）培训，因为我们学校已经搬了很多次家了。（访问员：搬了很多次家了？）对对，就是因为地方的原因。（访问员：地方的原因？）对对对，环境不合适或者杂七杂八的一些原因，就搬了很多次，所以我们现在最大最大的一个希望就是能有一块地，能够稳定下来，让孩子好好地去学习，然后让孩子好好地去享受我们普通孩子应该享受的一切！有大大的操场，可以有户外的活动。（访问员：您觉得是什么因素会影响到你们机构不断地换地方？）嗯，可能是地方小了吧，就是这样的。（访问员：与扩招有关是吧？）对对。"（JLS，湖北荆门机构电访资料）

"我们机构都是因为租场地，然后是搬迁、拆迁到这里、那里，就是挺困难地生存下来。现在面临着很头疼的问题，就是场地小的问题，很多的课没有很好地开展。"（WML，海南海口机构电访资料）

要打破这样的恶性循环，民间的力量非常有限。这些机构的草根性质也使它们在日益扩大的市场竞争中处于相对弱势的地位。本次调研访谈中，被访机构负责人反映最多的就是服务场地的问题。场地，是一个机构运营所需要的基本物质条件，可以为孤独症儿童为代表的更广泛的心智障碍群体提供必要的机构康复空间。然而，目前城市，尤其是北京、上海、广州、深圳这样的大城市是寸土寸金。交通便利、环境良好的场地必然对应着高昂的租金。在对场地的竞争中，往往是民间公益力量难以竞争过商业资本力量。多数民办机构维持生存已属不易，对于发展壮大规模是心有余而力不足，其发展中遇到的第一阻碍恐怕就是市场化下的昂贵租金。显然，单靠其自身力量，以及数额不高的公益慈善捐款无法解决这方面的困难。这类机构非营利的属性也很难吸引到以逐利为目的的大规模的商业资金进入。因此，获得政府的支持就成为这些民间机构发展的迫切需求，它们期望政府部门能够在运营场地的长期租赁、场地空间规模以及配套设施等方面给予政策上的优惠，对这一类型的民间机构在运营场地上提供一定的帮扶。

"对机构的话，我希望能够对有资质的机构，政府可以给予更多的关注，就像对公办校一样，批了那么大的一块地！我们学校目前人数跟这边的一个特殊教育学校的人数差不多对等，我们就特别眼红别人有那么大的操场，几栋教学楼，还有那么多的老师。"（JLS，湖北荆门机构电访资料）

第二节 师资困境

调研过程中，被访机构负责人多数认同并强调师资的重要性。无论是目前发展态势良好的优质机构，还是艰难求生的新生机构，都表达了对优质师资的渴求。这反映了目前行业发展中的另一个重要问题——师资的缺乏。导致师资匮乏的主要原因有：一是高水平师资培养供给少；二是机构人才难留。特殊教育专业的高层次人才在高等教育人才培养体系中所占份额太小，而目前不断扩大的康复服务机构进一步加大了特殊教育专业人才的供应缺口，机构面临"招不到人"的困境。

"（访问员：目前机构遇到的最大困难或最迫切的需求是什么？）应该都差不多吧？老师的稳定性是一个方面，还有一个就是老师的聘用，老师招不进来。"（ZJB，江西南昌机构电访资料）

民办机构很难从人力资源市场上招聘到高素质高层次的专业人才,这类人才非常稀少,这是一个普遍现象。并且,即便机构在多年的运营中积累了一些有经验的、成熟的专业人才,这些人才也可能更倾向于选择福利待遇好、晋升渠道通畅的公办机构就业。留不住人才也是民办机构面临的一大困难。除了民办机构之间的人才竞争,更难抵御的是来自公办机构的吸引力。一些民办机构中培养出来的骨干力量,在工作几年后,很有可能会选择进入公办单位。这样的结果,作为机构负责人多会表示理解,但在访谈中也表露出了深深的无奈。

"我们这里的老师流动的多,大多数都是考上公立的学校或者幼儿园就走了。比如说,我们南京特师毕业的两三个老师,这几年都陆陆续续到公办的特殊学校去了。一般离开的老师从来都不会从我们机构跳槽到别的机构去,从来都没有,一个都没有。(访问员:他们去公立的学校?)对,要么就是转行了,考上社工证以后,有两个是有心理学(咨询)证,然后有社工证,她就转行去做咨询了。这个团队给我很欣慰的就是,目前没有人从我们机构跳到当地的一些孤独症机构当老师的,比如说(跳槽是因为)我们工资低,别人工资高,目前真是没有过的。"(WML,海南海口机构电访资料)

人才难得,就需要机构通过职业再培训来培养人才。但是,当民办机构要用自己的力量来培养人才时,也是困难重重。一方面,一些机构本身缺乏有经验的特教老师或康复老师,不具备高质量的专业培训能力。另一方面,民办机构有顾虑,担心"付出与收获不成正比",自己培养的人才可能留不住。目前,康复服务机构负责人普遍反映从业人员流动性较大,特教老师队伍不稳定,个别机构存在"挖人"现象。一些优秀的师资被运营资金比较充足的新生机构,或者是个别有资本注入的市场化机构挖走。

"对对对(笑了下),我们也一样碰到这个困扰啊!有一些后面(成立)的机构,比如说资本介入的,他们都快速扩张,都会过来挖我们的老师,等等,那也没办法呀。这个,人各有志,她自己的选择嘛。(访问员:那您机构有遇到过老师被挖墙脚的事吗?)有啦,这

到处都有啦！"（LLP，福建泉州机构电访资料）

造成这样局面的原因有多种，包括从业人员职业发展前景不明朗，缺少权威的、政策支持的专业认证体系，福利待遇相对比较低，没有身份认同感等。这样的困局如何解决，关系着民办机构的发展壮大，更关系着以孤独症为代表的服务对象们所接受到的各项康复服务的质量。

"我们这个教师的队伍不稳定。其实在整个深圳这个行业来说的话，都不稳定。有很多影响因素。我们其实也到周边的城市去了解，他们的老师会很稳定，比如惠州。但是他们主要以招本地人为主，但在深圳没有几个本地人，对吧？本地人也不会干这个事情，这个先天的不足会导致一些老师的流失，不稳定。嗯……然后再加上可能我们这行确实也是蛮辛苦的。从政策层面来说的话，其实对从业人员没有一个太多的支持或者关注，所以导致他们没有职业归属感或者说职业的上升通道，那么这也是导致不稳定的因素。我在想，深圳这一百多家机构，它们的责任人如何招人？如何去留人？头痛。所以这是我们现在很痛苦的一件事情，就是怎样把这个老师招进来然后能够留得住。除了去改善一定的物质上的待遇，如果能够从政策上面，去给到她们一些扶持，我觉得可能会好一些。……我曾经提过，我们可以参照比如社工，把他（她）纳入为人才，制定标准，也可以给他们一些补贴，或者住房，对吧？或者能够入户，这样他（她）慢慢会有归属感，这样子可能会稳定些。所以这是我们面临的一个比较大的问题吧，除了其他运营成本，比如场租、人力成本这些压力外，还有一个就是人员的流动问题。当然最后一个，就是专业的问题，其实老师流动性很大的话，我们专业就会不稳定。比如，这个老师干了很多年之后，专业也很丰富了，可是她要回家结婚生小孩，这样会导致专业脱节，那又得重新去培养人，所以这也是一个问题。我就先说这几点。"（XHQ，深圳机构负责人座谈会）

从机构的角度，管理者们也期望能够通过自己内部的职业技术培训来弥补专业人才的吸纳和发展的问题。但是，对于民办机构来说，要通过自己的力量做好这方面的工作，是很大的挑战。自己的力量有限，这些民办机构，尤其是规模较小，还挣扎于生死存亡中的那些机构，往往会将职业技术培训的期望寄托于外在环境，比如残联、行业联盟/平台，或者是港澳台专业机构等的培训机会。在这些培训机会中，一些是公益性质的，费用低或无费用，但往往名额有限，只能抽出自己机构中的个别骨干来参与培训，达不到全员培训的理想效果；也有一些是市场化下的培训活动，则需要机构承担比较高的培训费用，这也造成了机构运营的成本压力，限制了员工参与培训的可能性。

"新员工的培训是吗？我们这边会有一个入职的培训，思想要新建设嘛，教学主任会教授一个初步的理论和教学实践的培训，然后会有一个进阶培训，也会外派培训。这样一套下来，你要根据这个新入职老师的接受度发展情况来定。（访问员：大概一套培训下来需要多长时间？）培训吗？培训是要一直贯穿这个老师的职业生涯的。（访问员：那新员工呢？就是新老师过来入职到上手这个阶段大概要多长时间？）入职到上手，比如说他新入职，半个月的培训下来，他要做辅助老师，根据他的具体的考核情况，慢慢开始接一两节的主课呀，然后才一步一步根据考核来。（访问员：那外出的培训是怎么开展的？是请督导/老师到机构还是说把员工送出去呢？）都有吧，机构都有送出去，或者是上级部门的一些组织，然后刚好有一些公益的资源，什么都有的。（访问员：那如果外派员工出去的话，费用是由机构这边出的吗？）对的呀！（访问员：全额由机构负责？）对！机构的运营成本压力还是蛮大的！专业的培训，比如说像口肌等动辄就要以万计的，然后还要得要付教师出去（交通食宿）的各项费用，也是不低的。还有就是你培训一个，他会不会拿到证就自己出去了（跳槽），那怎么办呢？所有行业都是这样子的，那问题就只能慢慢解决，看怎么样来磨合。"（LLP，福建泉州机构电访资料）

第三节 行业标准与监管

调研中，机构负责人均将整个心智障碍康复服务行业的发展放在了重中之重的位置。包括前面谈到的机构运营的规范化和师资流动的合理化问题，都和行业的规范化标准和严格监管分不开。许多负责任、保持初心的机构负责人也都在反思整个行业发展中出现的各种问题，尤其是在康复干预技术标准、教学规范等直接与服务对象的康复质量和服务权益联系在一起的问题上，机构负责人也期望获得包括政府、学界在内的社会各方的支持。他们已经在思考如何才能形成良性的行业发展生态环境，呼吁出台行业服务的规范标准。

"这个行业其实一直都在摸索中前进，层出不穷的疗法和干预方法，但是哪个行之有效，哪一些是鱼目混珠，到现在也没有理得非常清楚。"（LLP，福建泉州机构电访资料）

"所以说是一个行业的规范管理的标准，应该要有一个规范标准出来，而不是说，我们机构都是在摸着石头过河，这个这样在做，那个那样在做。做的东西多了，然后这个好像也不错那个也不错，选择就盲目了。就是说它选择多了，有些问题就自然出现了吧。……去年我给残联提过建议，深圳市有研究会，还有专业委员会，有那么多专家，应该去调研做一个课题研究。找几个比如说流行的、行之有效的干预训练的方法，大家统一培训、统一学习、统一管理，质量就上来了，对不对？而不是这家学的是这个，那家学的是那个，什么都在做，到最后管理上面也不好做。现在深圳也成立了一些监管部门，监管的东西因为每个机构做的不一样，也没办法全面去监管。去年我就提过这个建议，希望他们能够统一地在教学上面去管理它，而不是说现在这样的、那样的教学（什么都有）。"（XHQ，深圳机构负责人座谈会）

近几年间，在政策鼓励民办机构蓬勃发展的背景下，民办康复机构的性质从原来单一的民办非营利性企业扩展到以营利为目的的工商企业。这一变化也意味着康复服务机构发展的多样化路径，将以非营利性质的社会服务组织与追求利润的市场化企业共同纳入康复服务提供者的行列。这些组织机构也都面临着生源（服务对象）吸纳的压力和师资资源的匮乏。这样的复杂环境导致了民办机构之间竞争大于合作的行业环境。在这一过程中，市场化下资本的投入与利润的追求将对整个心智障碍行业标准制定和监管措施提出更高的挑战。在这样的环境下，不少机构都担忧行业内恶性竞争的存在。这种非良性的师资竞争，更多地出现在经济发达、民办机构发展更集中的城市。正如在前一节师资困境的分析中，一些机构负责人反映的资深老师跳槽问题。这些机构在运营过程中也会遇到行业内的"挖角"，个别优秀的资深老师，可能会被竞争对手高薪挖去，甚至还会被"挖走"一个团队，给机构服务带来重大损失。总体上，民办机构要获得良性发展，更需要残联及其他主管部门、行业组织、服务对象等多方面的监督，出台针对机构发展与管理的行业规范。

"总体来说，我觉得这个行业肯定会更加的规范化，更加的标准化、专业化，应该是朝这个方向发展的。反正据我所知，目前残联也会慢慢开始对这些机构进行一些洗牌，也开始规范了，从这个场地、服务人员、资质等等，应该是会从这些方面进行一些规划。所以就是优胜劣汰，其实这对行业是有好处的，不是随便拉两个人搞个小作坊就开始干的事情，这样做的话其实是会误了孩子。我们说你孩子大一点无所谓，但孩子小的时候你（干预质量不行）就会一天天耽误了。真的是招人恨、招人骂的一些事情，这个是很重要的。我觉得这个行业还是能够去做，能够有一个比较好的发展。"（XHQ，深圳机构负责人座谈会）

"为什么要马上制定这个行业规范，因为这行业的人员，这个机构，包括很多方面都在膨胀，这是很麻烦的问题，这是个社会问题。如果说把这个行业规范好，政府把这个行业标准制定好，大家按照标准去走，就会良性地发展。"（ZXJ，深圳机构负责人座谈会）

第四节 社会排斥与邻避现象

调研中，谈及民间康复机构初创和发展过程中是否遇到过社会排斥，在大城市，尤其是深圳这样外来人口多、发展迅速、经济人口体量大的新兴大城市中，不少机构都反映了邻避现象的存在。邻避现象可以说是社会排斥在社区层面的一个最具代表性的表现。反映在民办康复机构上，主要一个表现就是社区居民对机构选址的排斥，尤其是这类康复服务机构选址位于居民社区内的时候，容易接到居民住户的投诉，担心康复机构中的服务对象会对其所在社区居民的日常生活产生干扰或带来危险。

"她当时决定做这个机构，就正准备做的时候骨折了。骨折之后，就挂着拐杖，到处去选址，走了很多地方，碰壁，很多地方去了之后人家说我不愿意租给你们。问为什么？他就说晦气，影响他们的风水，会有这样子的。我们当初选址的时候就遇到这些困难，所以到最后选了很久就选了非常偏僻的地方。"（ZXJ，深圳机构负责人座谈会）

"我找地方，很难，我看了50个地方。呃，都有很多地方适合的，但是人家不租给我们，觉得我们做这个的，第一对他们有影响，第二政府经常去查，影响其他租户的生意。他们（租户）很多是那些批发公司没有登记的、小办公室类的，之后就没办法，后来就找到这里。"（PXJ，深圳机构负责人座谈会）

从我们的调研中也了解到，现阶段关于心智障碍尤其是孤独症的知识逐渐普及，社会大众对孤独症从"没听说"到"有认识"，从完全的排斥到逐渐的包容，在社会态度上已经有了极大的改变。但大多数的宣传还比较浅显。大众缺乏对孤独症类人士的深入了解和接触。因此，当孤独症与精神病联系到一起的时候，人们更会将对精神病人（主要是精神分裂症病人）的污名扩展到孤独症人士身上，并进一步加深对心智障碍整个群体的社会排斥。值得注意的是，这种排斥也随着孤独症这类疾病知晓度的提升而变得更加内隐，也就是说，当这类群体和机构离自己的生活比较远的时候，人们不会表现出排斥；但是当这一群体就在我们身边的时候，与日常生活产生比较密切的联系的时候，排斥就明显地通过话语和行为呈现出来。

"嗯……如果是从社会对机构的看法的话，一般就是像刚刚说的，可能在开办初期选址这个事情上他们会很在意。如果是在小区里

面的话通常很多业主会投诉，不愿意。"（XHQ，深圳机构负责人座谈会）

"心智障碍的孩子，如果是我们学校周围的居民，我们有时候也会去做宣传，大家对他们也很理解。但还是比较艰难，也有家长过来反馈给我们，比如说有些（普通儿童）家长会说别到家里去……思想观念比较落后。我会和他们说，在自己家里面受了委屈，就过来跟我们说。"（JLS，湖北荆门机构电访资料）

第五节　大龄服务的困境

此次家长调研部分已经展现了孤独症家庭对大龄服务的需求。从市场供求关系的角度来说，有需求就应该有供给。但目前的现实情况是需求远远大于供给。通过机构调研，让我们得以了解开展大龄服务的困难所在。总结起来，几个方面的现实困境阻碍了大龄服务的普及。

一　大龄服务运营成本高，对场地和安全的要求高

大龄孩子不像低龄儿童，对活动空间的要求相对比较高。低龄儿童主要是通过及时的干预来恢复和发展基本的学习能力和社会生活必需的各项能力，比如数的认知、注意力、言语表达、身体协调性、大小便训练等。进入大龄阶段，对于轻度障碍孩子干预的主要目的是处理复杂的人际关系、掌握独立生活的本领、就业培训等方面，这就需要比较大的场地来模拟真实社会生活与工作情境，或者需要带领服务对象外出现场教学。这些都对场地和安全性提出了比较高的要求。而对于中重度障碍的孩子，则更多的是在生活自理能力和日常照顾服务上，这一部分更需要的是日常托养服务，这也对场地和安全性提出了更高要求。目前，对于大多数规模有限、经营人力物力紧张的民办机构来说，如果没有政府的扶持，还很难系统化和常规化地开展大龄服务。

"我们机构在做的时候是想做成人服务的，但这需要大量的资金，还有场地、安全等，这一块怎么去做。小点孩子的话，家长可以每天接送，大人的话不现实。你在做大人（服务）的时候托养怎

做,这个就很难,托养的话一旦出了问题谁也扛不住。……风险就是场地、资金以及以哪种形式开展。"(WLS,深圳机构负责人座谈会)

"大龄儿童就不能像小孩子一样有一间房子关起来上课。大龄孩子生理上、精神方面的需求,需要有更开放的场地,这意味着对场地的要求会更高,成本也更高。那这些部分在当下如果没有政府和社会(力量)大量进入的情况下,你要依靠一个民间机构去支撑,这几乎是做不起来的。"(YLS,深圳机构负责人座谈会)

二 师资配置等方面难以满足大龄照顾上的风险和需要

目前多数康复机构服务对象主体为低龄儿童,以学前期和小学阶段的儿童为主。首先,民办机构的师资力量主要集中在这个阶段儿童的行为与能力干预提升上,从本来就很紧张的、面向较低年龄康复的师资中很难调配人员出来专门提供大龄服务。其次,民办机构的硬件条件简陋一些,尤其是在场地方面,往往用于教学和康复的空间不足。低龄儿童与大龄孩子的培训内容非常不同,要做好大龄服务就需要将低龄儿童与大龄孩子区分开来,如果机构无法做到合理的空间安排,就会限制大龄服务的开展。再次,也有机构反映有些低龄孤独症孩子的家长会排斥大龄孤独症孩子,不愿意自己孩子的康复机构接纳大龄孩子。这种内群体排斥现象产生的主要原因,还是低龄孤独症孩子家长并不了解孤独症孩子的发展变化特点。随着年龄的增长,尤其是青春期的到来,孤独症孩子在行为与情绪方面出现明显变化,情绪与行为控制上的缺陷相较同龄人更加凸显,但低龄儿童的父母往往对自己孩子的发展抱有很大的期许。期望和不了解交织在一起,导致无法正视并接纳大龄孤独症孩子表现出来的各种问题。这种来自主要服务对象——低龄孤独症儿童家长的排斥,也会影响到机构针对大龄孩子开展服务的计划。

"这个人员配置也是很困难的。我们现在做的是12—18岁,12—18岁从严格意义上来说算是(程度)最差的了,好的进普校。"(YLS,深圳机构负责人座谈会)

"因为我们的场地太小了,他(大龄孩子)闹起来,就把那些小龄的孩子影响到了。有些小龄的孩子家长根本就没有遇到过大龄孩子的这种情况。他们可能就鄙视呀,或者是看不起呀,这种很不好的

（态度）。这只是别人比他走到前面而已，其实在海南有很多地方都有这种家长。也有孩子能力高的家长，他们也会看不起（大龄）。（访问员：就是家长内部也会存在这种歧视的情况。）对，我们也跟他们（小龄）说，但是因为我们不是他们，所以，做不到那些全部的（接纳）。因为他的孩子还没有达到那种年龄，所以还是有区别的。他们会觉得说这个孩子怎么这个样子，像我们机构这段时间有个青春期的孩子，他会去亲人。有可能是他这段时间看到了某个动作，他想去尝试。因为孤独症孩子很难说的清楚做了什么动作出来，我们只能做个记录才会知道。他是不是有什么原因（这么做），所以有的孩子就会生气，有比较过分的动作，可能对一些小龄孩子家长，他们没有接触过，他们就会把它看成一种大人的一种行为，或者是属于大人的不正常行为，所以就会很慌。……大龄的孩子和小龄的孩子在一起其实是很不好的一种环境。有些家长可能还没有意识到孩子以后也是这个样子，（其实）只是别人比你走在前面了一点。还有一种，就是家长会觉得他的孩子绝对不会这个样子。我的孩子应该发展的好。所以，他就会说，你这里面都是一些大龄的孩子，能力都是很差的。"（WML，海南机构电访资料）

此外，机构中普遍存在女性老师居多，男性老师少的情况。大龄服务更是需要男性从业者在其中发挥作用。这种需求的产生离不开孤独症儿童自身的发展特点与性别比例。心智障碍中的孤独症患者人口性别比例男多女少（男女性别比大致 4∶1），而且大龄服务对象往往身高体壮，步入青春期后又容易伴随情绪和行为上的起伏冲动，在照顾大龄服务对象方面，女性从业者往往体力跟不上。目前，大多数机构的师资配比难以胜任对大龄服务对象突发情况的有效控制，进而影响到服务效果和服务安全。

"我们会看到（大龄服务）人力配置会更高，1∶1.5 左右，而且在这个领域目前又是女性偏多，在女性偏多的情况下，员工普遍是女性，你没有办法 hold 住这些一米八、一米九的学生，这个大龄孩子的身体是没有办法管住的。"

"因为我之前一直做托养的。就是做周托、日托、夜托那种。

但是今年起我就不做了。因为我的压力很大。大龄孩子的青春期情绪很多，问题很多，还有家庭的一些问题，我们根本无法解决。有些家长他们因为工作的原因，也有孩子的个人家庭原因，就长期把孩子放到机构里面，如果不跟父母相处的话，那父母对孩子也有一种恐惧，久而久之他们（家长）就觉得是我的责任，因为我拿了他的钱了，对不对？所以我承受不了，从2012年开始做，做到现在，现在孩子人数也不是很多，因为我要请一个人来看，我当时是不收他们费用的，我就说你们7个人过来，我请一个晚上看护的阿姨在这里，你们付这个阿姨的工资就行了。后面因为出现很多情况，孩子生病等情况，他们请假，就又有点变化。所以后面我就不想再做这个事情了，因为年龄大的孩子会有情绪，破坏行为特别强。然后也容易出逃，逃跑。所以我就觉得风险蛮大的，我晚上都是睡不着觉的。因为我是法人，如果出现安全事件，我要上媒体的，所以我压力很大。我现在没有这种资质，或者说这种能力，我就不想再往下冒险了。"（WML，海南机构电访资料）

三　孤独症康复服务发展时间短，成年服务刚刚起步

民间孤独症康复服务机构是随着孤独症人士康复需求的增加发展壮大起来的。孤独症被发现到现在也不过几十年的时间，国内更是从20世纪80年代才开始认识孤独症，并逐渐明确了孤独症的诊断和干预。随着孤独症被明确诊断，相对成熟的康复服务实践也不过才走过了近20年的历程。许多民办机构创立的一大推动力是为自己或其他孤独症孩子提供可靠的康复服务，这也导致了大多数民间机构是跟着孩子的需求来走，康复服务的内容也随着孩子年龄的变化而逐渐产生变化。在这种背景下，面向成年孤独症人士的服务非常缺乏。由于缺少服务于大龄孤独症的必要知识、经验和人才，许多机构提供的大龄服务也大多局限在18岁成年前，18岁之后成人阶段的康复或照顾服务尚处于零星试点探索阶段。

"大龄我们去年尝试在做，我们是以她们（或他们）的社会技能、生活技能为主的一个教学模式。我们说很多孩子康复，到最后最终要回归生活、回归家庭和回归社会的。我们也是有团队

在做这块的教学,我们的年龄跨度比较大,一般我们到十岁以上开始给她们做生活技能、社会技能,做这一块,我们现在最大的孩子有十七八岁,最小的才几个月,小宝宝,她们的康复这一块我们都在做。"(ZXJ,深圳机构负责人座谈会)

"所以我在(她今年 17 岁)她 11 岁的时候我就有意识地往青少年班,就大龄这个方向发展,我很高兴碰到两位恩师,一位是现在元平学校的 D 老师,还有一位是北京的 Y 老师,Y 老师也是一个孤独症孩子的妈妈,她是一个大学的教授,因为她的孩子的原因,她自己开了个工作室,专注大龄孩子这一块,当时我们开这个大龄班的时候,D 老师还有 Y 老师,专门给我们的家长做培训,给我们的老师做了培训,就一起把这个大龄青少年班做下来。当时学生还是比较少。……是说 10 岁以上的小孩子,最大到 17 岁,我们封顶收到 18 岁的孩子。……我的目标是 10 岁到 17 岁,本身是想分两个班的,但是现在的小孩子很多都是 14 岁、15 岁,这个年龄段的最多。"(PXJ,深圳机构负责人座谈会)

小结　机构发展的困境与需求

孤独症民办康复机构发展上的迫切需求来自于这些机构面临的现实困境。我们在问卷调查中也通过一系列开放式问题询问了机构负责人对机构发展的期望和需求是什么？对这些问题的回答可以说是机构发展中最迫切需求的集中反映。从下面一系列的词云图可以看出，从机构负责人视角，这些民办机构发展最突出的需求是获得支持，特别是政府的支持。不仅如此，机构还希望政府部门能够参与到民办机构的发展过程中，给予各方面的监督、指导和帮助。此外，机构的专业性提升、机构间的交流学习这两方面，也是机构发展特别迫切的需求。

机构发展最终的受益者是康复服务的需求方，即康复机构的服务对象——以孤独症为代表的心智障碍群体及其家庭。因此，民办机构在服务质量上的提升也是机构发展中的重要任务。在问卷调研中，我们也提出了关于机构服务质量提升需求的开放式问题。正如图7-2所示，机构专业人才的培养、从业者专业知识和专业水平的提升，以及针对从业者工作压力的心理疏导等都是对机构服务质量的保证，因此也是反馈比较多的需求。然而，在这些需求之上，民办机构更期望获得的，还是政府对这些方面更有力的支持。归根结底，这些民办康复机构对机构发展和服务质量等方面的各种需求，离不开政府的支持。

总体上，结合前面的问卷调查和质性访谈研究结果，对机构发展的主要需求总结如下：

一　机构发展水平参差不齐，需要规范评估标准

与孤独症人士相关联的社会成员自筹创办机构，机构发展水平参差不齐。当前，多数民办孤独症康复服务机构是由有相关工作经验的社会成员或者孤独症人士的家长通过自筹的方式出资创办，在一定程度上担负起关

图7-1　机构负责人对机构发展的期望

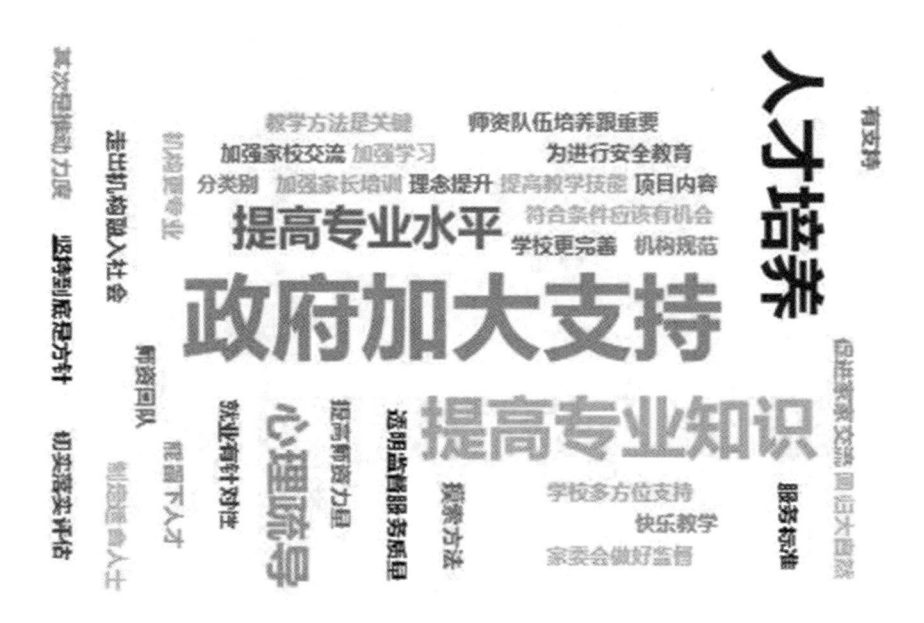

图7-2　关于机构服务质量提升需求

怀、照顾孤独症人士的社会责任，具有极强的公益性质，值得社会的关注和大力支持。目前，这些民办机构的服务规模大多难以扩张，虽然能够在一定程度上平稳生存，但是多数机构需要通过自筹款项来推动机构的运营发展，这就涉及自身的经济水平和资金自筹能力。机构在此过程中可能会经历不同程度的困难，多数情况下会遇到发展瓶颈，难以持续壮大。在调研访谈中也发现，多数机构缺乏具有相关专业背景知识的老师，部分特殊教育或康复老师"半路出家"，主要依靠机构内部资源进行专业技能培训，故机构服务水平参差不齐。康复服务标准也不统一，作为服务使用者的孤独症家长很难判断机构的良莠，多数靠口口相传，通过家长群的小圈子来选择口碑好的。在问卷调查中，我们也设置了关于民办康复机构资质评估的开放式问题。通过对开放式问题的词频分析（如词云图7-3所示），我们也发现，被访机构负责人反馈最多的就是评估不专业，以及用于评估的专业标准也不统一。来自机构负责人的回答，与前面定量和定性的调研结果一致。这些反馈也进一步提示，政府相关部门应加强对这类民办机构服务质量的监督和管理。

图7-3 民办康复机构资质评估困境

二 机构发展困难重重，人才是稀缺资源

从机构目前所面临的困难来看，大部分机构存在"专业教师和治疗人员缺乏"的困难，大多数机构认为"专业人士缺乏"是中国内地孤独症服务机构所面临的现状，民办机构本身在高端特教人力资源市场上缺乏吸引力。此外，多数机构负责人也反映在专业人才输送方面还存在很大缺口，这需要人才培养系统的不断改进和完善。目前国内尚未形成系统的人才培养路径，人才队伍建设是目前该类服务机构所急需的。

缺乏人才也使得民办机构的发展遭遇瓶颈。以成人孤独症群体的服务开展困境为例，"缺乏成人心智障碍人士服务方面的专业人才"和"缺乏服务经验"、"运营成本太高"一起，是阻碍大龄孤独症人士服务供给的三大原因。运营成本的问题通过政府与社会的一些支持短时期内是容易解决的，经验可以在摸索中不断积累，但人才的培养却是一个长时间的过程，也需要教育培养结构的不断优化和行业内在人才吸引力的不断提升。

通过调研，我们也可以看到各个服务机构对专业人才的重视程度。工作人员的专业性日益成为机构得以持续有效发展的一个主要竞争优势。故政府需要重视孤独症服务机构的发展状态，通过给予一定的培训资金、培训师资、技术知识等方面的支持，缓和该行业的人力资源匮乏状态。

三 机构服务质量缺乏监管，需要规范标准促进行业发展

在调研访谈中，包括机构负责人、老师、行政管理人员在内的多数机构从业人员表示，目前孤独症康复服务行业缺乏统一标准，需要不断探索，形成一套规范性的行业服务、发展标准。通过调研发现，目前我国内地以孤独症为代表的心智障碍人士服务机构的整体行业发展仍面临着较为严峻的挑战。

目前，从国家到地方，都在积极推进社会力量参与残障事业的发展。但是，对于民间机构提供的专业服务的内容和质量，并没有明确的指引和监督管理。该类康复机构的平衡稳定和良性发展需要政府、行业协会、机构本身和从业人员等多方主体的共同努力。需要残疾人联合会以及相关政府职能部门的引导监督与政策支持（比如出台一些针对孤独症人士和相关服务机构的支持性政策），也需要行业内的自律和对服务质量的监管，发展行业协会，引导服务机构规范发展，与此同时服务机构也需要加强彼

此间的交流与合作。要实现这一目的就需要整个康复服务行业内部的团结协作，建立一套科学可行的行业服务标准，从机构硬件设施配置标准、师资人才培养标准、康复干预课程体系标准到教育培训服务收费标准等，都需要在行业内达成一致，促进行业内的良性竞争，提升机构服务质量。

四　强化政府对民办特教机构运营上的支持

目前，心智障碍群体尤其是孤独症群体的早期康复干预主要依托社会民办力量。民办孤独症康复机构主要有两种：一是民政部门注册的民办非营利性企业；二是工商部门注册的企业。这两种形式各有利弊，但总体上来讲，由于面对的服务对象为孤独症群体及其家庭，大部分机构都带有一定的公益性质。

来自政府的支持，是这次实地走访和座谈访谈调研中机构表达最多、期望最大的。调查涉及的民办机构均拥有合法身份，但它们在运营中感受到业务主管部门或者相关政府部门的要求限制较多，支持较少。这些机构所登记注册的部门主要是民政部门、工商部门和教育部门，主管部门比较分散，但因服务对象为残障者，也与残联联系密切。某些情况下会出现残联和上级主管单位双重领导的情况，这就有可能导致行政任务的重复执行与检验，以及互相推责的现象，也在一定程度上限制了这些机构的发展活力。

调研访谈中发现，部分已获得合法资格的机构在实际开展服务过程中还会受到相关政府部门在消防安全、卫生标准、场地规模等方面的条件限制，这就导致一些机构为满足不同部门所制定的不同标准要求而不断整改相应的服务设施等内容。与此同时，由于资金、场地和员工规模的限制，部分机构负责人表示为满足政府部门的相关要求，可能会抽调人手，花费很多时间精力投入到不必要的工作中，进而影响到服务的提供和质量的保证，故对此十分苦恼。

同样，问卷调查开放式问题的词频分析显示（见图7-4），机构负责人普遍认为对民办康复机构发展影响最大的两个方面为资金不足和政府支持力度不够，这是影响机构进一步发展的最核心问题。其他的困难也包括专业性的提升、机构资质良莠不齐、社会排斥现象等。

目前，政府对这类机构的支持力度并不大。一是需要政府加强大方向

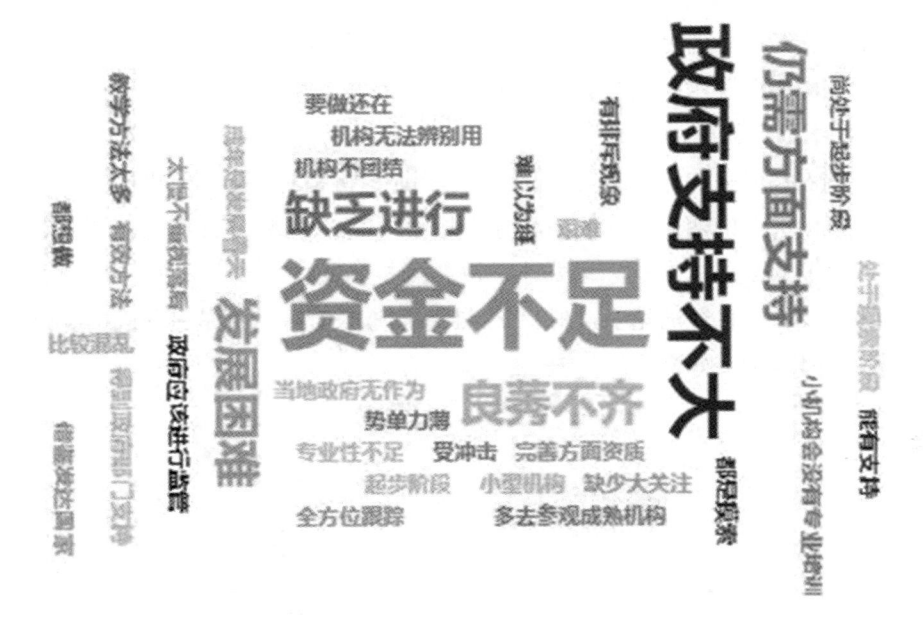

图 7-4　影响机构进一步发展的核心问题

上的引导，凸显这类机构的公益性质。二是需要在服务质量上进行监管，优胜劣汰，大力支持具有良好服务资质的机构，淘汰不良机构。三是可以采取更加灵活的方式，通过政府部门与民办机构的多种形式合作（民办公助、政府购买服务等）来优势互补，支持机构发展。四是在场地租用、设备购置、师资发展等软硬件环境上予以一定的优惠或支持。

五　机构间竞争大于合作，需要构建良好行业生态环境

聚焦孤独症康复服务机构间的竞争状态，发现目前我国内地这类服务机构间竞争激烈。调查显示，不少机构认为"竞争大于合作"，个别机构负责人认为存在恶性竞争。追究其原因，多样且复杂：既存在"资金竞争"又有"专业知识培训的资源竞争"和"吸纳专业人才的人才竞争"。其中，对机构的生存而言，最突出的竞争是"机构间争取政府的资助"，其次是在"吸纳服务对象"方面和"招聘专业人才"方面的竞争。这也从一定程度上反映了当下政府对孤独症服务机构支持力度的有限性。无论是从个体发展的社会生态视角，还是社会福利的多元视角，政府的作用始

终是有限的。因此，除了依靠政府的支持，民间机构的发展也需要一个积极、合作与共赢的健康行业生态。良性的竞争和开放的行业交流，能够增进机构整体服务水平的提升，形成服务供给方与需求方的信任与互惠生态圈。

问卷调研中的开放式问题也反映了行业内机构对民办康复机构间积极良性互动关系的期望，具体词频分析见图7-5。词频分析可见，"多交流"是机构负责人最普遍的需求。围绕着机构间的交流与沟通，政府的引领与支持、良性的竞争氛围、资源共享与取长补短等都是民办机构对行业生态环境的美好期待。

图7-5 行业内机构对民办康复机构间积极良性互动关系的期望

下 篇
孤独症服务机构从业人员的困境与需求

第八章

从业人员问卷结果分析

第一节 受访者基本情况

调研通过线上填写问卷的形式,一共收到432份有效的从业人员问卷数据。与机构数据相一致,从业人员服务对象也是以孤独症谱系障碍为主,同时兼顾了诸如智力发育迟缓、唐氏综合征、脑瘫等其他障碍类型。在这些受访者中,女性居多,有390名(90.3%)女性;有193名(44.7%)的从业人员户籍为非农业户口,239名(55.3%)为农业户口;并且,从业人员中流动人口(居住地与户籍所在地分离,因工作离开户籍所在地六个月以上)的比例多于非流动人口,共有251名(58.1%)。

一 年龄

从事心智障碍人士生活服务的工作人员以中青年为主,平均年龄为30.74周岁(标准差为7.11),有207名(47.9%)工作人员年龄在25—35岁之间。

表8-1　　　　　　　　从业人员年龄分布

	频率	有效百分比(%)
25岁以下(含25岁)	110	25.5
25—35岁(含35岁)	207	47.9
35岁以上	115	26.6
总计	432	100.0

二 婚姻状况

调研涉及从业人员的婚姻状态,如表8-2所示,已婚从业人员比例稍大于未婚比例。

表8-2　　　　　　　　　　从业人员婚姻状况

	频数	有效百分比(%)
未婚	187	43.3
初婚	214	49.5
再婚	12	2.8
离异	13	3.0
丧偶	2	0.5
分居	4	0.9
总计	432	100.0

三 教育水平

大多数从业人员的教育水平为大专及本科,共有332名,占比76.8%。其中大专学历的从业人员有248名,本科有84名;还有9名(2.1%)为硕士与博士研究生。少部分从业人员的教育水平为高中/中专/职技,有78名(18.1%);2名从业人员具有小学教育程度。

表8-3　　　　　　　　　　从业人员最高学历

	频数	有效百分比(%)
小学	2	0.5
初中	11	2.5
高中/中专/职技	78	18.1
大专及本科	332	76.8
硕士与博士研究生	9	2.1
总计	432	100.0

四 现有职务与专业背景

调研涉及的从业人员中，大部分为民办康复机构中的特殊教育老师，有271名，占比62.7%；有54名（12.5%）专门从事康复服务的专业老师；44名机构管理人员（10.2%）；15名（3.5%）进驻到民办机构中的社会工作者。

从业人员的专业背景主要为教育学和特殊教育，分别有147名（34.0%）和144名（33.3%），有医学背景的从业人员有83名（19.2%），还有49名（11.3%）为社会工作专业。可见，大部分从业者具备一定的专业知识，但是，具有特殊教育专业背景的从业人员规模还需要扩大，尤其是直接具有孤独症康复专业背景的机构专业人才还是非常稀缺的。

表8-4　　　　　　　从业人员专业背景（可多选）

	频数	有效百分比（%）
特殊教育	144	33.3
教育学	147	34.0
心理学	54	12.5
社会工作	49	11.3
医学	83	19.2
其他（康复、计算机、市场营销等）	67	15.5

第二节　从业人员工作生活状况

一　职业资质

在接受培训方面，有406名（94.0%）从业人员在入职后参与过和工作内容相关的培训，仅有26名（6.0%）从业人员基本没有参加过培训。其中有130名（30.1%）从业人员仅参加过在职培训，有56名（13.0%）从业人员仅参加过职前培训，有220名（50.9%）从业人员既参加过职前培训，也参加过在职培训。

拥有教育类资格证书的从业人员最多，其中有150名（34.7%）从业人员有特殊教育类相关资格证书,有 104 名（24.1%）拥有教师资格证,还有 53 名（12.3%）从业人员目前不具备职业资质。

表 8-5　　从业人员的职业资质（选最重要的）

	频数	有效百分比（%）
特殊教育类相关资格证书	150	34.7
社会工作师（包括初级和中级）	39	9.0
康复训练师	51	11.8
教师资格证	104	24.1
孤独症康复上岗证	4	0.9
心理咨询师	11	2.5
其他	20	4.6
无	53	12.3

（一）收入与保障

从业人员中有 160 名,占 37.0% 的人每月平均收入为 2001—3000 元;有 44 名从业人员,占 10.2% 的从业人员平均月收入为 2000 元及以下;并且有 269 名,占 62.3% 的从业人员除了每月平均收入外,没有任何其他收入;有 142 名,约 32.9% 的从业人员通过加班、课外辅导等方式增加了 2000 元及以下的收入。总体而言,从业人员家庭平均月收入的水平普遍不高,为了保障个人与家庭的生活,部分从业人员通过额外加班或课外辅导等方式赚取更多的收入。此外,对于目前的个人收入水平,有 287 名,约 66.4% 的从业人员认为现在的收入水平无法满足当前支出的需要;有 135 名,约 31.3% 的从业人员认为能够基本满足。

表 8-6　　从业人员平均月收入（以实际拿到为准）

	频数	有效百分比（%）
2000 元及以下	44	10.2
2001—3000 元	160	37.0
3001—4000 元	101	23.4

续表

	频数	有效百分比（%）
4001—5000 元	64	14.8
5000—6001 元	37	8.6
6001—7000 元	13	3.0
7001—8000 元	6	1.4
8000 元及以上	7	1.6
总计	432	100.0

表8-7　从业人员除工资外的其他收入（如加班、课外辅导等）

	频数	有效百分比（%）
没有	269	62.3
少于 1000 元	91	21.1
1000—2000 元	51	11.8
2001—3000 元	14	3.2
3001—4000 元	2	0.5
多于 4000 元	5	1.2
总计	432	100.0

表8-8　从业人员家庭平均月收入

	频数	有效百分比（%）
2000 元及以下	34	7.9
2001—3000 元	77	17.8
3001—4000 元	85	19.7
4001—5000 元	55	12.7
5001—6000 元	54	12.5
6001—7000 元	27	6.3
7001—8000 元	23	5.3
8001—9000 元	12	2.8
9001—10000 元	23	5.3
10000 元及以上	42	9.7
总计	432	100.0

在工作保障方面，有 361 名（83.6%）从业人员签订了劳动合同，大部分的从业人员拥有五险一金的保障（养老保险、医疗保险、失业保险、工伤保险和生育保险，以及住房公积金）。值得注意的是，也有少数从业者是没有签订劳动合同或单位没有提供五险一金的，这方面还需要民办机构进一步完善。

表 8-9　　　　从业人员所拥有的社会保障（可多选）

	频数	有效百分比（%）
养老保险	334	77.7
医疗保险	358	83.3
失业保险	271	61.8
工伤保险	270	62.9
生育保险	259	58.6
住房公积金	150	41.4
没有任何保障	56	11.2

第三节　从业人员的认知评价

一　对服务对象的担忧

民办康复机构中的从业人员，是孤独症孩子的机构照顾者，他们陪伴服务对象的时间并不少，可以说是除了家庭照顾者之外，最了解孩子的一群人了。此次调研中，我们尝试从他们的角度去了解，在服务过程中，作为从业人员对他们的服务对象最为担忧的地方是什么？调研显示，孩子的生活自理能力、平等受教育机会、孩子的情绪控制能力和孩子的行为控制能力，依次是排在前四位的，有超过半数的从业者表示了对这些方面的担忧。此外，学校老师同学对孩子的接纳和孩子的社会融入问题也是从业人员担忧比较多（40%—50%）的情况。

表8-10　从业人员对心智障碍孩子最担忧的地方（最多选5项）

	频数	有效百分比（%）
平等受教育机会	226	52.3
义务教育之外的学习机会	84	19.4
学校老师同学对孩子的接纳	203	47.0
孩子的情绪控制能力	226	52.3
孩子的行为控制能力	224	51.9
孩子的生活自理能力	253	58.6
孩子的医疗保障	54	12.5
孩子的就业问题	163	37.7
孩子的养老问题	128	29.6
现阶段孩子的日常照顾	16	3.7
孩子的身体健康	13	3.0
孩子的康复问题	71	16.4
孩子的社会融入	189	43.8
孩子的婚姻与生育问题	15	3.5
面临的经济困难	70	16.2
孩子遭受的歧视	112	25.9
其他，请注明	2	0.5

二　工作满意度与工作压力

运用李克特量表评估受访者的工作满意度，范围从非常不满意（赋值为1）到非常满意（赋值为5），工作满意度的平均值为3.7（标准差为0.7），由此可见，从业人员平均来讲，对工作还是满意的。通过因子分析，将工作满意度划分为福利待遇满意度、人际互动满意度和个人成就满意度三个方面，福利待遇满意度的平均值为3.3（标准差为0.8），人际互动满意度的平均值为4.0（标准差为0.8），个人成就满意度的平均值为3.8（标准差为0.7），从业人员在人际互动方面的满意度相对突出，福利待遇方面是这三者中满意度最低的。统计分析结果显示，从业人员工作满意度最低的是收入与工作投入的不平衡，最满意的地方是关于人际互动的一项，即"能够做不违背我良心的事情"。

表 8-11　　从业人员工作满意度

		平均值	标准差
福利待遇满意度	工作条件（主要指工作环境硬性条件）	3.5	1.0
	工作单位政策实施的方式	3.5	0.9
	职位晋升的机会	3.4	0.9
	我的收入与我的工作量相符合	3.0	1.0
	工作中的轻松或紧张的状态	3.2	0.9
人际互动满意度	能够做不违背我良心的事情	4.3	0.9
	领导具备的决策能力	3.8	1.0
	领导对待其下属的方式	3.8	1.0
	同事之间相处的方式	4.0	0.9
个人成就满意度	能够为其他人做些事情的机会	4.1	0.8
	独立工作的机会	4.1	0.8
	能够指导他人的机会	3.8	0.8
	能够充分发挥我能力的机会	3.8	0.9
	自主决定如何完成工作的机会	3.7	0.9
	在团体中成为重要角色的机会	3.7	0.9
	时不时地能有做一些不同事情的机会	3.6	0.9
	能自己作出决定和判断的自由	3.6	0.9
	我能够从工作中获得成就感	3.9	0.8

当问及面临的职业压力时，有146名（33.8%）从业人员表示压力非常大，有243名（56.3%）从业人员表示压力有些大，有42名（9.7%）从业人员表示压力不太大，仅有1名（0.2%）从业人员表示完全没有压力。可见，大部分民办机构的从业人员面临着比较普遍的工作压力。

三　对现有政策和机构服务的评价

运用李克特量表评估受访者"对国家现有政策、措施与服务性支持的评价"，范围从非常不满意（赋值为1）到非常满意（赋值为4），根据问卷数据的分析，从业人员对国家政策的满意度平均值为2.7（标准差为0.6），说明他们对于国家现有的关于心智人士的相关政策平均来说还是满意的,但满意度仍有进一步提升的空间。其中,受访者对"社会机构在其中所起的作用"评价最高,评价第二高的是"残联的服务",受访者对"现有的养老服务"最不满意。

表8-12 从业人员对国家现有政策、措施与服务性支持的评价

	非常不满意	有些不满意	有些满意	非常满意	平均分	标准差
政策覆盖面	32 (7.4%)	158 (36.6%)	198 (45.8%)	44 (10.2%)	2.6	0.8
政策的落地与实施	31 (7.2%)	158 (36.6%)	198 (45.8%)	45 (10.4%)	2.6	0.8
对心智障碍人士及家庭的经济帮扶	22 (5.1%)	133 (30.8%)	216 (50.0%)	61 (14.1%)	2.7	0.8
特殊教育政策	38 (8.8%)	145 (33.6%)	200 (46.3%)	49 (11.3%)	2.6	0.8
康复政策	18 (4.17%)	129 (29.9%)	233 (53.9%)	52 (12.04%)	2.7	0.7
社区(包括街道、居委会)在其中所起的作用	28 (6.5%)	150 (34.7%)	202 (46.8%)	52 (12.0%)	2.6	0.8
医疗服务	30 (6.9%)	143 (33.1%)	210 (48.6%)	49 (11.3%)	2.6	0.8
残联的服务	14 (3.2%)	98 (22.7%)	255 (59.0%)	65 (15.1%)	2.9	0.7
随班就读政策	33 (7.6%)	153 (35.4%)	198 (45.8%)	48 (11.1%)	2.6	0.8
现有的养老服务	42 (9.7%)	173 (40.1%)	175 (40.5%)	42 (9.7%)	2.5	0.8
日常照顾	31 (7.2%)	147 (34.0%)	212 (49.1%)	42 (9.7%)	2.6	0.8
社会机构在其中所起的作用	14 (3.2%)	72 (16.7%)	270 (62.5%)	76 (17.6%)	2.9	0.7

续表

	非常不满意	有些不满意	有些满意	非常满意	平均分	标准差
针对成年心智障碍人士的政策支持	37 (8.6%)	129 (29.9%)	211 (48.8%)	55 (12.7%)	2.7	0.8
针对成年心智障碍人士的服务	36 (8.3%)	142 (32.9%)	200 (46.3%)	54 (12.5%)	2.6	0.8

运用李克特量表评估受访者"对所服务的机构的满意程度",范围从非常不满意(赋值为1)到非常满意(赋值为4),根据问卷数据的分析,从业人员对机构的满意度平均值为2.8(标准差为0.4),说明他们对于机构的整体状况平均来说是满意的。其中,受访者对"工作人员以积极的态度照顾服务对象"的满意度最高,满意度最低的是"工作单位得到足够的政府资助",有待政府的进一步完善。

表8-13　　从业人员对所服务的机构的满意程度

	不满意	一般	满意	不适用	平均分	标准差
工作单位能协调各种支持措施	14 (3.2%)	132 (30.6%)	273 (63.2%)	13 (3.0%)	2.7	0.6
工作单位得到足够的政府资助	40 (9.3%)	161 (37.4%)	216 (50.0%)	15 (3.5%)	2.5	0.7
工作单位合理运用政府资助	16 (3.7%)	106 (24.5%)	295 (68.3%)	15 (3.5%)	2.7	0.6
工作单位致力避免服务对象受欺负	8 (1.9%)	76 (17.6%)	334 (77.3%)	14 (3.2%)	2.8	0.5
工作单位依据服务对象评估结果对服务内容进行调整	7 (1.6%)	71 (16.4%)	347 (80.3%)	7 (1.6%)	2.8	0.5
工作单位的活动能满足服务对象的需要	9 (2.1%)	114 (26.4%)	304 (70.4%)	5 (1.26%)	2.7	0.5
工作人员与服务对象之间互相尊重	6 (1.4%)	71 (16.4%)	348 (80.6%)	7 (1.6%)	2.8	0.5

续表

	不满意	一般	满意	不适用	平均分	标准差
工作人员以积极的态度照顾服务对象	3 (0.7%)	56 (13.0%)	367 (85.0%)	6 (1.4%)	2.9	0.4
所有人都被平等地对待	12 (2.8%)	97 (22.5%)	316 (73.2%)	7 (1.6%)	2.7	0.5
服务对象之间能互相帮助	6 (1.4%)	99 (22.9%)	319 (73.8%)	8 (1.9%)	2.8	0.5
工作人员与家长建立伙伴关系	5 (1.2%)	104 (24.17%)	317 (73.4%)	6 (1.4%)	2.8	0.5
工作人员能够照顾到服务对象的个别需要	3 (0.7%)	84 (19.4%)	340 (78.7%)	5 (1.2%)	2.8	0.4
工作人员有足够的专业知识	10 (2.3%)	120 (27.8%)	298 (69.0%)	4 (0.9%)	2.7	0.5
工作中能照顾到服务对象的个别差异	6 (1.4%)	86 (19.9%)	335 (77.6%)	5 (1.2%)	2.8	0.5
工作人员给予服务对象足够的积极关注	6 (1.4%)	76 (17.6%)	344 (79.6%)	6 (1.4%)	2.8	0.5
工作人员能够及时给予服务对象各种支持	6 (1.4%)	103 (23.8%)	318 (73.6%)	5 (1.2%)	2.8	0.5

第四节 工作困境与需求

一 工作困境

从业人员在工作过程中主要遇到两方面的普遍困境，依次是"专业知识与技术需要提升"（76.6%）、"工资待遇低"（72.0%）。此外，也有一定比例的从业人员认为"职业发展前景不明"（29.9%）和"存在职业倦怠"（24.1%）。从业人员职业发展上的困境也需要引起重视。

表8-14　　　　从业人员工作中的困境（最多选3项）

	频数	有效百分比（%）
专业知识与技术需要提升	331	76.6
存在职业倦怠	104	24.1
职业发展前景不明	129	29.9
工资待遇低	311	72.0
工作不稳定	32	7.4
工作理念上存在冲突	34	7.9
社会排斥	16	3.7
人际关系问题	37	8.6
工作单位管理问题	77	17.8
与其他部门或机构的沟通和协作	30	6.9
其他，请注明	28	1.9

当调研问及从业人员进入社区开展工作时，是否遇到困难？有384名（88.9%）受访者表示遇到过困难。调研进一步了解了这384名受访者的具体困难，他们认为进入社区最困难的地方排在前三位的依次是服务对象不配合、社区政府职能部门不支持、社区居民排斥。

表8-15　　　384名从业人员认为最困难的地方（最多选3项）

	频数	有效百分比（%）
社区居民排斥	186	43.1
服务对象不配合	299	69.2
社区政府职能部门不支持	193	44.7
与其他机构之间合作不畅	104	24.1
其他	104	24.1

二　工作需求

此次调研也向机构从业者征询了他们在工作中最期待获得改善的方面有哪些。结果显示，工资待遇和专业技能是从业人员最期待获得提升的两个方面，其次是工作环境和休息时间，这四个方面占比依次为93.8%、

71.5%、42.4%和35.2%。

表8-16　　　从业人员期待改善的工作方面（多选题）

	频数	有效百分比（%）
工资待遇	405	93.8
休息时间	152	35.2
专业技能	309	71.5
工作环境	183	42.4
其他	8	1.9

本调查也进一步了解了从业人员最迫切的职业需求，有307名（71.1%）从业人员认为需要更好的工资福利待遇；有239名（55.3%）从业人员认为需要加强专业技能；有234名（54.2%）从业人员认为需要更好的职业发展机会；另外有部分从业人员认为工作硬件环境和工作经验的积累也是迫切的职业需求。

表8-17　　　从业人员最迫切的职业需求（最多选5项）

	频数	有效百分比（%）
更好的工作硬件环境	159	36.8
更好的人际关系	65	15.0
更好的工资福利待遇	307	71.1
更好的职业发展机会	234	54.2
更少的工作压力	79	18.3
少加班	30	6.9
更多的工作自主性	47	10.9
家人更多的理解	24	5.6
需要加强专业技能	239	55.3
需要累积更多的工作经验	166	38.4
要减少社会上的歧视	53	12.3
希望工作单位管理上更完善	108	2.0
领导的水平有更好的提升	40	9.3
其他	2	0.5

第 九 章

民办机构从业者的职业困境

调研访谈中，研究者让被访者列举出自己认为最重要的工作影响因素（包括工资收入、福利待遇和工作环境等）。这些被访者既有刚来机构工作不到一年时间、资历尚浅的新员工；也有工作年限比较久，在特殊教育行业或者孤独症康复服务行业从业5年甚至10年以上的工作人员，都是在这个行业作出成绩、获得服务者认可的资深老师。通过访谈，作为研究者，我们首先注意到在相对艰难的工作环境中，仍有一部分教师热爱自己的工作，满怀热情，不畏艰难，充满希望。

在访谈中，被访者谈及了机构能够提供给从业人员的工作条件环境和资源，包括机构文化、人际关系、服务供需关系、领导与管理风格，特别是机构能够提供的专业培养与职业发展等多种软硬件资源。这些资源对于刚进入孤独症康复行业的从业者尤为重要。

"我自己的想法是，环境很重要，学员的进步很重要，培训很重要，职业方向很重要。事实上待遇也很重要。但是我觉得孩子的进步才能让你有信心持续走下来。你只有坚持下来，你的待遇才可能往上走（笑）。但是你只有不断去参加培训和学习才能更容易获得更多的技能，然后去教导孩子。但如果你刚进入一个新环境，就是刚进入这个行业的话，我觉得环境是最重要的。"（XGN，深圳机构从业者访谈）

"我觉得第一是待遇很重要，首先得养活我。其次就是环境、工作氛围。环境要舒服，就是同事之间的关系也ok，然后有学习的机会，有晋升、提升的机会，然后再看到我（负责）的孩子的成长、进步。"（ZKY，深圳机构从业者访谈）

对于这些进入孤独症康复服务领域，留了下来，并在自己的工作岗位上做出了一定成绩的从业者们，他们的动力来自哪里？从本次调研的结果来看，物质因素虽然重要，但不是从业人员坚持下来的决定性因素，更重要的是从业人员在这个行业中的精神收获。大部分被访从业者都体验到了其工作付出后从服务对象及家长身上获得的认同感和成就感。把精神收获看得更重的从业人员，往往会克服物质条件上的困难，更坚定地在这个行业发展下去。

"第一个肯定是待遇，然后的话就是环境氛围，就是机构的同事给我们的感觉和孩子家长给我们的这种感觉。其次的话就是教学，我给他们上课，然后家长给到我的反馈。这些让我感觉更有信心。"（WHQ，深圳机构从业者访谈）

"我觉得，像我这种能坚持下来的，很大一部分前期真的是热情。自己不应该对自己放弃。因为还有一个我自己的想法。比如，我觉得人在很多时候会觉得给自己蛮多（理由/暗示？），比如结婚，如果我离开，好像是一个很好的契机。生小孩，如果离开，也好像是一个很好的契机。但是事实上，真的是你有了那种机会，你就会觉得不舍得呀。而且我觉得这些孩子很可爱，这些家长很信任你，你做这个工作，收入上你可能觉得没有其他的高，但是我觉得认同感、自我认同感和他人认同感对我们的那个（激励），我觉得不会比别的行业少。而且，你会看到那么多被需要者，离开好像不舍得，真的不舍得。我会觉得，这个行业，静下心来做，你就会喜欢上的，真的，我觉得真的是会喜欢上的。我现在做一线的教学其实很少了，那我带孩子的话都是团体课，上小组课，可是当家长来问到你的时候，你给他（家长）的策略，他（家长）隔段时间回来告诉你孩子进步了，这个问题不再困扰他（家长）的时候，你就会觉得，我的存在是有意义的（笑）。"（XGN，深圳机构从业者访谈）

当然，在进行机构实地考察和与他们一对一进一步深入访谈后，我们得以近距离地感受到这些人工作中的苦与乐，更多地了解到了这群从业者在工作中面临的困境，以及由此产生的需求。这些从业者身上体现着普通人身上蕴含着的公益利他精神，通过对他们日常生活的反映，体察他们的职业困境，反映他们的职业发展需求，无论是对这些从事孤独症康复服务的职业照顾者，还是对机构的发展来说，都非常重要。而对从业者需求的回应和困境的支持，最终受益的必然是服务的使用者——孤独症人士及其家庭。

第一节　来自服务对象及照顾者的压力

孤独症康复服务机构的从业人员，尤其是一线任教的老师，面临诸多的压力。其中一个容易被忽视，但实际上对老师有着较大影响的压力源就来自服务对象及其照顾者。由于刚确诊的孩子家长和低龄孩子家长对孤独症的相关知识了解不深入，有的家长不一定能够接受孩子的现状，面对孩子的照顾和康复有着比较负面的情绪；也有的家长对康复效果的期望过高，或者对康复训练本身并不了解，不理解培训的内容安排；或者表现出对老师的不信任。家长的态度、期望和要求，以及服务对象（即孩子）的康复训练效果好坏，都会直接影响到从业人员对本职工作的自我评价。民办机构的规模小、人员少，很多时候本来已经满负荷工作的负责康复教学或干预的老师还要在课余与家长沟通课堂成效以及各种信息，家长无形中给予老师们很大的压力。

"我们老师压力也会特别大，因为家长的情绪会感染到我们老师，所以老师要做的特别多，我又要教孩子，还要安抚家长的情绪，还要沟通。所以从孩子到老师，其实压力都非常大。"（ZKY，深圳机构从业人员座谈会）

"当然有些同学是能力进步比较小，……但是作为老师来讲，我们还是没有办法摆脱那种（观念），就是小朋友一定要学会东西（对我们来说）才是一个正常的课程。实际上会有很多小朋友，他这个阶段能学习的东西已经学完了，但下个阶段他跨不进去。这个时候，你给他设计一些更难的教学内容，他又学不会。你给他再重复简单的教学内容，又觉得不好，这是一个很矛盾的地方。……家长口头说的和我们观察到的内心的需求肯定是不一样的。谁的爸爸妈妈内心不希望小朋友进步，就算知道他这个情况，也希望奇迹能发生，那这种失望我们是没办法解决的。"（MLS，上海机构从业人员电访记录）

"每天面对这样的特殊孩子，其实老师们的压力挺大的，成就感也比较低，因为每天都是在教同样的东西，孩子还学不会，就不会像普通学校的老师一样有成就感。还有就是学生发脾气的时候，老师需要控制自己的情绪，就慢慢积压，找不到合理的通道的话，对老师的身心健康也是不利的。"（TG，西安机构从业人员电访记录）

这些实际工作中出现的问题说明，不仅要关注民办康复机构中的从业人员，尤其是一线教师/康复师的心理健康问题，缓解他们的心理压力，还需要"治标"的同时"治本"，找到工作中的压力源，并寻找对策。通过本次调研中的座谈会与深度访谈，我们发现许多从业人员都认为针对家长的教育培训是非常必要的，家长的配合也是孩子在机构康复取得成效的一个重要因素。这也使我们认识到，在机构康复中，家长的认知、态度与行为其实起到了非常重要的作用，潜移默化地影响着机构中老师们的教学/康复干预服务。在孤独症儿童康复干预的过程中，针对家长的培训不可或缺，但这方面往往被忽略。

"首先我会觉得他们是需要我们的一些帮助。我觉得每一个家长来到这里，最大的目标可能是希望他们的孩子能够像一般孩子那样。说实在话，我们的能力，是没有办法给他保证任何的东西。家长会认为我们直接负责的是孩子，但是，事实上，在我们做的过程当中，我们发现，我们对孩子的影响，远远不如家长对孩子的影响。其实我们应该更多的是，转变家长的观念，还有一个就是提升家长的技能，我觉得这些是我们应该要做的。这些家长来到这里，会有一个错误的观念，就是我的孩子带到这里来就是交给你老师的，那我的孩子，比如说孩子不会语言，他（家长）会觉得，孩子会说话了他（孩子）就好了。但事实上并不是这样子的。他们自己的孩子跟一般孩子的差异不仅仅是在说话上面，行为、情绪、情感、心理，各方面其实都是有落差的。这个是我们要去给家长纠正的一个观念。我觉得，他们是需要我们的协助，需要我们的帮助去做这个事情。"（XGN，深圳机构从业人员座谈会）

第二节　福利待遇低，经济压力大

被访从业人员普遍反映他们的工资水平不高，尤其是在大城市中，衣食住行等基本生活支出相对较大，高额的生活成本让原本就不高的工资收入更是捉襟见肘。《中国劳动统计年鉴（2019）》显示，全国城镇单位就业人员2018年平均工资为82413元，月平均工资约为6868元。此次调查结果显示，大部分民办机构从业人员的平均工资水平处于2000—5000元/月的水平，即使在本次调研人数最多、相对经济较发达的广东省内，月收入超过5000元的从业者人数也仅占被调查总数的20%左右，远低于全国城镇单位就业人员平均水平。尤其是如北京、上海、深圳这样的一线城市，民办机构中从业人员的收入压力就更大。[1] 一般来讲，即使是资深的教学一线人员，工资也不高，很多时候需要依靠其他方式来增加收入。

"待遇方面，我们这一行的收入还是比较低的，就因为这些，机构就留不住人，教师的流动性还是比较大。（访问员：那您现在工作11年了，一个月大概的工资水平是？）就5000多元吧。（访问员：您这个5000多元是指到手的工资吗？）是的，是到手工资，就5000块钱左右。"（FKX，贵州贵阳机构从业人员电访记录）

"像我们这些从业人员的社会待遇，应该说是一个社会地位的认可。就是如果（社会公众）能认可，或者提高我们这边从业人员的待遇，我相信会有越来越多的人愿意去往这个职业方面靠。就举个最简单的例子，同样一个学校毕业出来的幼教，如果你只是去一个普通幼儿园，每个月月薪能拿到8000元、9000元，这对于在一线城市的（年轻人）来说，已经过得很好了。但如果你是从事一个特殊教育的幼教，或者说相关的老师，你一个月薪资只有5000元，那来我们这边的老师就会少，他可能连了解都不了解就会选择其他的。（访问员：那您方便透露一下您的薪资水平吗？）我只能告诉你低于上海市

---

[1] 《中国劳动统计年鉴（2019）》显示，北京地区年平均工资为145766元，上海140400元，广东88636元，其他如陕西、湖北、海南、贵州等省均在7万至8万元之间，江西则低于7万元。

平均工资线，不是一点点，是低蛮多的。如果你现在从事这个行业的话，基本上是属于勉强能过的。一般的话，非本市户口，这方面的工作，因为有房租压力、生活压力，不太愿意来做。所以一般我们这边，愿意过来做的，或者说能够长期稳定留在这边的，还是本地户籍的人多一点，因为至少没有房租压力，各方面压力会小很多。"（LLS，上海机构从业人员电访记录）

在缺乏市场竞争性的工资待遇的同时，有些机构还会由于人力资源管理上的不规范，导致在工资待遇上的不规范，个体差别化现象时有发生。这种差别化并不是依据从业人员的职业资质、专业技术水平或者工作年限等可以量化考核的指标来进行界定，而是根据一些比较主观的或者不可控的因素来决定一线特教康复老师的工资级别。这些不太规范的、没有考核标准的人力资源管理方式也导致了机构从业人员在工资待遇上的不满。

"首先是待遇的问题，是每个老师都关心的，然后在我们这个行业、我们机构来说的话，可能就是有两种方式可以增加我们的收入。第一种，就是我们级别的提升，比如你现在是三级，然后提升到二级或者一级的话，这个确实是可以从基础从源头上增加收入，虽然只是一两百块钱，比较少，但是确实可以增加我们的收入。第二种，考虑机构的一个运营情况，还有就是老师个人的成长，我觉得这需要一个比较标准化一点的（制度）吧。并不是说，你跟他关系好一点然后给他升职，或者是（这个老师的）学生比较多一点，家长需要更高级别的，然后就默认给这个老师升级别，或者是现在经营情况不好就不给他升职。那么，从某种程度来说，这是会间接地打击我们老师积极性的。就是说只要机构差，运营情况不好，不管你多努力，他不会给你升职。（说着说着，眼眶有点泛红，情绪有点激动）呵呵，说的有点激动了。"（YQX，深圳机构从业人员座谈会）

调研中，很多来自经济发达的一线城市的机构负责人和从业人员都反映，机构中的老师存在大量的加班加课现象，大多数机构也默许这样的情况出现。一方面是家长有个别辅导的需求，另一方面是在正常工作时间之外的加课是老师们增加收入的主要渠道。比如在深圳这样生活成本居高不下的大城市，民办康复机构老师要在这个城市中保证基本生活质量，似乎加课是一个重要的经济支持途径。但是，加课必然会缩减老师正常工作之外的时间，包括专业学习、再培训、休闲娱乐和休息的时间，导致工作疲惫、专业发展受限，以及工作压力增加等问题。此外，当从业人员遇到非自身原因导致的调课、停课并影响到教学绩效的时候，会进一步加大其经济压力，增加工作倦怠的可能性，也会影响到机构教师队伍的工作稳定性。

"（访问员：我们在深圳访谈的时候，特教老师可能加课会比较多，不知道北京会不会有这样的情况呢？）会有。我们单位这种情况是公开的，我们领导都是同意的。你可以去给孩子加课，看家长需求，然后也看你自己的需求，看你自己的时间，（加课）都是放学、休息的时候。（访问员：您平时加课多吗？）也有，但因为一天的工作量比较大，一周基本上我最多加三节，再多了，也撑不住。"（LV-LS，北京机构从业人员电访记录）

"第二个收入途径就是，我不知道刚才有没有说清楚，那第二点就是课外的收入，我们机构的话，除了正常的课，周一到周五，就是八点半到下午五点半这个时间段以内，其他时间，就算课外的。如果学生有需求，那么我们老师也是非常愿意去接受这个（加课）的，毕竟是一份额外的收入。据我了解，我们机构目前是四六分的，就是机构占四成，老师占六成，但我听他们说过，也是从他们口中听到很多别的机构是三七分的。所以还有没有可能从这方面去增加我们老师的收入，毕竟你们都做了这么多调查，也做了这么多年，是不是也应该知道我们这个老师的情况，（有点哽咽）工资真的挺低的。（眼眶红了，哽咽地哭泣着）其他老师有没有要补充，关于待遇这一点。……（带着哭腔地说着）我觉得来到这一行的老师，本身就是因为自己的理想和爱心来到这里的，如果你是因为赚钱的话，也不会来这里的，对不对。可是，我真的是挺难过的（哭出声来），如果再这样子的话，我觉得我也坚持不了多久，但我是真的挺喜欢这个行业，也很喜欢跟孩子们在一起。（擦了下眼泪）我平时不是这样子的，呜呜呜（停顿了）。"（YQX，深圳机构从业人员座谈会）

此外，由于是在民办机构工作，也很难享受公办机构的福利待遇，特别是公办机构中老师们所拥有的寒暑假。调研中，许多老师都向我们反映在工作中没有喘息的时间。除了前面提到的加班问题，不少老师也反映在民办机构中从事特殊教育工作没有寒暑假，日常的休息时间（晚上或者周末）也可能被加课或者加班（这一问题大城市比较突出）。

"我觉得像公立特殊学校，他们老师也是像普通老师一样有正常的寒、暑假，像我们这种民办机构，因为教育局就没有统一管理，就是自己放假。所以我们老师基本上都没有假期，就是过年有半个月的寒假。对于自闭症的小孩来说他们最终的归处还是家庭（不能总放在机构）。我觉得政府对我们这种民办机构应该进行统一管理，对于放假有统一的时间安排，让我们老师有喘息的机会，然后也让家长可以自己带自己的小孩，让他们体会一下带小孩的辛苦，毕竟孩子大了以后，还是要回归家庭的。他们也要学怎么和自己的孩子相处。如果我们没有假期，一年都是在工作的话，他们会都靠我们老师。他们就不会想着怎么去和孩子交流了。等孩子大了以后，机构这边放不了，让他们回归家庭，家长就束手无策了。（访问员：其实还是需要家长和机构间的相互配合，给孩子家庭的陪伴。）对，我们老师也有自己的孩子和家庭，也是需要我们去陪伴的。我们老师也需要有假期去放松，学习新的东西。所以我觉得双方都需要假期。"（LLH，海南海口机构从业人员电访记录）

第三节 职业发展的困境

职业发展是康复服务机构师资队伍稳定发展的一个关键因素。从本次调研大家反映的问题来看，职业发展方面的困境主要表现在以下几个方面。

首先，国内缺乏政府认可的权威专业资格认证，机构内部也缺少系统规范的职业培训体系。由于各个机构都是依据自己的经验，摸索着来，缺少理论体系的支撑和经验的科学化与系统化累积，导致各个机构自己设计职业再培训学习模式，没有统一的行业标准，使得培训不系统、缺乏专业性。

"培训的话，研究会举办的很多，它每年都会举办很多（培训）。今年由早干中心和残联合作，也举办了很多培训，但是，一些课程，其实也不是特别切合老师需要……"（HQ，深圳机构从业人员座谈会）

有一些培训则停留在基本知识的掌握上，缺乏进阶式的累积学习。专业教育培训是许多民办机构的特教老师特别需要的。这些民办机构中的老师教育背景参差不齐，之前真正接受过特殊教育训练，尤其是孤独症相关教育、康复技能训练的人数量不多。

"我在这一行待了很多年，虽然我是非专业的，我是学幼师的，但是真正接触特殊教育这一行的话，我们没有经过特别的培训，都是自己在不同的机构、在不同的孩子身上摸索经验的，我们希望有真正的专业机构能专业化地培训我们这些老师，从真正的那种特殊教育方面来培训，让我们更能充实自己的技能。"（LH，深圳机构从业人员座谈会）

这些从业者多是进入工作场域后才开始接受相关的职业培训，从教学服务实践中边学习边摸索。如果教育培训方面无法满足老师们职业进修的需要，在专业资格上也无法通过权威认证来确保专业师资的含金量，就势必会阻碍民办机构老师们专业能力的提升。

"我是负责我们学校教学方面的，和老师打交道比较多一点。我们老师这边整体的学历不是很平衡，有的是中专，有的是大专，有的是本科。所学的专业也各有不同。主要是针对孤独症、特殊儿童这一块的专业人士比较少。像我是学应用心理学的，然后有一些是学教育学的，也有一些是学会计、工商管理的，学科跨度比较大，这就是目前我们老师的状况。还有就是很多人虽然专业不是学这个的，但是他有这份爱心想去做这份行业。然后做专门的培训，提高自己的学历，这一块的话，目前在海南或者各个地方都是比较难的，就是没有特别有专业性的。比如说我们想再教育、提升自己的能力都不知道去哪儿。(访问员:也没有这方面的学习机会?)就是没有这种渠道、这种机会。目前有一个再往上提升的、公认的应用行为分析(培训),但是那个对学历的要求高,学费也很高。学下来要十几万元,所以对我们来说门槛比较高。"(LLH,海南海口机构从业人员电访记录)

其次,老师们由于缺少权威指引,在获取职业资格认证上面,也只能摸着石头过河,能考什么就考什么,能获得什么证书就先去获得什么证书。调查也显示机构的老师们拥有的资格证书门类丰富,比如教师资格证、康复师证、社工师证、心理咨询师证、孤独症上岗证等。此外,还有一些国际认可的职业证书也是老师们在行业内发展的重要专业凭证。但是,这些证书的含金量由于缺少官方的认可而大打折扣。拥有这些证书也只能是依据其所在机构的情况,获得机构给予的一些奖励或福利,或者能够获得工资水平的少许增加。

"(访问员:您觉得现在工作中有什么样的困难或者需求吗?)特教老师这一行目前最大的困难就是工资低,然后工作压力大,而且这些老师都不入编。(访问员:就是福利待遇没有太大的保障。)对对对。(访问员:那他们在职业发展方面,有没有一些支持?)我们机构是这样的,除了正常发工资以外,如果老师在这个基础上又考了一些其他的证,比如说社工证,或者原来没有教师资格证,后来又考到那一个证的话,我们都会在原有工资上加100块钱。……我觉得我这个工作,首先很清楚的是,我目前这份工作是非正规的一项工作,在中国它是没有孤独症治疗师这样一个职业,没有这个职业。国家的正式职业登记里是没有这个职业的。所以为什么有很多志愿者老师、专业老师我可能都不认识,这就代表我们这个行业人很缺了,是缺少人的,大家都是在靠志愿者,用爱发电呀这种,其实也算是一个危机了。就是我们这边志愿者是很多的,但是又不能把所有的责任放在志愿者身上。比如说我们这几节课要上好,我们要靠志愿者来保证课程质量,那其实不是很公平。"(TQ,海南海口机构从业人员电访记录)

最大的问题在于,即使拥有这些证书,甚至有一些国际认可的专业证书在手,由于民办机构从业人员的编制外身份属性,民办机构中的教师也无法获得国家政策上的认可和支持,更无法享受国家及行政区域内明文规定的相应人才待遇。由此导致职业发展的瓶颈,加速了优质师资的流失,也难以吸引到优秀的高等教育人才加入孤独症康复服务的行列。

"其实我觉得我们的身份很尴尬。我们是老师吗?是老师为什么没有从教津贴?而且我们的起点不会比幼儿园老师的起点低,对不对?"(XGN,深圳机构从业人员座谈会)

"所以选择这个行业的人少啊,本来它是一个很需要教师的行业,但一是社会上的认同少,二是政府的关注少,所以说选择这个行业的人很少。这些年其实还好一些,前些年的话,这类工作就是一个过渡而已,因为这个工作进入的门槛很低,我只要吃苦耐劳,我能够带孩子,我能够做,然后再做些简单的培训,我就可以加入。可能我就是过渡吧,当我找到更好的工作的时候,我就走了。所以它(行业)整个是不稳定的,流动性很大,对孩子、对家长、对整个机构来说,都会产生很大的影响。这个其实说到底就是钱不到位,政府支持力度少,社会上的认可和社会地位不明晰。如果政府不支持,你靠自己私营,很难有一个好的待遇,所以说工作人员流动性很大。整个行业的行业质量,就很难提升。"(ZKY,深圳机构从业人员座谈会)

总体上,由于大部分机构的民办草根属性,教师们缺乏科学体系下的职业培训,在专业身份上缺乏一个权威的认可,缺乏官方认可的职业晋升渠道,也自然很难获得国家或者所在地区关于专业人才的一些优惠政策。民办机构从业人员特别是教学康复老师,由于在上述问题上与公办学校或机构存在的显著差距,导致了他们对自己职业地位的较低评价和职业发展上的迷茫。一方面他们觉得通过自己的工作带给孤独症儿童进步与成长是一件有价值、有意义和有成就感的事情;另一方面又会去进行社会比较,去衡量自己的劳动收益与职业认同,产生职业发展上的担忧与倦怠。在我们的调研中,很多老师都表达了期望获得国家的重视和政府的扶持,通过一些支持政策激励民办机构从业人员,促进职业生涯健康发展。

"改善的地方可能就是社会的一些(态度和保障),比如说对我们教师的一个职业认定,还有就是薪资待遇上的提升。我们从事康复的老师,尤其是民间机构的教师,国家还没有出台相应的文件,说你这个职业有什么职称,或者有什么补贴。像(公办学校)特教老师有特教津贴,但我们没有。像公办学校的老师会有一些绩效的奖励、考核的奖励啊,但是我们在这方面就比较欠缺。而且整个社会对我们的认可也很低。虽然人家说你是特殊教育老师,对你很崇拜,但是没有落到实处,你还是一个非公办的、不在体制内的教师的话,人家对你认可度也不高。就没有像公办学校老师那样,你是公办体制内的老师或者是怎么样的。当然,也不是说我们这个康复的老师就不好,只能说现在整个社会氛围对我们这个特殊教育的康复老师的关注度还是比较少。"(LWY,贵州贵阳机构从业人员电访记录)

"我觉得政府可以给补贴一部分工资给机构,发给老师。因为机构运行,除了工资,还有其他的日常开销,还有其他的事情要做。它(机构)不能把所有收到的钱都做工资发给老师。但是,因为机构是分摊了政府的一些工作,现在实行义务教育,普通的孩子,他们都不用收钱,但老师的工资都是国家给的。那我们在想,如果说没办法变成在编人员,政府能不能给一部分(钱),这样的话,中心能给一部分补贴,老师这边也能够领到一些补贴,就是由政府去做,他虽然不是在编人员,可老师就会觉得政府是认可这个行业的。老师的待遇高了,那他的这种获得感、存在感也会更高,我觉得从事这个行业的人也会更多,而且也能解决很多老师流失的问题,还有更多行业的问题。……我觉得如果这样做的话,至少我可以告诉那个招来的老师,我们虽然不是在编人员,但我们也是被政府认可的,对吧,因为在我们中国有一个很根深蒂固的概念,就是铁饭碗,我觉得政府的单位都是铁饭碗,哪怕工资少一点,但他自己觉得是,那我就很踏实了。其实就做我们这一行,(我们)中心好像从来都没有开除过老师,好像也是铁饭碗,可是在他们心里面,他就觉得这里就是私人的企业。"(HQX,江西南昌机构从业人员电访记录)

小结　机构从业人员的困境与需求

通过对民办机构从事教学、管理与服务的从业人员的接触和了解，我们发现他们是一群特别可爱的人。这些从业者，拿着不高的工资，也顶着生活与工作中可能面临的巨大压力，从事着一份需要付出爱心与耐心的职业。在问卷调研的开放式问题部分，当我们问及从业者，请大家对自身所从事的心智障碍群体康复服务提出一些建议时，耐心和爱心是他们对自己从事的这份工作的首要要求。

图9-1　对自身所从事的心智障碍群体康复服务的建议

然而，这样一群有着公益精神，在孤独症群体的康复与发展上起着重要作用，可以说是除了孤独症儿童父母之外最重要的机构照顾者的从业者，他们的职业发展境遇却经常被社会大众所忽略。这一次调研，则是一个很好的契机,让我们去探究他们在职业发展过程中的困境与需求,并通过这些内容的反馈,来反思社会政策上的不足。总体上,基于前述问卷调查与质性研究的分析,民办机构从业人员面临的困境与需求总结如下:

一 民办机构人才流动性大,职业发展易受限

无论是问卷调查结果,还是质性研究结果都显示民办机构中的老师流动性比较大,师资队伍不稳定。造成流动性大的原因有民办机构工资福利比较低,政策认可度差;职业发展前景不明朗;工作人员性别比例失衡,女性员工比较多等。一方面,一些机构普通教师因为工作缺乏制度保障和发展前景,在工作一段时间后可能因为个人生活原因或者职业倦怠问题离开特教康复行业。另一方面,一些受过特教专业训练,拥有高等特殊教育资质的高端人才,往往在积累了一定经验后选择其他更好的职业发展路径,有的在特教康复行业内开始新的创业,有的会进入福利待遇更好、发展更有保障的公办机构从事相关工作。民间机构往往因外部支持或内在运营管理等各种问题,难以吸纳人才,更难留住人才。

二 机构教师工作压力大,收入低,需要提高福利待遇

《第二期特殊教育提升计划(2017—2020年)》中对于特殊教育行业教职工的一系列津贴、职称评聘晋升、支持奖励方面的计划都是针对有编制的公办学校专业技术人才的,对于编制外和民办机构中的特教从业人员则没有做出具体的计划。政策中对编制外从业人员的忽略无形中加大了公办特教从业人员与民办特教从业人员之间的待遇鸿沟。

本次调研显示,民办机构从业人员的平均月收入多集中在3001—5000元,调查中近半数的从业人员通过加班、课外辅导等方式增加收入,但收入增加量不大,多集中在2000元以内。此外,问卷调查中,对关于从业人员工作现状的开放式问题的词频分析也显示,目前工资待遇低和工作压力大是民办机构从业人员普遍存在的两大职业困境。

总体而言,孤独症服务从业人员的平均月收入水平不高,且相对公立学校福利待遇低,且家庭月收入的水平普遍不高。尤其在像深圳这样的大城市中,流动人口较多,高房价推升了较高的生活成本,为了保障个人与家庭的生活,部分从业人员通过额外加班或是课外辅导以赚取更多的收入。这种加课现象不仅增加了机构老师的工作时长,剥夺了工作外的休息

和进修时间，容易出现工作过劳，也不利于老师们职业再培训的积极性。并且，容易出现正常工作消极怠工、浑水摸鱼的情况。同时，也增加了机构对教学质量管理的难度。从政策层面看，有必要参考编制内特教人才的有关规定，结合民办康复机构的行业发展现实对民办机构的特教从业人员给予适当支持。

图9-2 民办机构从业人员普遍存在的职业困境

三 机构教师专业背景多样，需要建立标准化职业发展体系

在2017年发布的《第二期特殊教育提升计划（2017—2020年）》（下称《计划》）中，提出了要进一步加强专业化特殊教育教师队伍建设，其中不仅提到要提高高等教育中特殊教育专业的人才培养规模与层次，也明确提出到2020年所有从事特殊教育的专任教师均应取得教师资格证，非特殊教育专业毕业的教师还应经过省级教育行政部门组织的特殊教育专业培训并考核合格。通过《计划》不难看出，教师资格证应该是特教老师的准入证书之一，但《计划》中并没有说明教师资格证的具体要求。如果我们细看教师资格证的具体内容，会发现教师资格证现有层级[①]中并不包含特殊教育老师，许多民办康复机构中的特教老师似乎没有对应的教

---

① 目前教师资格证的层级划分为幼儿园、小学、初中、高中、大学。

师层级可以选择。

除了前述提及的人才发展需要政策支持外，民办机构的特教老师也缺少行业内标准化的、系统性的专业技能培训。这些民办机构从业人员最大的职业发展需求就是不断充实专业知识和提升专业技能。

图9-3 民办机构从业人员最大的职业发展需求

从本次调研结果看，民办机构的特教老师大多拥有大专及以上的高等教育学历，但是专业背景多种多样，很多特教老师是从普通教育学、幼儿师范、心理学、医学、护理学等非特殊教育专业毕业，进入特殊教育和康复培训领域的。即使是特殊教育专业或者医疗康复专业毕业，也相对缺乏针对孤独症孩子的实践干预经验，需要入职后再培训和专业技术上的再学习。但是，目前不仅国家没有出台相关的权威职业技术资格认证方式，行业内也没有达成统一的共识，尚未能够就心智障碍尤其是孤独症的康复培训进行标准化体系化的建设。

目前，中国残疾人康复协会承认的"孤独症康复教育上岗培训合格证"可能是行业内最具效力的专业资格证书了。但是，这一证书正如其名称"上岗证"所表达的，更应该看作是孤独症康复行业内从事康复工作的特教老师的资格准入证书。目前，"孤独症康复教育上岗培训合格证"在行业内的推广取得了一定的成绩，但是能够用于孤独症教师职业晋升的专业技术评级证书仍然缺乏，且缺少全国通用的权威性。

总体上看，行业内也缺乏有深度的本土化职业技术资格认证体系，这就造成服务机构各自依据自己的经验教训来发展自己的康复干预方法，而从业人员只能依托于自己工作的机构来获得相应的专业技术知识。不少民办机构都是一路摸着石头过河，知识体系构建可能不够系统，缺少理论的指引和创新的视角。此外，由于缺乏权威认证，服务对象和家长也很难对干预方法和师资技术的科学性和适当性做出准确的判断。更重要的是，缺少标准化的职业进修系统和有效的职业资格认证也造成了民办机构特教师资在专业发展和职业发展上的局限。

总结与政策启示

第 十 章

孤独症社会康复服务发展总结与政策启示

第一节 孤独症康复服务发展总结

在实现全民福祉的发展道路上，残障群体不能掉队。残障人士及其照顾者往往处在社会层级中的弱势地位，这一群体面临着社会发展中的诸多挑战，这不仅是残障者个人与家庭，以及照顾机构面临的问题，更是关乎民生福祉的社会问题。在残障领域，孤独症作为一种具有代表性的心智障碍类型，近年来受到社会的关注。这一群体的社会福利与生活福祉近十年来也一直在完善和发展，这一积极发展的结果离不开两方面的努力。一方面是以孤独症家长为代表的民间力量，通过自下而上的努力，让政策制定者和执行者更加了解心智障碍群体的细分需求，意识到了完善政策的必要性。另一方面，政策制定者与执行者们，也更关注残障群体的民生福祉，共治共享共建是时代的需求。

国内近十年来，在残障领域的政策完善和民间力量（尤其是家长组织推动下的孤独症服务机构）的蓬勃发展都是显而易见的。本次调研中，无论是家庭被访者，还是机构被访者，都首先表达了对政府的信任和对近些年孤独症群体福利发展的肯定。从国家层面来看，越来越多的政策更加细化并惠及以孤独症为代表的心智障碍这一群体，孤独症康复服务支持力度有了极大提升。总体上来看，（1）孤独症康复服务机构数量增加。中国残疾人事业发展统计公报显示，2012年国家建立了30个省级孤独症儿童康复训练机构；1.1万名孤独症儿童在各级机构进行了康复训练。2018年统计公报显示全国提供孤独症康复的机构有1811个，其中民办机构是其重要的组成部分。① 以深圳市为例，注册民办孤独症康复机构2019年较2012年新增58家。（2）康复救助力度持续增加，更加精准，救助范围进一步扩大。随着2018年《关于建立残疾儿童康复救助制度的意见》（国发〔2018〕20号）的出台，北京、天津、宁夏等11个省（自治区、市）取消了对申请人家庭经济条件的限制，大部分省份实现了残疾儿童康复救助的提标扩面。② 比如，深圳市定点康复补贴从2014年的1.8万元/人/年调整为一级、二级残疾儿童少年和3周岁及以下残疾儿童每人每年5万元；三级、四级残疾儿童少年每人每年4万元。实现了0—18岁确诊儿童的年龄全覆盖。（3）救助实施更方便残疾人。2017年，民政部等四部门印发《关于加快精神障碍社区康复服务发展的意见》，明确提出到2025年，80%以上的县（市、区）广泛开展精神障碍社区康复服务，在开展精神障碍社区康复的县（市、区），60%以上的居家患者接受社区康复服务，基本建立家庭为基础、机构为支撑、"社会化、综合性、开放式"的精神障碍社区康复服务体系。③ 在这一意见的指导下，全国各地都结合自身情况进行了康复服务的优化。比如，多省（四川、江苏、河南等）推进残疾人家庭医生签约来促进精准康复服务；深圳市近年来不断优化孤独症评估转介机制和经费结算方式。可见，在政策支持下，民间康复服务朝着精准化、专业化和性质多样化的方向发展。

一些经济发达地区，近年来在孤独症群体相关的社会保障和福利发展上进行了一系列的探索。尽管目前从政策出台到落地实施，仍然存在着地区发展间的差异，但是，这些探索也势必成为一个起点或标杆，引领着其他地区在残障服务上的进一步深入。从此次全国性的调研结果来看，星火燎原之势已经形成，先进带动后进，不仅是像北上广深这些经济发达区域的民办孤独症康复服务在迅速发展，中西部经济欠发达地区的这些服务也正在国家政策的支持下快速发展起来。

本研究所涉及的全国性调研，正是目前残障领域政策发展与实践探索的一个缩影。此次调研基于深圳市自闭症研究会这一民间社会组织的家长

---

① 具体内容见 http：//www.cdpf.org.cn/ywzz/wq_188/wqzt/2019lhtags/201911/t20191105_666399.shtml。

② 具体内容见 http：//www.cdpf.org.cn/ywzz/wq_188/wqzt/2019lhtags/201911/t20191105_666399.shtml。

③ 具体内容见 http：//www.gov.cn/xinwen/2017-11/13/content_5239315.htm#1。

组织网络支持，才能联系到涉及全国范围不同区域的民办孤独症服务机构，并从家庭照顾者、机构负责人，以及机构从业者三个方面入手，收集到非常翔实的数据资料。

深圳，地处粤港澳大湾区的核心区域，毗邻香港，作为中国特色社会主义先行示范区，其将民生福祉作为政策发展的重要内容。在本书的总结部分，主要以深圳为例进行总结。一方面，国内各省市地区在残障政策和社会服务发展上仍有差别，本书并非比较研究，因此难以在结尾部分涵盖全国不同区域进行比较。另一方面，以深圳为代表之一的珠三角地区，无论是在政策支持力度，还是在社会组织发展上，都走在了全国的前列。本研究在数据收集上也是以深圳为核心或重点，辐射全国不同区域来进行的。因此，无论是从本研究的数据基础，还是目前国内该领域发展的现实情况来看，以深圳为例来谈国内孤独症社会康复服务的发展，可以说反映了国内该领域最前沿的发展状况，也是具有代表性的一个缩影，从中可以看到国内孤独症民间服务机构发展的典型困境和发展需求。

总体上看，十年间深圳市的孤独症社会康复服务发展迅速，尤以服务机构、从业人员职业发展、康复救助力度以及宣传教育四个方面的发展最为突出。

第一，以孤独症康复服务机构发展为例，2012年深圳市残疾人联合会公布的"孤独症康复服务机构一览表"中只有23家针对孤独症患儿的康复机构，其中有4家机构属于卫生系统，5家机构属于残联系统，13家机构属于民办系统，仅1家属于教育系统。而2019年"广东省深圳市残疾人精准康复服务定点康复机构名单"中，共有81家涉及孤独症康复训练服务的定点机构，较2012年新增58家。从机构性质来看，公办机构有14家，占比约17%，其他均为民办机构，共67家，占比约83%。在公办机构中，有10家机构属于卫生系统，其他4家机构均属残联系统。而民办机构所属的注册类型较为多样，可以分为卫生、民办非企业（民非）以及工商类型。其中，属于卫生系统主管的医疗卫生服务机构仅4家，属于民非类型的机构有40家，其他23家均属工商企业。孤独症康复机构在近些年来的发展反映了政府对孤独症群体福祉的重视。在政策的支持下，民间力量越来越多地参与到康复服务中来，并朝着精准化、专业化和性质多样化的方向发展。

第二，民办机构的发展离不开对从业人员的专业支持。目前，深圳市在民办孤独症康复老师职业发展的探索上，也积累了一些经验。从业人员现有的专业培训主要是三大类：机构提供的专业培训、外部收费的专业培训以及残联组织的专业培训。机构提供的专业培训主要是机构自己的教学团队以及机构外聘的专家团队为机构从业人员提供培训；外部收费的专业培训主要是行业内机构外聘专家团队提供的专业体系化培训，部分机构也会提供培训、考试和资格证一体的服务；残联也会组织专业培训提供给从业人员。例如，深圳市残联的"继续教育项目"为从业人员提供免费的专业培训；广州市残联为相关机构提供部分免费名额，支持从业人员参加专业培训。

第三，社会康复服务的发展离不开康复救助力度的持续增加。2014年颁布的《深圳市残疾少年儿童康复救助服务办法》规定，持有深圳市残疾人联合会核发的《中华人民共和国残疾人证》（第二代）的3—16周岁残疾少年儿童和深圳户籍0—3周岁持市级以上医院医学诊断证明书的精神残疾少年儿童在残疾人康复服务定点机构接受康复服务的，补贴不低于1.8万元/人/年。2017年深圳市残联发布的《关于优化我市残疾少年儿童康复救助政策的通知》则进一步扩大了救助的范围。首先，救助对象年龄上限由原来的16周岁扩大为18周岁，即康复救助对象为0至18周岁（含18岁）的户籍持证残疾少年儿童，其中，3周岁及以下残疾儿童可持深圳市二级甲等及以上医院开具的疑似残疾诊断证明申请服务。其次，调整了服务补贴标准。由原来按残疾类别确定补贴标准，调整为按残疾程度确定补贴标准，其中：一级、二级残疾儿童少年和3周岁及以下残疾儿童最高补贴为每人每年5万元；三级、四级残疾儿童少年最高补贴为每人每年4万元。再次，调整了评估转介机制。由原来区残联统一安排评估转介，调整为服务对象自主选择经市残联评审确定的康复机构。最后，调整了经费结算方式。由原来康复机构到区残联办理结算，调整为各区结合实际自主确定结算方式，并根据第三代智能残疾人证发放使用情况再做优化，达到让"残疾人少走路、让信息多跑路"的目的。从残障人士的具体需求出发，这些政策上的完善和扶持力度的加强都使得孤独症人士及其照顾者的困境获得了一定改善。

第四，深圳市近些年在孤独症的知识宣传和态度倡导方面做了很多工作。为了加深公众对孤独症的认识了解，提高公众对孤独症人士的接纳程度，行业各组织面向公众开展各式倡导活动。倡导活动形式多样，包括科普宣传、讲座、家长分享会、手工艺展、艺术展、晚会、快闪、健步走、骑行、融合击掌、融合运动会等线上线下活动。倡导活动覆盖人群日益广泛且逐渐深入，从街头倡导逐渐变为社区倡导、校园倡导、企业倡导及公共交通场景倡导。公众对孤独症人士的接纳度逐渐提高，从知道、了解，再到逐渐接纳，这一公众态度的转变需要坚持不懈的宣传教育投入。

总体上，深圳的例子可以管窥中国近十年在以孤独症为代表的心智障碍群体的社会政策与服务实践中取得的进步。当然，本调研不能仅局限在取得的进步上，更重要的是在发展中看到问题与需求，通过进一步反思来促进基于这一群体福祉实现的社会服务实践。

第二节 孤独症家庭与服务机构需求总结

一 孤独症人士及照顾者的需求

整体上，孤独症儿童的困境主要聚焦在孩子的康复上，其次是家庭经济和孩子的教育问题，社会融入与养老问题也是困扰孤独症孩子家长的重要问题。需求与困境相映衬，反映在日常生活中的方方面面。我们的调研中，不同的照顾者因自身独特的环境而衍生出不同的需求，但这些需求又有着普遍的共通性，并随着社会的变迁和政策的演进而体现出即时性和时代性。总体上，本次调研展现出的主要需求既包括影响孤独症群体日常生存发展的基本物质文化需求，也包括提升生活质量的物质福利需求，以及增加生活福祉，促进社会融入的心理与精神需求。主要需求简要归纳如下：

第一，发展符合我国本土特点的孤独症特殊教育普校融合评估体系，并继续优化普校中的融合教育资源，提升融合教育效果。与此同时，合理配置特教资源，增加特殊教育中孤独症儿童承载体量。

第二，支持和发展针对大龄群体的各类服务，尤其是托养与养老服务，需要政府强力介入，提升服务的精准性，满足个体化需求。大龄轻度孤独症人士社会康复需求在提升，而中重度大龄人士的托养需求凸显，双老家庭的养老问题更是随着老龄化社会的到来日益凸显。这就需要依靠政府主导，大力扶持社会力量发展大龄服务，在场地、资金、安全等方面给予更多政策支持。

第三，进一步打破孤独症帮扶政策的地域壁垒，解决户籍和区域不平衡的问题。调查显示，一些省市已经将非本地户籍孤独症儿童纳入居住所在地康复扶持对象，但大多数经济发达省市，康复扶持的户籍限制依然存在。尤其是特大城市，流动人口多，康复资源在内的各种社会资源丰富，能够吸引外地孤独症家庭，但这些外来家庭又面临着极大的生存压力，往往陷入去留两难的境地。留下来，能获得比户籍所在地更好的康复资源，但易因经济支出而陷入贫困。返回去，生计压力小了，但孤独症儿童康复发展资源会削弱。一方面，应从政策上放宽户籍限制，对非本市户籍常住人口参考本市户籍补贴标准给予救助扶持。依照省际、省内、市内形成不同等级的救助扶持系统，使受益群体最大化。另一方面，加大经济欠发达地区的孤独症康复扶持力度，加强技术支持、人才支持和管理支持，进一步解决康复服务发展区域不平衡的问题。

第四，政策对中重度残障家庭照顾者有所倾斜，强化家长支持服务。孤独症儿童家长多把关注点聚焦在孩子身上，往往忽视自身的心理健康。虽然问卷调查数据中照顾者的心理困境与心理支持需求并没有排在前列，但并不代表照顾者们不需要心理支持。结合质性研究结果，我们认为孤独症家庭照顾者的心理健康意识和社区心理支持力度均需加强。

第五，通过有效宣传倡导，深化社区服务，增进日常接触和融合，来减少显性社会排斥；通过细化包括教育、就业在内的各项政策细节，来避免孤独症人士在求学求职等社会融入过程中可能遭遇的各种隐性排斥。

二 服务机构与从业人员的需求

服务机构与从业人员的需求是相辅相成的。一方面，机构的发展离不开每一位工作人员的努力，人才永远是机构发展的核心要素之一。工作人员的需求满足必然会推动其工作积极性，创造更好的价值，提供更优质的服务，从而也会促进机构的成长与发展。另一方面，服务机构需求的满足可以提升机构本身的竞争力，促进机构潜能的进一步发挥，机构实力的增加也会为其从业人员创造出更好的职业发展机会和工作福利。

第一，人才是稀缺资源，机构需要加强人才吸引力与凝聚力。专业人才的缺乏是中国内地孤独症服务机构发展的典型困境。民办机构特教人才流动性大，难以吸纳人才，更难留住人才。尤其是经济发达地区人才流动性更大，需要构建稳定优质师资队伍，打破市内各行政区域的政策差异，建立均衡的民办机构人才扶持标准。

第二，强化政府对民办特教机构运营上的支持。一是需要政府加强大方向上的引导，凸显这类机构的公益性质。二是需要在服务质量上进行监管，优胜劣汰。三是采取灵活方式，通过政府部门与民办机构的多种形式合作（民办公助、政府购买服务等）来优势互补。四是在场地租用、设备购置、师资发展等软硬件环境上予以进一步帮扶。

第三，机构间竞争大于合作，需要加强行业内的协作共赢，强化行业自律和监管，创造良好行业生态，行业发展需要在残疾人联合会以及相关政府职能部门引导监督的基础上，发展出一套科学可行的行业服务标准，从机构硬件设施配置标准、师资人才培养标准、康复干预课程体系标准到教育培训服务收费标准等方面入手，打破限制发展规模和服务水平的管理瓶颈。

第四，机构教师工作压力大，经济发达地区加课现象比较多，教师福利需要提升。参考编制内特教人才的有关规定，结合民办康复机构的行业发展现实对民办机构特教人员给予政策支持，完善民办特教师资的待遇补贴制度。此外，机构教师专业背景多样，迫切需要构建标准化职业进修体系和有效的职业资格认证，建立与孤独症教师职业晋升挂钩的权威专业技术评级认证体系。

第三节 福利多元视角下的反思与启示

无论是从家庭还是组织机构、从家庭照顾者还是职业照顾者的视角出发，以孤独症为代表的心智障碍群体的需求是贯穿生命历程始终的，也是多元和多层次的。并且，这些需求更是从涉及生存发展的基本需求逐渐变化为追求生命质量和优化生活环境的高层次需求。孤独症家长们期望自己的孩子可以获得及时有效的康复服务，接受良好的教育，有着适合的职业选择，获得优质的照料，实现真正的社会融合。从事心智障碍服务的机构，期望有更良好的行业发展环境，作为残疾人事业发展的一部分，获得政府更大力度的引领与支持，在此基础上拓宽服务机构的服务规模与领域，减少运营成本支出，进行有效行业监管，规范行业服务管理，提升服务质量，吸纳和培养孤独症人士服务方面的专业人才。而在这类组织机构中的工作人员，尤其是特教老师们，期望获得更好的职业发展，获得更多的认可；作为民办老师，享有更好的福利待遇，能够更踏实地安身立命，做好自己的工作。要回应这些不同方面、不同层次的需求，解决现实中的困境，需要社会政策的不断完善。

除了通过日常生活视角下所反映的孤独症照顾者们的困境与需求来给予社会政策上的反馈与建议外，作为研究者，还期望能够从理论视角上有一定的反思。在本书涉及的调研过程中，无论是从问卷数据，还是作者的实地探访与面对面访谈，都感受到了家庭在日常照顾中所承担的重担，社区服务的缺乏，以及民办机构及其从业者的艰难挣扎。因此，在本书的最后，针对上述调研中呈现出来的这三方面的问题，从家庭、组织机构和社区三个层级进行简要的总结和反思，这也是作为对本书前述章节分析归纳的一个补充与拓展。

一 照顾责任的多元属性

以孤独症为代表的心智障碍群体，往往需要早期的及时干预，其中的重症个体，更是需要长期照顾。长期照顾，从理论概念上讲，涉及一系列广泛的服务，通常指在较长时期内，持续地为患有慢性疾病（包括各种因老化问题引起的认知障碍）或处于残障状态下（即出现功能性损伤）的人提供的护理服务，包括医疗服务、康复服务、社会服务、居家服务、心理辅导等各类型的支持服务。[1]

长久以来，"照顾"是家庭应承担的主要责任。中国一直是"家本位"的社会。一是由于中国的家庭观念以多子女为福，祈望"儿孙满堂"和"儿孙绕膝"，故传统的家庭结构以多代同堂的大家庭为主，父母与已婚子女同住，形成直系或联合家庭。随着人类经济社会的发展，家庭观念的变迁，家庭模式从扩展家庭向核心家庭过渡，即从人多复杂、多代同堂、涵盖众多直系和旁系亲属的大家庭向人少且简单的小家庭转变。从国际上看，主干家庭曾是世界各国家庭的主要模式。历史上，由于经济发展水平的制约，联合大家庭很难成为家庭的主流模式；相反，核心家庭或两代人的家庭自古至今都是非常重要的典型性家庭形态。[2]

---

[1] 王莉：《政府还是家庭：长期照护服务供给责任反思》，《学术论坛》2018年第5期。
[2] 杨菊华、何炤华：《社会转型过程中家庭的变迁与延续》，《人口研究》2014年第2期。

家庭的主流形态决定了在身心障碍儿童的个体成长上，家庭中的照顾者，尤其是父母扮演着重要的角色。传统观念上，对残障者的长期照顾是属于家庭私领域的事情。家庭照顾者的分工常常是母亲在家中照顾，父亲挑起经济重担，负责挣钱养家。家庭成员也不仅仅局限于父母子女，有可能三代同堂，甚至四代同堂。这种中国式的大家庭模式常常能分担照顾的责任。然而，随着中国逐渐步入老龄化社会，在经济发展与社会变迁的催化下，城镇化进程中的家庭结构日益精简，核心家庭增多，双职工家庭占据多数，家庭照顾的时间成本和经济压力大增。并且，要满足心智障碍个体医疗诊断、康复教育、就业养老等各方面的需求也非家庭一己之力能够达成的。可见，传统的"家本位"照顾模式必然面临极大的社会挑战。

研究所示的孤独症家庭的现实困境让我们看到，心智障碍（尤其是孤独症）人士的家庭照顾重担特别沉重，不仅有经济上的压力，也有心理上的巨大压力，还可能承受着比较大的社会排斥。近十年来社会上出现多起心智障碍家长自伤/自杀及伤害心智障碍子女的重大事件，引起了社会上的广泛关注和讨论，这些事件背后折射出心智障碍家庭的沉重照顾压力。

照顾不仅仅是家庭私领域的事情，更应该从私领域拓展到公领域，即照顾的责任从家庭延伸到社会和国家层面。正如笔者在第三章中所述，从福利多元的视角出发，政府或家庭任何一方都必然无法进行全部的福利供给，政府、家庭和社会力量都需要承担起自己的那一部分责任。而要实现这一目的，就需要完善的社会政策体系来设定不同社会主体的责任边界，界定不同社会主体的照顾角色和责任分担机制。笔者认为，在心智障碍群体的照顾中，政府的作用至关重要。一直以来，国内外福利政策研究的重点都聚焦在照顾服务中的责任分配，以及政府要如何发挥作用等，这些涉及政府与家庭的照顾关系问题。

已有研究显示，欧洲国家主要有三类福利照顾政策模式，第一类是以斯堪的纳维亚国家为代表，基于社会民主体制的照顾政策类型，政府而非市场成为主要福利提供者，通过照顾的家庭化或者说公共化来提供正式化的照顾服务。第二类是以德国、法国、意大利等国为代表，基于"保守/法团主义体制"的照顾类型，主要依靠社会保险，同时通过公共部门服务支持家庭作为长期照顾服务的主要责任者，这一模式也称作"欧洲大陆国家模式"（Continental model）。第三类则是以地中海国家为代表的家庭照顾模式，家庭仍然是长期照顾的主体，公共服务供给相对有限。美国在照顾政策上则是逐渐地去家庭化，更倾向于市场化下照顾需求的供需平衡，通过市场机制的调节，寻求个体在福利层面对家庭的依赖。[①] 国外的经验显示，不同的照顾模式有着不同的问题。这其中，政府与家庭的责任边界是重要考量。去家庭化下的政府全责的确是卸下了家庭内成员的照顾责任，但政府的支出成本高，效率低，同时家庭成员内的联结会削弱，一旦出现政府失能则很难补救。而以家庭为主的照顾体系也可能导致不堪重负下的家庭失能，由此带来严重的社会问题，依然会造成国家治理成本的增加。而市场主导下，如果没有来自政府的监督，也会增加资本家的逐利行为，扩大照顾服务上的社会不平等。

如本书前面章节所述，政府在社会福利事业中主要扮演政策制定者、服务购买者和监督管理者的角色，而其他各类社会组织和个人则主要是政策的执行者和各项具体服务的承担者。在心智障碍者的照顾责任上，从社会政策层面讲，需要吸收国际上的已有经验，更应该立足中国的文化、国情与发展，探寻出最适合自己的照顾政策。

从本次调研的情况看，孤独症家庭由照顾而产生的经济压力与心理压力双高，家庭照顾者需要喘息的时间。公益性的民间机构在孤独症儿童的照顾上同样发挥着重要的作用，调研中的大部分孤独症家庭在确诊后都会选择在机构中对孩子进行早期干预，这也减轻了家庭的日常照料负担。然而，目前家庭和机构两者均处在社会相对弱势的地位，仍面临诸多困境和各类需求。因此，我国针对心智障碍者的照顾责任者，应该是政府主导下的多元主体，国家不仅要兜底，发挥社会保障中的坚实作用，保障心智障碍者及其家庭的基本生存权利与需要，更应该回应新时期社会发展的主要矛盾，从政策上发挥政府对社会组织与市场的主导、引领和监管作用，积极实现心智障碍者及其家庭的福利需求，将促进社会融合、提高生活质量作为一个重要任务。这样的多元主体角色分配也符合国家在残障事业发展上的战略规划。在刚刚结束的"十三五"期间，可以看到残疾人的服务需求增长加快，除公共服务外，残疾人个性化、层次性的服务需求进一步增加。"十三五"规划中就曾明确提出："要坚持政府主导、社会参与、市场推动和残疾人自强自立相结合。要切实厘清政府、社会、市场在发展

---

① 王莉：《政府还是家庭：长期照护服务供给责任反思》，《学术论坛》2018年第5期。

残疾人事业的职责和关系，放宽发展残疾人服务业的限制，最大限度为企业和社会组织'松绑'，让各种残疾人服务资源'活'起来，适应残疾人特殊性、多样性、类别化的服务需求。"[1]

在"十四五"时期，经济社会发展主要目标之一就是"增进民生福祉，扎实推动共同富裕"[2]。在这一目标下，也就意味着社会保障与福利政策的细化，在深度广度上有着进一步拓展的空间。目前，国家政策扶持的主要对象还是在残障者本身。从本次调研也反映出家长有着喘息服务和心理支持的迫切需要，但是由于经济的压力、照顾的压力往往很难兼顾自身的需求。父母不仅是孩子的抚养者，更是促使孩子接受服务的启动者、政策倡导者和教育决定者。[3] 无论是从欧美的经验，还是国内心智障碍家长组织发展的历程来看，都可以凸显出这些孩子的父母在提升社会大众认知、进行社会政策倡导、促进心智障碍孩子尤其是孤独症儿童的早期干预服务和融合教育等方面作出的贡献。因此，对作为家庭照顾者的父母的支持或者说给他们增能，不仅可以减轻他们的照顾负担，还可以更好地发挥这些父母的能动性，产出更多的社会效益。对家庭的增能就需要在政策上对家庭照顾者，尤其是中重度的孤独症家庭照顾者有所倾斜，给予他们一定的救助扶持，比如增加机构喘息服务补贴来鼓励家庭照顾者购买喘息服务，或者提供免费的定点心理支持援助（包括心理援助热线或者面对面的心理辅导），通过强化家长支持服务来缓解家长们的巨大精神压力。此外，政府在帮助家庭照顾者减负的同时，也要对具有公益性质的民间服务机构进行减负，加大支持力度来促进他们的健康发展；同时也要对市场进行"增负"，提升该类照顾服务市场化下的准入门槛，规范整个行业的服务标准，保证服务质量。总之，福利多元下的多主体参与、互补合作是满足以孤独症人士为代表的心智障碍群体发展需求的必然要求。

二 社区服务在哪里

随着计划经济背景下的"单位制"保障体系被打破，"社区服务"已

---

[1] 资料来源于 http：//www.gov.cn/zhengce/content/2016-08/17/content_ 5100132.htm。
[2] "十四五"规划具体内容见于 http：//www.npc.gov.cn/npc/kgfb/202103/d7ea55cbef844369a0a709e11596e1bf.shtml。
[3] Ann P. Turnbull, H. Rutherford Turnbull：《身心障碍家庭：建构专业与家庭的信赖联盟》，万育维、王文娟译，台北：洪叶文化事业有限公司2002年版，第4—18页。

被证明是一种比较切实且可行的社会保障方式。① 什么是社区服务？1987年民政部在其社区服务座谈会上就曾提出，社区服务要在政府主导下发动社区成员开展互助服务，为社区居民提供物质生活与精神生活方面的社会福利与社会服务，解决社区内的社会问题。② 徐永祥主编的《社区工作》一书中指出，社区服务可以说是社区的社会服务的简称，是指"在政府的资助、政策的扶持下，根据居民的不同需求，由社区内或介入社区的各种法人社团和机构以及志愿者所提供的具有公益性质的社会服务"③。可见，是由政府、社区组织、志愿者等所提供的基于社区的具有社会福利性和公益性的社会服务和居民之间的互助性服务。④ 社区服务不仅具有区域性、群众性、服务性和互助性，更具有福利性与公益性的特点。社区服务作为一种具有社会福利属性的服务形式，需要从人本主义思想出发，在社区服务中凸显公益与关怀的性质，因此这类服务多是无偿性或者不以营利为目的的微利性服务，服务受众多以社区中的老年群体、妇女儿童、残障群体等困境人群为主，也兼顾社区居民，服务目的主要是满足人们的日常生活需要。

　　社区应该成为孤独症人士社会康复的最重要场域。"人人享有康复服务"是残疾人康复服务的主要目标。在实现该目标的过程中，社区康复必然成为机构康复和家庭康复之外非常重要的一种康复途径。这也就意味着无论是政府提供的公共服务供给，还是社会力量参与的相关服务，都需要立足社区，提供充足的社区服务内容。对于大部分孤独症人士来说，在进行康复的过程中也需要获得或多或少的照顾来促进他们的福利获得。社区照顾可以说是社区服务中针对以孤独症为代表的心智障碍群体提供的非常必要且重要的社会服务内容。

　　虽然早在2008年党中央国务院发布的《关于促进残疾人事业发展的意见》就提到了关于发展社区服务的一系列内容，包括要健全残疾人康复服务保障措施，大力发展社区康复；要健全残疾人服务体系，依托社区开展包括精神残疾在内的生活照料、康复养护、技能培训、文化娱乐等多

---

① 邓锁：《社区服务研究：近十五年以来的发展和评析》，《甘肃社会科学》2000年第4期。
② 刘伟能：《社区服务的理念、功能和特色——为社区服务发展十年而作》，《中国社会工作》1997年第2期。
③ 徐永祥主编：《社区工作》，高等教育出版社2004年版，第16页。
④ 陈雅丽：《国外社区服务相关研究综述》，《云南行政学院学报》2007年第4期。

种服务等。但是，目前从政策层面，对于如何开展孤独症人士的社区服务，社区服务的具体内容应该涉及哪些方面，还没有细致的规划或者计划出台。

本次调研显示，目前国内面向孤独症群体及其家庭的社区照顾需求很大，但是社区服务尚处在萌芽探索阶段，有一些试点或示范，在小范围内取得了不错的效果，但是还无法普遍化。大部分被访家庭表示没有享受到社区服务，甚至不知道或者不关心其居住社区是否提供相应服务。这些表象揭示了一些值得进一步思考的问题：心智障碍人士与家庭需要基于社区的服务与社会参与，机构服务也需要扎根于社区，那么需要什么性质的机构来提供服务？机构如何发展来促进心智障碍群体的社会参与？机构如何提升能力来深化社区服务？

依照现有的关于社区服务的定义来看，提供社区服务的机构应该以公益性机构为主。西方学者将社区照顾分为"在社区内照顾"（Care in the Community）和"由社区照顾"（Cared by the Community）两种模式。"在社区内照顾"主要指由政府或社会组织建立的专业服务机构在社区中提供专业化的生活服务。"由社区照顾"则是在社区开展居家照顾服务的过程中，政府机构、社会组织、家人邻里以及志愿者均可参与进来，形成社区中的照顾网络。①

社区服务中仅有政府和社会组织的参与是不够的，要实现"由社区照顾"更要调动社区居民的社会参与积极性，发展志愿服务，促进社区内的互惠互助，实现社区福利的共建共享。结合已有国际经验，再考虑到国内社区服务发展的现实情况，需要更加细化和明确各级残疾人联合会、街道、居委会在残疾人服务中的角色和任务，由政府牵头积极培育面向孤独症群体的社会组织，通过民办公助、政府购买服务、政府补贴等多种形式鼓励扎根社区开展孤独症的宣传教育、康复、日常照料、就业、文化体育休闲、养老等各种形式的社区服务，在这些服务中应该将融合的理念渗入各类服务中，促进残障群体与社区普通居民在各类社区资源上的共享共融。本次调研显示，除了社区服务的供给普遍不足之外，社区内一些孤独症家庭的社区参与意愿不足。他们有社区照顾的需求，但是许多家长（尤其是学龄前儿童家长）由于不愿公开自己孩子

---

① 徐永祥主编：《社区工作》，高等教育出版社2004年版，第16页。

的孤独症人士身份，可能会选择不参与社区提供的与残障相关的服务活动。而一些民办机构也在调研中反映过机构选址中的一些问题，可能会面临"邻避现象"，即社区居民普遍反对相关机构在小区内选址建设。这些问题的产生根源在于社会大众关于孤独症的污名化现象。根据《中国孤独症家庭需求蓝皮书》所示，65.4%的家长认为孩子和家庭会受到社会歧视。[1] 深圳市曾于2018年7月，在某公租房小区发生数百名业主抗议孤独症家庭入住事件，认为孤独症人士属于"精神病"患者，会影响社区安全而抵制其入住。可见，由于现有的残障分类，孤独症群体被划入"精神残疾"类别后，更容易导致污名化现象，认为孤独症人士是容易肇事肇祸，具有危险性的一个群体。[2] 这类污名不仅发生在孤独症人士身上，也连带着会影响到孤独症家庭，导致家庭会尽量避免社会参与来隐匿孩子的身份，目的是保护其不会受到社会排斥。然而，对待社区服务消极参与的态度往往不利于孤独症个体的社会康复，难以实现真正的社会融合。因此，要促进包括孤独症家庭在内的社区居民参与到社区服务中来，需要政府和机构强化宣传倡导工作，提供社区内各类居民日常接触和融合的机会，通过教育、接触和行动来祛除污名，促进基于社区的社会服务与社会互助。

此外，除了获得政府支持与营造良好社区环境，更需要服务机构提升服务能力来确保社区服务的效果。要实现这一目标，一方面需要政府部门的引导和支持，在政策上给予社会组织从事社区服务更多的灵活性，激发其活力，吸纳多元社会力量参与社区服务。另一方面，也需要加强政府部门对社区服务机构的监管力度，在政府引领下规范行业标准，创造良好的行业生态环境，促进组织机构增能发展。

正如国外学者海恩波特（C. Heginbotham）在《回归社区：志愿者道德与社区照顾》一书中所阐释的，社区服务或者说社区照顾的目标有如下几点：其一，加强社区居民的参与意识，通过建构社区互助互爱的人际关系来抵御城市化进程中人与人之间的疏离与隔阂。其二，促进政府与社区在照顾服务中的密切联系，互补长短。其三，通过社区服务促进诸如残

---

[1] 林静、单联成、于潇：《自闭症儿童走出社会救助困境的路径探讨》，《长春理工大学学报》（社会科学版）2019年第2期。

[2] 吉彬彬、秦莉花：《自闭症儿童父母连带污名研究进展》，《护理学杂志》2016年第8期。

障者在内的服务对象融入社区生活，实现社会交往与日常生活的正常化。其四，赋能服务接受者，通过社区服务促使社区服务使用者成为社区服务参与者和倡导者。其五，在社区中形成凝聚力，激发志愿服务意识，将各类资源整合起来，形成助人自助的社区支持网络。[1] 这些目标对于整个心智障碍群体及家庭的社区服务发展都具有参考价值。社会康复需要扎根社区才能真正达成理想效果。

---

[1] 陈雅丽：《国外社区服务相关研究综述》，《云南行政学院学报》2007年第4期。

参考文献

曹倩璐编译：《自闭症在英国的诊疗》，上海科学技术文献出版社2008年版。

陈文雄：《孤独症70年：从Kanner到DSM-V》，《临床儿科杂志》2013年第11期。

陈雅丽：《城市社区服务供给体系及问题解析——以福利多元主义理论为视角》，《理论导刊》2010年第2期。

陈雅丽：《国外社区服务相关研究综述》，《云南行政学院学报》2007年第4期。

邓锁：《社区服务研究：近十五年以来的发展和评析》，《甘肃社会科学》2000年第4期。

丁立群主编：《现代化与日常生活批判理论研究》，社会科学文献出版社2019年版。

樊越波等：《孤独症患病率回顾》，《中国儿童保健杂志》2008年第16卷第4期。

关文军、颜廷睿、邓猛：《随班就读学校教师对孤独症儿童教育安置的态度研究》，《残疾人研究》2017年第4期。

郭春宁：《帮助残疾人和全国人民共建共享全面小康社会的新蓝图——学习〈"十三五"加快残疾人小康进程规划纲要〉》，《残疾人研究》2016年第3期。

何侃、胡仲明：《ICF理念下我国残疾人服务体系建设的趋向分析》，《残疾人研究》2011年第4期。

黄匡时、嘎日达：《社会融合理论研究综述》，《新视野》2010年第6期。

吉彬彬、秦莉花：《自闭症儿童父母连带污名研究进展》，《护理学杂志》2016年第8期。

金恒:《大众媒体自闭症报道的偏差和建议》,《新闻爱好者》2012年第13期。

金恒:《健康传播视野下大众媒体自闭症报道的议题呈现——以〈新民晚报〉为例》,硕士学位论文,复旦大学,2011年。

兰继军、白永玲:《孤独症儿童在正、负性情境中的情绪识别特点》,《现代特殊教育》2020年第22期。

梁露尹:《残疾儿童父母自尊感与心理健康的关系:连带污名的中介作用》,《残疾人研究》2019年第4期。

林静、单联成、于潇:《自闭症儿童走出社会救助困境的路径探讨》,《长春理工大学学报》(社会科学版)2019年第2期。

刘伟能:《社区服务的理念、功能和特色——为社区服务发展十年而作》,《中国社会工作》1997年第2期。

刘铮:《关于孤独症儿童教育的立法建议》,《行政与法》2019年第6期。

马玲玲、冯立伟、陈钟林:《发展支持视角下的孤独症社会政策思考与建议》,《社会福利》(理论版)2014年第3期。

毛传清:《中国残疾人事业五年工作纲要发展沿革分析与思考》,《残疾人研究》2015年第1期。

美国精神医学学会:《精神障碍诊断与统计手册(第5版)》,张道龙等译,北京大学出版社2015年版。

彭华民:《福利三角:一个社会政策分析的范式》,《社会学研究》2006年第4期。

彭华民、黄叶青:《福利多元主义:福利提供从国家到多元部门的转型》,《南开学报》2006年第6期。

邱观建、于娣:《理念、实践、道路:中国残疾人事业发展的四十年》,《残疾人研究》2018年第3期。

孙喜斌、曲成毅、杨磊、颜家睦、谢建文、陈益青、龙墨、梁巍、李苏沛、高寿岩、尹栋一、周文培、师帅、华放、周本利、朱绍明、汪立、冯带好、周琳:《深圳市0—7岁儿童六类残疾现况调查》,《中华流行病学杂志》2003年第11期。

孙玉梅:《自闭症谱系障碍儿童家庭支持系统》,北京大学出版社2015年版。

王丹洋、李静、姜宜君、周海燕:《国内外自闭症病人照顾服务的资源分配与问题分析》，《护理研究》2015 年第 23 期。

王珏：《社会生活中的存在感：心理学的解释》，《成都理工大学学报》（社会科学版）2016 年第 6 期。

王莉：《政府还是家庭：长期照护服务供给责任反思》，《学术论坛》2018 年第 5 期。

王志娟、蒋金富：《心盟：一个中国草根 NGO 的行业联盟》，载冯利、康晓光主编《中国第三部门观察报告（2012）》，社会科学文献出版社 2012 年版。

魏予昕、王志丹、刘文净：《我国当前自闭症儿童教育研究的热点领域分析》，《现代特殊教育》2019 年第 2 期。

吴忠民：《从平均到公正：中国社会政策的演进》，《社会学研究》2004 年第 1 期。

谢鸿飞、涂燕辉：《民法典中非营利法人制度的创新及评价》，《社会治理》2020 年第 7 期。

谢佳闻：《家庭中的残障儿童：从社会模式理论看残障》，上海社会科学院出版社 2012 年版。

星加良司、蔡英实：《试论残障社会模式的认识误区及其实践性陷阱》，《社会》2015 年第 6 期。

熊跃根：《论国家、市场与福利之间的关系：西方社会政策理念发展及其反思》，《社会学研究》1999 年第 3 期。

徐岩：《残障者的需求与服务供给——基于广东省的混合研究》，社会科学文献出版社 2017 年版。

徐岩：《日常生活视角下孤独症儿童教育困境分析与启示》，《残疾人研究》2020 年第 3 期。

徐岩：《社会资本与儿童福祉——基于社会学视角的理论述评》，《中山大学学报》（社会科学版）2015 年第 5 期。

徐岩等：《社会资本与青年幸福感》，社会科学文献出版社 2018 年版。

徐永祥主编：《社区工作》，高等教育出版社 2004 年版。

许芸：《从政府包办到政府购买——中国社会福利服务供给的新路径》，《南京社会科学》2009 年第 7 期。

杨菊华、何炤华：《社会转型过程中家庭的变迁与延续》，《人口研究》2014 年第 2 期。

杨锃：《残障者的制度与生活：从"个人模式"到"普同模式"》，《社会》2015年第6期。

张昕：《走向公共服务供给的非营利组织模式：转型中国的经验证据》，《公共管理与政策评论》2012年第2期。

张学东：《"日常生活"的理论嬗变及其对社会管理的"隐喻"——基于社会学理论的梳理与思考》，《广西社会科学》2014年第2期。

郑功成主编、杨立雄副主编：《中国残疾人事业发展报告2017》，人民出版社2017年版。

郑震：《论日常生活》，《社会学研究》2013年第1期。

周宪：《日常生活批判的两种路径》，《社会科学战线》2005年第1期。

［美］欧文·戈夫曼：《日常生活中的自我呈现》，冯钢译，北京大学出版社2016年版。

［美］欧文·戈夫曼：《污名——受损身份管理札记》，宋立文译，商务印书馆2009年版。

［美］Juliet C. Rothman：《残疾人社会工作》，曾守锤、张坤译，华东理工大学出版社2013年版。

［美］R. 默里·托马斯：《儿童发展理论——比较的视角（第六版）》，郭本禹、王云强等译，上海教育出版社2009年版。

［美］库恩（Coon D.）等：《心理学导论：思想与行为的认识之路》（第11版），郑钢等译，中国轻工业出版社2007年版。

［英］Lorna wing：《孤独症谱系障碍：家长及专业人员指南》，孙敦科译，北京大学医学出版社2008年版。

［英］Michael Oliver、Bob Sapey：《失能、障碍、残障：身心障碍者社会工作的省思》，叶秀珊、陈汝君译，台北：心理出版社2004年版。

［日］片成男、山本登志哉：《儿童自闭症的历史、现状及其相关研究》，《心理发展与教育》1999年第1期。

［英］科林·巴恩斯、杰弗·默瑟：《探索残障：一个社会学引论（第二版）》，葛忠明、李敬译，人民出版社2017年版。

Ann P. Turnbull, H. Rutherford Turnbull：《身心障碍家庭：建构专业与家庭的信赖联盟》，万育维、王文娟译，台北：洪叶文化事业有限公司2002年版。

Bickenbach, J. E., Chtterji, S., Badley, E. M., & Ustun, T. B., "Universalism nd the International Classification of Impairments, Disabilities and Handicaps", *Social Science & Medicine*, Vol. 48, No. 9, 1999.

Bury, M., "A comment on the ICIDH2", *Disability & Society*, Vol. 15, 2000.

Dudley K. M., Klinger M. R., Meyer A., Powell P., Klinger L. G., "Understanding Service Usage and Needs for Adults With ASD: The Importance of Living Situation", *Journal of Autism and Developmental Disorders*, Vol. 49, No. 2, 2019. doi: 10.1007/s10803-018-3729-0.

Finkelstein, V., *Attitudes and Disabled People: Issues for Discussion*, World Rehabilitation Fund: New York, NY, USA, 1980.

Ghisleni, M., *The Sociology of Everyday Life: A Research Program on Contemporary Sociality*, Social Science Information, 2017.

Link, B. G., Phelan, J. C., "Conceptualizing Stigma", *Annual Review of Sociology*, Vol. 7, No. 27, 2001.

Maslow, A., "A Theory of Human Motivation", *Psychological Review*, Vol. 50, No. 40, 1943.

Morris, J., *Pride Against Prejudice: Transfroming Attitudes to Disability*, London: The Women's Press, 1991.

Priestley, M., *Disability: A Life Course Approach*, Polity Press Ltd., Cambridge, 2003.

Puchta, C., Potter, J., *Focus Group Practice*, SAGE Publications, Inc. 2004.

Shearer, A., *Disability: Whose Handicap?*, Oxford: Blackwell, 1981.

Thomas, C., *Female Forms: Experencing and Understanding Disability*, Buckingham: Open University Press, 1999.

Thomas, C., "How is Disability Understood? An Examination of Sociological Approaches", *Disability & Society*, Vol. 19, No. 6, 2004.

附件 一

调查问卷卷首语

尊敬的各位家长/公益伙伴：

你们好！

为进一步推动心智障碍人士福利事业的发展，结合心智障碍服务机构/心智障碍人士家庭保障制度建设，争取使更多的心智障碍人士进入国家政策保障范围，由深圳市自闭症研究会（SAS）、深圳市守望心智障碍者家庭关爱协会、深圳市特殊需要儿童早期干预中心与中山大学社会学与人类学学院徐岩副教授团队共同合作组织开展心智障碍人士现状调研工作。旨在了解心智障碍人士家庭、服务行业、行业从业人员的现状与各类需求，以便我们向有关部门提出建议更好地为心智障碍人士和家庭服务，使心智障碍人士更好地融入社会。

为此，我们特别诚邀请您填写相应问卷，请您予以支持。问卷填写过程中，您有任何疑问，请随时联系：0755—25520＊＊＊联系人：杨＊＊

所有个人资料及回答内容将绝对保密，只作研究用途。

谢谢您的支持和参与！

填表须知

1. 每题并没有标准答案，请根据您自己的理解和实际情形作答。
2. 请仔细阅读题目，依照您的实际情况来进行选择。

附 件 二

家长问卷（节选）

心智障碍（孤独症）人士生活及服务现状调查问卷

（家长问卷）

A 受访者基本信息

· 您是家中心智障碍人士的？［单选题］*

○母亲　　　　　　　　○父亲　　　　　　　　○祖父母/外祖父母

○其他，请注明：_____*

· 民族：［单选题］*

○汉族　　　　　　　　○其他，请注明：_____*

· 您的出生年月日：［填空题］*

_____

· 心智障碍孩子的性别：［单选题］*

○男　　　　　　　　　○女

· 孩子出生年月日：［填空题］*

_____

· 子女数目：［单选题］*

○1个（请跳至第8题）　○2个

○其他，请注明：_____*

· 其他孩子的情况（如适用）：［单选题］*

○1）正常　　　　　　　○2）心智障碍

○3）其他，请注明：_____*

· 您的户籍：［单选题］*

○非农业户口　　　　　　○农业户口
- 您的婚姻情况：［单选题］*

○未婚　　　　　　○初婚　　　　　　○再婚
○离异　　　　　　○丧偶　　　　　　○分居
- 孩子父亲文化程度：［单选题］*

○未上过学　　　　　○小学　　　　　　○初中
○高中/中专/职技　　○大专　　　　　　○本科
○硕士研究生　　　　○博士研究生
- 孩子母亲文化程度：［单选题］*

○未上过学　　　　　○小学　　　　　　○初中
○高中/中专/职技　　○大专　　　　　　○本科
○硕士研究生　　　　○博士研究生
- 您现在的居住情况是：［单选题］*

○（市场化）租住　　○自置物业　　　　○工作单位提供
○保障房　　　　　　○父母提供住房
○其他，请注明：＿＿＿＿＿＿＿*
- 家庭常住人口包括：［多选题］*

□1）子女　　　　　□2）自己或者配偶　□3）父母
□4）其他亲人　　　□5）保姆
□6）其他，请注明：＿＿＿＿＿＿＿
- 您的家庭平均月收入水平（包括工资、奖金等的月总收入）［单选题］*

○1000元及以下　　　○1001—2000元　　　○2001—3000元
○3001—4000元　　　○4001—5000元　　　○5001—6000元
○6001—7000元　　　○7001—8000元　　　○8001—9000元
○9001—10000元　　 ○10000万元以上
- 每月用于心智障碍人士（医疗、康复、教育培训、照顾等）的支出占家庭总收入的比例［单选题］*

○低于10%　　　　　　　　　　○10%—30%
○30%—50%（不含30%）　　　　○50%—70%（不含50%）
○70%以上　　　　　　　　　　○超出家庭总收入
- 家长作为服务对象接受服务情况［单选题］*

○经常参与服务机构的项目或活动

○偶尔参与机构的服务项目或活动
○完全没有参与
·心智障碍孩子作为服务对象接受服务情况 [单选题]*
○经常参与服务机构的项目或活动
○偶尔参与机构的服务项目或活动
○完全没有参与

B 以下问题请根据您患心智障碍孩子的情况回答

·您的孩子是否有残疾证？（回答为"无"请直接跳至该部分第三题作答）[单选题]*

　　○有　　　　　　　　○无（请跳至第*题）

·如果有残疾证，您的孩子的残疾等级为：[单选题]*

　　○一级　　　　　○二级　　　　　○三级
　　○四级　　　　　○未评级

·您的孩子是否享受康复补贴？[单选题]*（第三题）

　　○没有　　　　　　　○有

·孩子的诊断结果 [多选题]*

□自闭症（孤独症）伴随智力障碍
□高功能自闭症/阿斯伯格综合征
□广泛性发展（育）障碍
□雷特氏综合征
□智力发育迟缓
□唐氏综合征
□脑瘫
□癫痫
□注意力缺陷多动障碍（多动症）
□没有明确诊断
□其他，请注明：_____*

·孩子接受康复或培训等的地域 [单选题]*

　　○主要是居所附近　　　　　○离居所比较远，但在本市内
　　○要去到本省内的其他地市　○需要跨省治疗

·每周带孩子外出进行户外活动的次数 [单选题]*

○几乎没有　　　　　　○1—2 次　　　　　　○3—5 次
○6—10 次　　　　　　○10 次以上
・作为家长，有被机构主动邀请过参与心智障碍人士相关服务的座谈会吗？[单选题]*
○没有　　　　　　　　○有
・作为家长，有被您居住所在地的街道/居委会、残联、妇联或其他政府职能部门邀请参与心智障碍人士相关服务的座谈会吗？[单选题]*
○没有　　　　　　　　○有

C 社区服务

・在您所居住的社区，有没有提供针对心智障碍人士或家庭的服务或活动？[单选题]*
○完全没有　　　　　　○偶尔有
○经常有　　　　　　　○不知道有没有

D 您对心智障碍孩子最担忧的地方有哪些

・您对心智障碍孩子最担忧的地方有哪些（请最多选择五项）[多选题]*
□平等受教育机会
□义务教育之外的学习机会
□学校老师同学对孩子的接纳
□孩子的情绪控制能力
□孩子的行为控制能力
□孩子的生活自理能力
□孩子的医疗保障
□孩子的就业问题
□孩子的养老问题
□孩子的身体健康
□现阶段孩子的日常照顾
□孩子的康复问题
□孩子的社会融入
□孩子的婚姻与生育问题
□面临的经济困难

□孩子遭受的歧视
□其他，请注明：_____ *

E 您对国家现有政策、措施与服务性支持的评价

- 您对国家现有政策、措施与服务性支持的评价［矩阵量表题］*

	非常不满意	有些不满意	有些满意	非常满意
1）政策覆盖面	○	○	○	○
2）政策的落地与实施	○	○	○	○
3）对心智障碍人士及家庭的经济帮扶	○	○	○	○
4）特殊教育政策	○	○	○	○
5）现有的康复服务	○	○	○	○
6）社区（包括街道、居委会）在其中所起的作用	○	○	○	○
7）医疗服务	○	○	○	○
8）残联的服务	○	○	○	○
9）随班就读政策	○	○	○	○
10）现有的养老服务	○	○	○	○
11）现有的托养服务	○	○	○	○
12）日常照顾	○	○	○	○
13）社会机构在其中所起的作用	○	○	○	○
14）针对成年心智障碍人士的政策支持	○	○	○	○
15）针对成年心智障碍人士的服务	○	○	○	○

G 对心智障碍服务的需求

- 您希望孩子应有的社会保障有：［多选题］*
  □保险救助　　　　□医疗救助　　　　□经济救助
  □康复救助　　　　□其他，请注明：_____ *
- 您觉得您孩子的学前教育需求有：［多选题］*
  □普通幼儿园随班就读　　　　□日间特殊幼儿训练中心
  □家庭早教支持　　　　　　　□幼儿暂托服务

☐其他，请注明：_____ *
- 您觉得您孩子的义务教育阶段的教育需求有：[多选题]*

☐普通学校随班就读　　　　☐住宿特殊儿童训练中心
☐日间特殊儿童训练中心　　☐日间特殊学校
☐住宿式特殊学校　　　　　☐儿童暂托服务
☐其他，请注明：_____ *

- 您觉得您孩子在非义务教育阶段的需求有：[多选题]*

☐特殊教育　　　　　　　　☐专门的职业技术类教育
☐普通高中教育　　　　　　☐高等教育
☐其他，请注明：_____ *

- 如您孩子为严重障碍者，其照顾方面最迫切的需求有：[多选题]*

☐1）托养　　　☐2）居家照顾　　　☐3）日间照护
☐4）庇护就业服务　　☐5）其他，请注明：_____ *

- 您认为现在面临的最大困难是什么？[多选题]*

☐孩子的治疗　　　　　　　☐孩子的康复
☐孩子的日常照顾　　　　　☐孩子的养老问题
☐家庭经济压力　　　　　　☐孩子的就业问题
☐孩子的教育问题　　　　　☐家长的心理与情绪困扰
☐社会上的歧视与排斥　　　☐心智障碍相关信息与知识的获得
☐其他，请根据自己情况列出：_____ *

- 您最需要的服务有：（请最多选择三项）[多选题]*

☐专业人员上门服务/支持　　☐心理援助
☐不同年龄段照顾技巧培训　　☐不同生涯服务规划/选择指导
☐权益倡导培训　　　　　　　☐家长互助和交流
☐其他，请注明：_____ *

- 是否需要双养老（父母和孩子共同养老）服务？[单选题]*

○是　　　　　　　　○否

附件三

机构问卷（节选）

心智障碍人士生活及服务现状调查问卷
（机构问卷）

·机构的名称（全称）：_____ ［填空题］*
·机构的所在地：_____ ［填空题］*
·机构成立的时间：_____ ［填空题］*

请依据贵机构成立时间来回答（人数请填写数字，如果有不适用的题目，比如机构成立不足1年，请在后续题目中填写"不适用"）：

贵机构共有员工_____人

工作半年内离职的有_____人

工作半年至一年内离职的有_____人

工作一年至两年内离职的有_____人

工作两年至三年内离职的有_____人

工作三年至五年内离职的有_____人

工作五年后离职的有_____人 ［填空题］*

机构创始人基本情况：（请填写）

·创始人性别：［单选题］*
○男　　　　　　　　　○女

·创始人年龄（周岁）：_____ ［填空题］*

·创始人文化程度：［单选题］*
○未上过学　　　　　○小学　　　　　　○初中
○高中/中专/职技　　○大专　　　　　　○本科

○硕士研究生　　　　　　　○博士研究生
・创始人有无接受过特殊教育训练：［单选题］*
○无相关培训　　　　　　　○有相关培训
○参加过其他培训，请注明：_____*
・创始人子女是否为心智障碍人士：［单选题］*
○是　　　　　　　　　　　○否
・现任机构负责人：［单选题］*
○同创始人（请跳至第18题）　　　　　○另有其人

现任机构负责人的基本情况
・现任负责人性别：［单选题］*
○男　　　　　　　　　　　○女
・现任负责人年龄（周岁）：_____［填空题］*
・现任负责人文化程度：［单选题］*
○未上过学　　　　○小学　　　　○初中
○高中/中专/职技　○大专　　　　○本科
○硕士研究生　　　　　　　○博士研究生
・现任负责人有无接受过特殊教育培训：［单选题］*
○无相关培训　　　　　　　○有相关培训
○参加过其他培训，请注明：_____*
・现任负责人子女是否为心智障碍人士：［单选题］*
○1）是　　　　　　　　　○2）否
・表格填写人的角色是：［单选题］*
○创始人　　　　○机构管理人员　　　○老师
○其他，请注明：_____*
・创办贵机构的目的：［多选题］*
□创始人的孩子没有地方去，解决他的问题，同时解决其他孩子的问题
□学了特殊教育，对这个领域感兴趣
□有相关工作经验，想继续做
□做过其他工作，想换一个领域
□其他，请注明：_____*

·贵机构的业务主管部门是？[单选题]*
○民政部门　　　　　○工商部门　　　　　○教育部门
○卫生部门　　　　　○其他，请注明：_____ *
○无主管部门

·机构场地来源：[单选题]*
○租赁
○无偿提供，请注明提供单位或个人：_____ *
○自主产权
○其他，请注明：_____ *

·机构启动经费主要来源：[多选题]*
□创始人自筹　　　　□捐款　　　　　　□政府拨款
□家长共同出资　　　□其他，请注明：_____ *

·年度机构运营经费来源：[多选题]*
□服务收费　　　　　□政府拨款
□捐款（包括基金会）□其他，请注明：_____ *

·贵机构有哪些优势？[多选题]*
□规模相对较大
□接收的残疾儿童类别较多
□机构间合作支援较好
□机构设施较完备
□服务内容比较有特色
□服务方法（比如治疗或训练方法）较独特
□专业人才力量（比如师资）很雄厚
□其他，请注明：_____ *

·贵机构遇到过哪些困难？[多选题]*
□政府支持不足
□专业教师和治疗人员缺乏
□资金不足
□社会大众了解甚少，支持不够
□信息不畅与外界（同行）交流甚少
□其他，请注明：_____ *

·机构服务对象的年龄范围：[多选题]*

□ 1—2 岁　　　　　□ 3—6 岁　　　　　□ 7—12 岁
□ 13—15 岁　　　　□ 16—18 岁　　　　□ 19 岁及以上
・机构服务对象的类别：[多选题]*
□ 1) 自闭症　　　　□ 2) 智力障碍
□ 3) 脑瘫　　　　　□ 4) 唐氏综合征
□ 5) 多动症　　　　□ 6) 其他，请注明：_____*
・机构的主要服务内容：[多选题]*
□ 康复训练　　　　□ 教育培训　　　　□ 心理援助
□ 家长服务　　　　□ 托养　　　　　　□ 日间照料
□ 宣传倡导　　　　□ 喘息服务　　　　□ 职业培训
□ 支持性就业　　　□ 入户支持　　　　□ 居家养老
□ 其他，请注明：_____*
・贵机构是否有开展成人心智障碍人士的服务？[单选题]*
○ 没有，请简要说明原因：_____*　○ 有（请跳至第 36 题）
・贵机构是否有开展成人心智障碍人士服务的打算？[单选题]*
○ 没有，请简要说明原因：_____*　○ 有
・您认为开展成人心智障碍人士服务的困难在哪里？[多选题]*（原问卷第 36 题）
□ 运营成本太高　　　　　　□ 服务对象数量少
□ 服务内容有限制　　　　　□ 需求不大
□ 政策支持不够　　　　　　□ 没有经验
□ 缺乏这方面的专业人才　　□ 其他，请注明：_____*
・您认为当前中国内地心智障碍机构处于何种状态：[多选题]*
□ 处于起始摸索阶段　　　　□ 地区性差异较大
□ 专业和治疗人士缺乏　　　□ 缺乏政府或行业的统一引导
□ 交流合作较少　　　　　　□ 其他，请注明：_____*
・您认为当前中国内地心智障碍机构间的竞争与合作情况是：[单选题]*
○ 竞争大于合作　　　　　　○ 以恶性竞争为主
○ 合作大于竞争　　　　　　○ 以合作为主
○ 不清楚　　　　　　　　　○ 其他，请注明：_____*
・对机构的生存而言，哪个方面的竞争最突出？[多选题]*
□ 争取政府的资助　　　　　□ 争取基金会的资助

□吸纳服务对象　　　　　　□招聘专业人才
　　□得到专业的知识和培训　　□其他，请注明：＿＿＿＿*
　・贵机构与其他机构的合作情况：［多选题］*
　　□很少与其他机构合作
　　□介绍本机构服务对象到其他机构学习或训练
　　□共同举办（组织）过相关活动
　　□彼此间在服务上有协助
　　□其他，请注明：＿＿＿＿*
　　□与其他机构完全没有合作
　・贵机构与其他机构合作存在哪些困难或障碍？［多选题］*
　　□1）人手不足　　　　　　□2）财力不足
　　□3）时间安排有冲突　　　□4）协调统筹上做的不够
　　□5）交通问题　　　　　　□6）其他，请注明：＿＿＿＿*
　・当地政府是否举办过心智障碍人士、家庭，或者机构的活动？［单选题］*
　　○是　　　　　　　　　　○否
　・贵机构是否有开展社区服务？［单选题］*
　　○没有　　　　　　　　　○有
　・您认为机构在社区开展工作的困难有哪些？［多选题］*
　　□社区居民反对　　　　　□缺乏政府部门的支持
　　□社区内场地空间限制　　□社区机构之间缺乏合作
　　□服务对象不积极参与　　□其他，请注明：＿＿＿＿*

开放式问题：

　・您认为目前关于机构服务品质第三方评估存在哪些问题？为什么？［填空题］*

　・您对目前心智障碍机构发展的状态有什么看法？为什么？［填空题］*

　・您对心智障碍机构将来的发展有什么建议或者期待？［填空题］*

·您认为，怎样才能最有效提高对心智障碍孩子的服务质量，促其健康发展？［填空题］*

·您认为如何才能促进中国内地心智障碍机构间的合作，让它变得更加有效？［填空题］*

附件四

从业人员问卷（节选）

心智障碍人士生活及服务现状调查问卷

（从业人员问卷）

- 性别：[单选题]*
○男　　　　　　　　○女
- 您的出生年月日：_____[填空题]*
- 您在该单位工作了多长时间：_____个月 [填空题]*
- 您的户籍 [单选题]*
○非农业户口　　　　○农业户口
- 婚姻状况：[单选题]*
○未婚　　　　　　○初婚　　　　　　○再婚
○离异　　　　　　○丧偶　　　　　　○分居
- 最高学历：[单选题]*
○未上过学　　　　○小学　　　　　　○初中
○高中/中专/职技　○大专　　　　　　○本科
○硕士研究生　　　○博士研究生
- 现在职务：[单选题]*
○普通教师　　　　○一般行政人员　　○康复人员
○管理人员　　　　○特教老师　　　　○社工
○其他，请注明：_____*
- 专业背景（可多选）：[多选题]*
□特殊教育　　　　　　　□教育学
□心理学　　　　　　　　□社会工作

□医学　　　　　　　　　　　□其他，请注明：_____ *

·您从事该工作年限：_____ 年［填空题］*
·您在就业前后有无接受与工作内容相关的培训？［单选题］*
○有，参加过职前培训
○有，参加过在职培训
○既参加过职前培训也参加过在职培训
○基本没有

·您觉得自己面临的职业压力大吗？［单选题］*
○压力非常大　　　　○压力有些大
○压力不太大　　　　○完全没有压力

·您的平均月收入（以实际拿到为准）：［单选题］*
○2000 元及以下　　　○2001—3000 元　　　○3001—4000 元
○4001—5000 元　　　○5000—6001 元　　　○6001—7000 元
○7001—8000 元　　　○8000 元以上

·除工资外，您的其他收入（如加班、课外辅导等）：［单选题］*
○没有　　　　　　　○少于 1000 元　　　○1000—2000 元
○2001—3000 元　　　○3001—4000 元　　　○多于 4000 元

·您现时的收入能否满足支出的需要：［单选题］*
○不能满足　　　　　○基本满足　　　　　○可以满足且有剩余

·您有没有签订劳动合约（合同）：［单选题］*
○有　　　　　　　　○没有

·您所拥有的社会保障有：（多选题）［多选题］*
□养老保险　　　　　□医疗保险　　　　　□失业保险
□工伤保险　　　　　□生育保险　　　　　□住房公积金
□没有任何保障　　　□其他，请注明：_____ *

·您最期望工作中的哪些方面可以得到改善？［多选题］*
□工资待遇　　　　　□休息时间　　　　　□专业技能
□工作环境　　　　　□其他，请注明：_____ *

·您对心智障碍孩子最担忧的地方有哪些？［多选题］*
□平等受教育机会　　　　　□义务教育之外的学习机会
□学校老师同学对孩子的接纳　□孩子的情绪控制能力
□孩子的行为控制能力　　　□孩子的生活自理能力

□孩子的医疗保障　　　　□孩子的就业问题
□孩子的养老问题　　　　□现阶段孩子的日常照顾
□孩子的身体健康　　　　□孩子的康复问题
□孩子的社会融入　　　　□孩子的婚姻与生育问题
□面临的经济困难　　　　□孩子遭受的歧视
□其他，请注明：_____ *

· 您对国家现有政策、措施与服务性支持的评价 ［矩阵量表题］*

	非常不满意	有些不满意	有些满意	非常满意
1）政策覆盖面	○	○	○	○
2）政策的落地与实施	○	○	○	○
3）对心智障碍人士及家庭的经济帮扶	○	○	○	○
4）特殊教育政策	○	○	○	○
5）康复政策	○	○	○	○
6）社区（包括街道、居委会）在其中所起的作用	○	○	○	○
7）医疗服务	○	○	○	○
8）残联的服务	○	○	○	○
9）随班就读政策	○	○	○	○
10）现有的养老服务	○	○	○	○
11）日常照顾	○	○	○	○
12）社会机构在其中所起的作用	○	○	○	○
13）针对成年心智障碍人士的政策支持	○	○	○	○
14）针对成年心智障碍人士的服务	○	○	○	○

· 对您所服务的机构的满意程度 ［矩阵量表题］*

	不满意	一般	满意	不适用
1）工作单位能协调各种支持措施	○	○	○	○
2）工作单位得到足够的政府资助	○	○	○	○

续表

	不满意	一般	满意	不适用
3）工作单位合理运用政府资助	○	○	○	○
4）工作单位致力避免服务对象受欺负	○	○	○	○
5）工作单位依据服务对象评估结果对服务内容进行调整	○	○	○	○
6）工作单位的活动能满足服务对象的需要	○	○	○	○
7）工作人员与服务对象之间互相尊重	○	○	○	○
8）工作人员以积极的态度照顾服务对象	○	○	○	○
9）所有人都被平等地对待	○	○	○	○
10）服务对象之间能互相帮助	○	○	○	○
11）工作人员与家长建立伙伴关系	○	○	○	○
12）工作人员能够照顾到服务对象的个别需要	○	○	○	○
13）工作人员有足够的专业知识	○	○	○	○
14）工作中能照顾到服务对象的个别差异	○	○	○	○
15）工作人员给予服务对象足够的积极关注	○	○	○	○
16）工作人员能够及时给予服务对象各种支持	○	○	○	○

· 您目前工作中遇到的困境有？（请选择最重要的三项）［多选题］*（原问卷第 35 题）

□专业知识与技术需要提升　　□存在职业倦怠
□职业发展前景不明　　　　　□工资待遇低
□工作不稳定　　　　　　　　□工作理念上存在冲突
□社会排斥　　　　　　　　　□人际关系问题
□工作单位管理问题　　　　　□与其他部门或机构的沟通和协作
□其他，请注明：_____*

· 您在进入社区开展工作的时候，有没有遇到困难？［单选题］*
○有　　　　　　　　○没有（请跳至第 35 题）

・您在工作中难免会遇到困难，您认为最困难的地方有哪些？［多选题］*
□社区居民排斥　　　　　　　　□服务对象不配合
□社区政府职能部门不支持　　　□与其他机构之间合作不畅
□其他，请注明：_____*

・您目前最迫切的职业需求有哪些？［多选题］*（原问卷第35题）
□更好的工作硬件环境　　　　　□更好的人际关系
□更好的工资福利待遇　　　　　□更好的职业发展机会
□更少的工作压力　　　　　　　□少加班
□更多的工作自主性　　　　　　□家人更多的理解
□需要加强专业技能　　　　　　□需要累积更多的工作经验
□要减少社会上的歧视　　　　　□希望工作单位管理上更完善
□领导的水平有更好的提升　　　□其他，请注明：_____*

开放式问题：

1. 您对心智障碍人士服务的具体建议是什么？［填空题］*

2. 您是怎么看待目前心智障碍人士服务领域工作人员的现状的？有哪些问题？为什么？［填空题］*

3. 您对自己的职业发展有何看法？［填空题］*

附 件 五

家长座谈会/访谈提纲

基本情况小调查

1. 您是家中心智障碍人士的：
   A. 母亲　　　　　B. 父亲　　　　　C. 祖父母/外祖父母
   D. 其他，请注明_____
2. 您的年龄：_____周岁
3. 您的最高学历是：_____
4. 您的职业_____
5. 您的户籍是：
   A. 非农业户口　　　B. 农业户口
6. 您是否离开户籍所在地半年以上_____（填"是/否"）
7. 心智障碍孩子的性别：
   A. 男　　　　　　　B. 女
8. 孩子的年龄_____周岁
9. 孩子被诊断为（疾病名称）：_____（如没有去诊断请填"无诊断"）
10. 孩子是否有残疾证_____（填"是/否"）；
11. 如"是"，残疾等级是_____级；残疾类别为：_____

　　该次访谈的内容不会透露给与研究无关的人员，您的隐私信息也不会透露给任何与研究无关的人员。
　　我已经知道该研究的目的和意义，我同意进行访谈与讨论。

受访者签名：_____
时间：____年____月____日

家长访谈提纲

访谈内容

1. 您如何看待心智障碍人士？
2. 您曾因自己作为心智障碍孩子的家长而遭受歧视和排斥吗？（如有，能分享一下具体的经历吗？）
3. 您觉得目前社会大众怎样看待心智障碍人士？
4. 您是否参加过街道、社区、机构（比如家综）等开展过的心智障碍群体相关的社区服务呢？对这些社区服务，您是如何评价的？（能满足需求吗？）有什么建议呢？
5. 您参加过残联、妇联等政府部门举办的心智障碍群体相关的社会服务吗？如何评价这些活动？（如没有，为什么？）
6. 您觉得目前您孩子最迫切的需求是什么？（在这方面，有得到相关的支持吗？如社会福利、政策扶持等；如无，为什么？）
7. 对您而言，您目前面临的最大困难是什么？（家庭经济、孩子医疗、教育、就业、养老等；有获得相关的社会福利/政策支持吗？如何获得这些信息？有什么建议？）
8. 您如何评价国家（省市各级地区）现有的政策？（哪些方面是需要完善的？）

附件六

机构负责人座谈会/访谈提纲

基本情况小调查

一 机构的基本情况

1. 机构名称：_____
2. 机构网站或微信公众号：_____
3. 机构所在地：_____省_____市_____区（县）
4. 机构成立于：_____年_____月
5. 机构共有员工：_____人

二 您的基本情况

1. 您在机构所扮演的角色是（可多选）：
   A. 创始人　　　B. 机构负责人　　　C. 其他，请注明_____
2. 您的性别：
   A. 男　　　　　B. 女
3. 您的年龄：_____周岁
4. 您的最高学历：_____
5. 您的子女（或其他家人）是否为心智障碍人士？
   A. 是　　　　　B. 否

　　该次访谈的内容不会透露给与研究无关的人员，您的隐私信息也不会透露给任何与研究无关的人员。

　　我已经知道该研究的目的和意义，我同意进行访谈与讨论。

受访者签名：_____
时间：_____年_____月_____日

机构负责人访谈提纲

访谈内容：
1. 贵机构最初成立的动机？资金来源？
2. 贵机构初始阶段优势有哪些？遇到的困难是什么？
3. 贵机构现有的核心业务有哪些？是如何选定业务内容的？（追问：养老、托管服务如无，则为什么？）
4. 贵机构的服务愿景是什么？
5. 目前机构服务主要集中在哪个层面？个人、家庭还是社区层面？
6. 您觉得怎样的方式能够更好地服务心智障碍群体？
7. 贵机构目前发展过程中的优势有哪些？
8. 目前贵机构发展与管理上遇到的困难有哪些？
9. 贵机构在发展过程中获得过哪些支持？举例（经济、政策、技术等）
10. 您觉得机构目前的发展与管理还有哪些需要完善的？
11. 对机构未来的发展，有何规划？
12. 您对心智障碍行业的发展（本土化发展方面）有什么看法/建议？
13. 您对国家（包括省市各级地区）相关政策有什么意见及建议？
14. 您是如何看待目前行业内的各机构的关系？
15. 您觉得社会大众对贵机构的评价如何？对本行业的评价呢？对心智障碍人士群体的评价如何？

附 件 七

从业人员座谈会/访谈提纲

从业人员基本情况小问卷

1. 您的性别：
   A. 男　　　　　　　　B. 女
2. 您的年龄：_____周岁
3. 您的最高学历是：_____
4. 您目前的工作机构是（请填写机构名称）：_____
5. 您在该机构的工作时长_____年_____月
6. 您目前在该机构担任的职务是：_____
7. 您的户籍是：
   A. 非农业户口　　　　B. 农业户口
8. 您是否属于流动人口（居住地离开户籍所在地6个月以上）：
   A. 是　　　　　　　　B. 否

该次访谈的内容不会透露给与研究无关的人员，您的隐私信息也不会透露给任何与研究无关的人员。

我已经知道该研究的目的和意义，我同意进行访谈与讨论。

受访者签名：_____

时间：____年____月____日

从业人员访谈提纲

1. 您如何看待心智障碍人士？
2. 您选择从事这个行业的原因是什么？
3. 您对您目前的工作如何评价？（如有无工作压力/困境，职业发展潜力等；如何面对？建议）
4. 您对职业培训有什么看法？（是否接受过？培训内容是？培训资源的渠道是？是否满足职业需求？否，则有哪些是存在不足的？您的建议？）
5. 您如何评价您现在工作的机构？（工作内容、服务提供情况、工作支持、大众评价等方面）
6. 您怎么看职业倦怠的问题？是否遇到职业倦怠的问题？为什么？
7. 您觉得社会大众是如何看待心智障碍人士的？社会大众对本行业的评价如何？对本行业的从业者的评价又是如何？
8. 您如何评价现有的残障政策，尤其是与心智障碍有关的政策措施？有什么建议呢？
9. 您是如何看待心智障碍行业的发展呢？对本行业未来的发展，您有什么建议呢？
10. 您未来的职业期待/职业规划如何？（是否会继续坚持？为什么？）

附 件 八

被访谈者基本信息汇总

一 被访家长信息

	学历	访谈区域	姓名	职业（父母）	与心智障碍人士的关系	是否非农户籍	是否流动人口	性别	周岁	是否有残疾证	残疾等级	访谈方式
1	本科	广东深圳	ZXX	全职妈妈	母亲	是	否	男	8	是	3	面谈
2	本科	广东深圳	HJ	全职妈妈	母亲	是	否	男	12	是	2	面谈
3	本科	广东深圳	SCA	退休公务员	爸爸	是	是	男	7	是	2	面谈
4	本科	广东深圳	ZXL	自由职业	母亲	是	否	男	13	是	3	面谈
5	高中	广东深圳	GXH	全职妈妈	母亲	是	否	男	14	是	2	面谈
6	缺失	广东深圳	LSH	退休人员	母亲	是	否	男	38	是	1	面谈

续表

	学历	访谈区域	姓名	职业（父母）	与心智障碍人士的关系	是否非农户籍	是否流动人口	性别	周岁	是否有残疾证	残疾等级	访谈方式
7	本科	广东深圳	HJP	全职妈妈	母亲	是	否	男	13	是	1	面谈
8	高中	广东深圳	LXF	缺失	母亲	否	否	男	24	是	1	面谈
9	本科	广东深圳	WT	全职妈妈	母亲	是	否	男	4.6	是	3	面谈
10	本科	广东深圳	ZDM	全职妈妈	母亲	否	是	女	2.9	否	/	面谈
11	初中	广东深圳	BYX	农民	爷爷	否	否	女	4	是	3	面谈
12	缺失	广东深圳	ZGL	缺失	奶奶	否	是	男	3.2	否	/	面谈
13	职高	广东深圳	DKX	缺失	爷爷	是	是	男	2.2	否	/	面谈
14	专科	广东深圳	FXQ	全职妈妈	母亲	是	是	男	4	是	3	面谈
15	本科	广东深圳	YXJ	自由职业	母亲	否	否	男	2	否	/	面谈
16	大专	广东深圳	PXJ	全职妈妈	母亲	是	否	男	4	是	2	面谈
17	初中	广东深圳	WCD	农民	奶奶	否	否	男	5	是	1	面谈
18	高中	广东深圳	YL	全职妈妈	母亲	是	否	女	2	否	/	面谈
19	未上学	广东深圳	YXQ	缺失	奶奶	否	否	男	5	是	1	面谈
20	初中	广东深圳	WZN	农民	奶奶	是	否	男	6.9	是	1	面谈
21	大专	广东深圳	WYY	退休公务员	爷爷	否	否	男	10	是	2	面谈
22	小学	广东深圳	WMM	全职妈妈	母亲	否	是	男	8	是	2	面谈

附件八 被访谈者基本信息汇总

续表

	学历	访谈区域	姓名	职业（父母）	与心智障碍人士的关系	是否非农户籍	是否流动人口	性别	周岁	是否有残疾证	残疾等级	访谈方式
23	硕士	广东深圳	TBB	全职爸爸	父亲	是	否	男	11	是	2	面谈
24	在读研究生	陕西西安	HHM	人力资源经理	母亲	是	否	男	5.5	否	/	电话访谈
25	本科	海南海口	CK	公务员	母亲	是	否	女	24	是	1	电话访谈
26	初中	海南海口	YD	全职妈妈	母亲	是	否	男	4	否	/	电话访谈
27	本科	贵州贵阳	FJZ	全职妈妈	母亲	是	否	男	9.5	是	2	电话访谈
28	初中	贵州贵阳	LMM	全职妈妈	母亲	否	否	男	3	否	/	电话访谈
29	本科	江西南昌	LZL	全职妈妈	母亲	是	是	女	4	是	1	电话访谈
30	大专	江西南昌	DZY	全职妈妈	母亲	是	否	男	5	是	2	电话访谈
31	大专	湖北荆门	FMM	全职妈妈	母亲	是	否	男	4.5	否	/	电话访谈
32	本科	福建泉州	FBB	全职爸爸	父亲	是	否	男	7	否	/	电话访谈
33	本科	江西新余	ZMZ	公务员	父亲	是	否	男	3	否	/	电话访谈
34	大专	福建泉州	CZF	爸爸，自由职业	父亲	否	否	男	5	否	/	电话访谈
35	大专	湖南长沙	BBM	全职妈妈	母亲	是	否	男	3.8	否	/	电话访谈

二 被访从业人员基本信息

序号	访谈区域	姓名	性别	年龄	学历	工作时长	担任职务	是否非农	是否流动人口	访谈方式
1	广东深圳	WHQ	女	24	大专	2年10个月	艺术教师	是	否	面谈
2	广东深圳	ZKY	女	32	本科	5年	个训老师	是	是	面谈
3	广东深圳	XGN	女	38	本科	13年	教研主任	是	否	面谈
4	广东深圳	PLL	女	22	本科	7个月	一线社工	否	是	面谈
5	广东深圳	LLSV	女	35	本科	5个月	AEO深度课程	是	是	面谈
6	广东深圳	OLS	女	36	大专	2年10个月	言语特教	否	否	面谈
7	广东深圳	LH	女	28	本科	1年4个月	教师	是	否	面谈
8	广东深圳	LRS	男	24	本科	1年	康复教师	是	是	面谈
9	广东深圳	TLS	男	29	大专	3年4个月	教师	是	是	面谈
10	广东深圳	HQ	女	35	大专	7年3个月	教学主任	是	否	面谈
11	广东深圳	YNM	女	22	大专	4年9个月	教学组长	否	是	面谈
12	广东深圳	ZYL	女	25	大专	1年2个月	教师	是	是	面谈
13	广东深圳	TXL	女	29	大专	2年	教师	是	是	面谈

续表

序号	访谈区域	姓名	性别	年龄	学历	工作时长	担任职务	是否非农	是否流动人口	访谈方式
14	广东深圳	OYCX	女	21	中专	2周	教师	否	是	面谈
15	广东深圳	YQX	女	24	本科	1年1个月	特教老师	是	否	面谈
16	广东深圳	HLS	女	44	本科	3个月	行政管理	是	否	面谈
17	江西南昌	MM	女	33	本科	7年	老师	否	是	电话访谈
18	江西南昌	HQX	女	35	大专	13年	教学主管	是	否	电话访谈
19	贵州贵阳	LWY	女	29	大专	6年	班主任	是	是	电话访谈
20	贵州贵阳	FKX	女	33	大专	11年	教学主管	是	否	电话访谈
21	陕西西安	TG	女	39	大专	12年	综合教务工作（行政）	是	是	电话访谈
22	上海	LLS	男	34	大专	8年	行政教务＆教师	是	否	电话访谈
23	上海	MLS	男	32	大专	4年5个月	教师	否	是	电话访谈
24	海南海口	TQ	女	29	本科	4年1个月	办公室副主任	否	否	电话访谈
25	海南海口	LLH	女	25	大专	6年	教学主任	是	是	电话访谈
26	北京	LVLS	女	29	大专	3年	特教老师	否	是	电话访谈
27	北京	ZY	女	31	本科	8年	一线老师	是	否	电话访谈
28	湖北荆门	WXL	女	35	本科	6年	管理教学	否	否	电话访谈
29	福建泉州	XLY	女	26	本科	14年	教学主管	是	否	电话访谈
30	福建泉州	WDT	女		本科	半年	个训特教	是	否	电话访谈

三 被访机构负责人基本信息

序号	访谈区域	姓名	性别	年龄	最高学历	子女是否是心智障碍人士	所在地	成立时间	员工人数	访谈方式
1	广东深圳	WYQ	女	39	本科	否	福田区	2012.9	30	面谈
2	广东深圳	DXL	女	42	中专	是	宝安区	2014.11	28	面谈
3	广东深圳	CHY	女	39	本科	否	宝安区	2012.9	18	面谈
4	广东深圳	ZXJ	男	42	大专	否	宝安区	2015.8	17	面谈
5	广东深圳	XHQ	男	42	本科	否	南山区	2015.2	24	面谈
6	广东深圳	YYL	女	33	硕士	是	龙岗区	2015	400	面谈
7	广东深圳	YLS	男	38	硕士	否	南山区	2004.3	41	面谈
8	广东深圳	DXH	男	30	本科	否	福田区	2017.11	38	面谈
9	广东深圳	WLS	男	38	大专	否	福田区	2010.12	60	面谈
10	广东深圳	XLS	男	42	大专	是	龙岗区	2012.6	30	面谈
11	广东深圳	THJ	男	35	大专	否	福田区	2016.7	67	面谈
12	广东深圳	GJB	男	41	本科	否	福田区	2009.10	65	面谈

续表

序号	访谈区域	姓名	性别	年龄	最高学历	子女是否是心智障碍人士	所在地	成立时间	员工人数	访谈方式
13	广东深圳	ZLS	男	35	大专	否	龙华区	2008.3	43	面谈
14	广东深圳	LSY	女	46	大专	是	罗湖区	2006.11	26	面谈
15	广东深圳	HX	女	48	硕士	否	福田区	2005.10	82	面谈
16	广东深圳	PXJ	女	53	缺漏	是	宝安区	2009.3	45	面谈
17	广东广州	CR	女	49	大专	是	南山区	2005.2	50	面谈
18	湖北荆门	XHT	女	30	本科	否	天河区	2008.12	20	电话访谈
19	江西新余	JLS	女	47	本科	否	荆门区	2003.3.15	30	电话访谈
20	江西南昌	XXH	女	40	本科	是	渝水区	2012.4	15	电话访谈
21	福建泉州	ZJB	女	缺漏	本科	是	青山湖区	2006.5	34	电话访谈
22	湖南长沙	LLP	女	47	本科	是	鲤城区	2004.6	35	电话访谈
23	海南海口	CR	女	45	大专	否	天心区	2014.5	35	电话访谈
24	贵州贵阳	WML	女	35	大专	是	龙华区	2005.9	16	电话访谈
25	北京市	ZXL	女	缺漏	本科	是	南明区	2003.8	86	电话访谈
26	北京市	SLS	男	38	硕士	否	北京市	1993.3.15	34	电话访谈